Entreprise

MW01709661

COMMENT UNE BONNE IDÉE PEUT SE TRANSFORMER EN UNE GRANDE ENTREPRISE

COMMENT UNE BONNE IDÉE PEUT SE TRANSFORMER EN UNE GRANDE ENTREPRISE

L'histoire de 21 personnes qui ont pris la peine de suivre leurs aspirations, et qui ont réussi

David Lester

GREMESE

Titre original :
How They Started
Global Brands
How 21 good ideas became great global businesses
Publié pour la première fois en Grande-Bretagne en octobre 2008 par Crimson, division de Crimson Publishing, Westminster House, Kew Road, Richmond, Surrey TW9 2ND

Traduction :
Valérie Pons

En couverture :
Logo Google © Google Inc. Utilisé avec autorisation

Photocomposition :
Graphic Art 6 s.r.l. – Roma

Impression :
Industria Tipografica Litografica srl – Roma

ISBN 978-2-36677-047-6

Table des matières

Introduction

Nombreuses sont les personnes qui trouvent fascinant de découvrir comment sont nées les marques qui font depuis toujours partie de leur vie. Parmi les curieux, beaucoup sont des entrepreneurs, mais il y a aussi des individus qui ont simplement une idée et n'ont jamais essayé de la mettre en œuvre. Ils se demandent alors s'ils auraient dû le faire et s'ils ont leur place dans ce type d'activité, mais ce qu'ils veulent surtout savoir, c'est comment faire décoller une entreprise.

Que vous soyez entrepreneur ou que vous espériez le devenir, vous apprécierez la façon dont ce livre invite à la réflexion. Il est intéressant de connaître l'origine des produits qui nous entourent ; sont-ils le résultat d'une planification ou au contraire le fruit du hasard ? Mais il l'est tout autant de se demander comment se seraient passées les choses sans le concours du hasard ou que se serait-il passé si nous-même avions décidé de suivre notre intuition. Avons-nous entre les mains une idée brillante digne d'être convertie en une entreprise globale innovante ? J'ai moi-même été à l'origine d'un certain nombre d'activités, mais lire toutes ces histoires me procure encore le même frisson d'excitation. Peut-être qu'une autre grande idée est prête à germer avec succès.

Ce qui rend l'ensemble encore plus captivant réside dans la rapidité avec laquelle certaines entreprises peuvent grandir. Google figure parmi les exemples les plus édifiants. Complètement inconnu il y a dix ans, il est aujourd'hui utilisé par des centaines de millions de personnes. Et je suis sûr que dans dix ans, de nombreuses entreprises seront aussi connues que Google, même si elles n'existent pas encore. C'est l'essence du monde dans lequel nous vivons, où la technologie accélère le rythme de croissance. Une de ces entreprises pourrait-elle être la vôtre ?

Quelle que soit la raison pour laquelle vous lisez ce livre, j'espère que vous y trouverez ce que vous cherchez. S'il vous incite à persévérer et à créer votre entreprise, alors très bien : vous aurez choisi un parcours difficile mais potentiellement très gratifiant. Si au contraire il vous pousse à mettre de côté votre idée, cela voudra dire que vous n'étiez peut-être pas fait pour jouer les entrepreneurs : cela n'est bien évidemment pas la vocation de tous. D'après une étude que j'ai lue récemment, pas plus d'un individu sur vingt a une personnalité adaptée à ce type de métiers.

À en juger par les histoires racontées dans ces pages, que faut-il pour devenir entrepreneur ? Deux caractéristiques fondamentales émergent, entre autres : la passion pour l'idée et la détermination à la voir se réaliser malgré les difficultés. L'âge, l'expérience, les origines familiales et le capital de départ ne sont pas des facteurs prépondérants. Il est tout à fait possible de mettre sur pied une grande entreprise indépendamment de sa situation économique, de son âge ou de son niveau d'études. Heureusement qu'il en est ainsi.

Comment avons-nous choisi les entreprises ?

Nous avons commencé par analyser un vaste panel d'entreprises, pour nous concentrer ensuite sur celles dont les activités novatrices étaient les plus appréciées, laissant de ce fait de côté des projets moins « pratiques » comme l'industrie minière ou les institutions financières. Puis nous avons appliqué trois critères spécifiques :

- Avant tout, chaque société a été fondée par un ou plusieurs individus sur la base d'une idée.
- Ce sont toutes des entreprises qui connaissent ou ont connu un énorme succès.
- Chacune d'entre elles a un nom connu dans de nombreux pays dans le monde.

En premier lieu, nous voulions démontrer comment quelques bonnes idées, exploitées par une ou plusieurs personnes, ont pu donner vie, au cours des cent dernières années, à des géants internationaux qui encore aujourd'hui continuent leur ascension.

Quand cela a été possible, nous avons parlé directement avec les fondateurs. Inévitablement, vu l'âge de certaines entreprises, certains d'entre eux sont morts, nous nous sommes alors fiés aux archives d'entreprises et à la mémoire de ceux qui en connaissaient l'histoire.

Nous avons noté, non sans un certain déplaisir, que peu de ces sociétés avaient été créées par des femmes. Nous ne pouvons cependant pas oublier Xochi Birch, Joséphine Fairley et Maureen Wheeler, respectivement cofondatrices de Bebo, Green & Black's et Lonely Planet, mais également Meg Whitman, déléguée administrative de eBay qui figure parmi les acteurs principaux de son développement. De même la diversité raciale est décevante : la quasi-totalité des fondateurs sont blancs. Ces deux facteurs sont liés à l'époque à laquelle la plupart de ces activités ont été lancées. Environ la moitié des entreprises dont nous parlons ont été fondées avant la seconde guerre mondiale et la plupart des autres dans les vingt ans qui ont suivi. Mais il faudra attendre les années soixante-dix pour que les femmes et les personnes de couleur aient la possibilité de lancer des projets ambitieux, cette tendance s'étant, de fait, développée trop lentement. J'ai espoir que d'ici dix ans, dans une nouvelle édition de ce volume, les origines des fondateurs soient plus hétérogènes.

Bien que l'âge des fondateurs oscille généralement entre vingt-cinq et quarante ans, il y a des exceptions dans les deux sens qui prouvent que l'âge ne constitue pas une barrière. Pizza Hut a été fondé par des étudiants alors que son grand frère KFC a été créé par Harlan Sanders, à l'âge « vénérable » de cinquante-six ans.

Notre intention était de chercher des entreprises qui ont vu le jour dans différentes parties du monde. L'objectif était inévitablement dirigé vers les économies « occidentales » les plus développées, qui ont des traditions plus archaïques au regard des économies émergentes de l'Asie ou de l'Europe orientale. En consultant la liste des plus grandes compagnies internationales, vous vous apercevrez qu'elle coïncide avec celle présentée dans ce livre. Encore une fois, d'ici dix ans, une édition mise à jour comportera sûrement bien plus d'entreprises asiatiques, quelques-unes d'origine russe ou du centre de l'Europe, et peut-être une ou deux du Brésil, étant donné la rapidité et la façon dont l'économie mondiale est en perpétuel changement.

Dans l'ensemble, que pouvons-nous apprendre de ces entreprises ?

Pourquoi ont-elles été fondées ?

Les motivations des fondateurs jouent souvent un rôle fondamental et déterminant dans le succès (ou l'échec) d'une initiative d'entreprenariat. En particulier, il est difficile qu'une entreprise connaisse le succès quand l'unique raison qui pousse son fondateur se résume à l'argent. Les histoires présentées ici valideront cette thèse : aucune de ces entreprises n'a été mise en œuvre dans le seul but d'empocher de grosses sommes. La plupart sont nées de la passion de leurs fondateurs pour les produits eux-mêmes, soit parce qu'ils répondaient à leur amour pour un domaine spécifique, comme dans le cas de Sony ou Cloudy Bay, soit parce qu'ils apportaient des évolutions essentielles, comme dans le cas de Google ou Dyson. De plus, il est intéressant de noter que, outre la passion pour le produit ou le service, chaque fondateur était convaincu que l'activité mise en œuvre était susceptible de fournir un moyen de subsistance suffisant ; il ne s'agissait donc en rien d'intuitions de « savants fous » qui n'auraient pas tenu compte du contexte économique.

Parmi les autres activités, certaines ont été mises en œuvre par leurs fondateurs dans le simple but de gagner de quoi vivre. J'aime beaucoup l'histoire de Pizza Hut, créée par quelques étudiants pour pouvoir payer leurs études universitaires. Volvo et Nokia, curieusement toutes deux scandinaves, virent le jour pour réaliser un certain type de produit et pour introduire un procédé particulier dans leur pays. Le fondateur de Nintendo est un cas à part : Hiroshi Yamauchi hérita de la petite entreprise familiale dans le Japon de l'après-guerre et, avant même d'accepter de la diriger, il était déjà convaincu qu'il l'aurait gérée à sa façon. Il ne pouvait alors pas savoir que les jeux vidéo constitueraient l'avenir de la firme, mais il était poussé par l'ambition et par la volonté de faire honneur à l'entreprise qui lui avait été confiée, en la faisant croître et prospérer. J'imagine que sa famille est on ne peut plus satisfaite du résultat.

Comment ont-elles été financées ?

Le capital de départ venait des fondateurs eux-mêmes, à deux exceptions près (Volvo et Nintendo). Cependant, très rapidement la plupart de ces entreprises se sont tournées vers des investisseurs ou le capital-risque, et plus de la moitié s'est lancée en bourse afin d'obtenir des capitaux suffisants pour permettre leur développement. Les marchés financiers ont été favorables à toutes ces entreprises.

Coca-cola a développé un nouvel instrument pour financer sa rapide et précoce ascension, en cédant la licence d'embouteillement de son propre produit à de nombreux territoires. Par la suite, Pizza Hut et KFC utiliseront des méthodes similaires, devenant ainsi les pionniers du système de franchise, utilisé par des milliers d'entreprises pour s'agrandir grâce à l'argent, l'engagement et la passion d'autres personnes.

Parmi toutes les sociétés que nous présentons ici, celle qui a dû lutter le plus pour augmenter son capital est Dyson. Mais c'est compréhensible : vous soutiendriez, vous, un inventeur passionné qui veut entrer sur un marché gouverné par d'inébranlables géants mondiaux ? Naturellement, les investisseurs préfèrent soutenir des secteurs en pleine croissance et avant Dyson, on pensait que le marché des aspirateurs était déjà saturé.

En revanche, la détermination de fer avec laquelle Ikea a su se maintenir avec ses propres capitaux constitue une caractéristique particulière de l'entreprise, et selon certains, c'est aussi un facteur primordial dans son ascension et dans son succès. Cela constitue un fait intéressant qui contraste avec les autres histoires présentées ici.

Que faut-il pour s'imposer au niveau international ?

Fonder une société qui puisse avoir un succès dans plusieurs pays constitue un résultat extraordinaire. Nombreuses sont les histoires d'entreprises qui, étant pourtant bien implantées dans leur propre pays ont subi des coups durs quand elles ont cherché à s'attaquer à l'étranger. Très souvent, franchir les frontières a des conséquences négatives. Qu'est ce qui rend les entreprises auxquelles nous nous sommes intéressées différentes des autres ?

Elles se sont toutes concentrées sur les marchés internationaux. Pour les entreprises qui naissaient dans des contextes économiques moins développés, comme au Japon à l'époque de la création de Sony et Nintendo, l'exportation était considérée comme nécessaire dans la phase initiale pour garantir sa survie à moyen ou long terme. En réalité, les fondateurs d'entreprises qui marchent bien font tout ce qu'ils peuvent pour qu'elles continuent de prospérer. Dans bien des cas, de tels choix ont conduit au triomphe à l'échelle mondiale.

Quoi qu'il en soit, les produits avaient été pensés ou adaptés depuis le début à chaque pays, en se basant sur les informations obtenues par les gens sur place. La formule du succès semble simple, mais dans la plupart des cas, la mettre en pratique efficacement – en analysant les exigences locales, en lançant un produit fait sur mesure pour un marché spécifique et en destinant au lancement les ressources adéquates – ne l'est pas autant.

L'avantage de celui qui fait le premier pas

On dit souvent que ceux qui font le premier pas ont un avantage significatif dans la mesure où ils n'ont pas besoin de rivaliser pour gagner des parts de marché ni pour imposer une fidélité à la marque. Il est intéressant de noter qu'environ un tiers des histoires que nous racontons ici concerne des entreprises qui ont été les premières sur le marché avec leur produit. C'est le cas par exemple de Coca-Cola, Pizza Hut et Billabong. Mais pour les deux tiers restants, les choses ne se sont pas passées ainsi. Bebo et Google se sont développés très rapidement bien qu'ils se soient confrontés à des adversaires extrêmement solides, sur lesquels tous deux l'ont rapidement emporté grâce à la qualité qu'ils offraient. Dyson est sans doute le meilleur exemple dans lequel l'excessive assurance du « premier sur le marché » a permis à un jeune débutant, parti de rien, d'acquérir une position de leader en proposant un produit résolument novateur.

Quelle leçon pouvons-nous tirer de tout cela ? Être le premier sur le marché peut constituer un gros avantage, mais il est, et de loin, plus important d'être le meilleur. Il semble surtout que pour avoir du succès dans les affaires, où que ce soit dans le monde, il faille toujours donner aux clients ce qu'ils veulent, et pas seulement au début.

David Lester

adidas

UN SUCCÈS SPORTIF

Fondateur : Adolf (Adi) Dassler

Âge au moment de la création : 20 ans

Expérience précédente : boulanger

Année de la création : 1949

Type d'activité : production d'articles de sport

Pays actuellement concernés : Plus de 170

Chiffre d'affaires et bénefice net : 14,9 milliards et 526 millions d'euros (2012)

ADIDAS

N'importe quel coureur vous dira que de bonnes chaussures sont la clé du succès, et c'est justement cette idée qui fut le point de départ de cette entreprise productrice d'articles de sport. Ses origines remontent à presque un siècle, quand un homme, Adi Dassler, décida qu'il fournirait à chaque athlète le meilleur équipement possible. Aujourd'hui, le groupe Adidas est le second producteur au monde d'équipements sportifs, avec des articles qui vont des chaussures aux vêtements en passant par les accessoires spécifiques à la course, le foot, le basket et l'entraînement en général. De plus, son logo à trois bandes est un des plus connus au monde.

L'inspiration donne vie à un nouveau type de chaussures

L'Allemand Adolf « Adi » Dassler était un sportif émérite, avec une telle passion pour les disciplines extrêmes qu'il s'était même construit une rampe de saut à ski. Coureur passionné, il avait remarqué, comme de nombreux autres entrepreneurs, un vide sur le marché : la nécessité de meilleures chaussures, pas seulement sur le plan fonctionnel, mais également capables d'accroître les performances. Adi était boulanger, mais, ayant un père cordonnier, il avait une certaine familiarité avec le monde des chaussures. Vu sa quête enthousiaste de la parfaite chaussure de sport, il semble qu'il était destiné à suivre les traces de son père. En 1920, il commença à fabriquer des chaussures de sport dans sa petite ville natale, Herzogenaurach, à vingt kilomètres environ à l'ouest de Nuremberg, utilisant la cuisine de sa mère comme laboratoire.

Après la première guerre mondiale, l'Allemagne n'était pas un endroit propice pour démarrer une entreprise, mais Adi était déterminé à ne pas baisser les bras. Il utilisait n'importe quel objet susceptible d'être récupéré pour faire ses chaussures, y compris des parachutes et des équipements militaires, pendant que ses sœurs faisaient des patrons à partir de sacs de toile. L'activité alla de l'avant grâce à la créativité et au dur labeur mais aussi grâce au rêve d'Adi de réaliser « la chaussure de course parfaite ». Son idée se fondait sur trois principes de base : inventer la chaussure la plus adaptée à chaque sport, protéger l'athlète contre les accidents et garantir un produit de longue durée.

En 1924, son frère Rudolf, qui avait déjà une expérience dans la vente, collabora avec Adi, et l'activité jusque là « amateur » se transforma en un véritable business. Rudolf s'occupait des aspects légaux liés au marketing alors qu'Adi continuait de se concentrer sur l'élaboration du produit. Le nom de la compagnie, Dassler Brothers Shoe Company fut déposé la même année. À cette époque, l'entreprise disposait déjà d'un vrai atelier et d'une poignée d'employés qui produisaient cinquante paires de chaussures par jour.

L'idée d'Adi se fondait sur trois principes de base : inventer la chaussure la plus adaptée à chaque sport, protéger l'athlète contre les accidents et garantir un produit de longue durée.

Adi Dassler dans une de ses premières usines de chaussures.

Une croissance immédiate

Quoi qu'il en soit, Adi avait déjà des projets plus vastes et l'intention d'apporter certaines modifications à ses chaussures. Un an après, il obtint ses premiers brevets : le premier pour une chaussure de course et l'autre pour une chaussure de foot. Elles étaient dessinées spécialement pour ces deux activités sportives et se révélaient plus légères que celles qui existaient sur le marché. Fidèle à son perfectionnisme, Adi avait testé lui-même les différents modèles de chaussures de course pour s'assurer qu'elles étaient adaptées à une distance spécifique à parcourir.

Adi assistait systématiquement aux différents événements sportifs qui se déroulaient en Allemagne. Cela contribua à alimenter le bouche à oreille et l'intérêt toujours plus grand qui était accordé à son travail.

Au début, les ventes étaient destinées seulement aux clubs de sport et aux athlètes, mais elles furent ensuite étendues aux participants des Jeux Olympiques d'Amsterdam de 1928, et aux jeux suivants qui se tenaient à Los Angeles. En 1931 fut lancée la première série de chaussures de tennis. Au milieu des années trente, Adi produisait trente modèles de chaussures différentes destinées à onze disciplines sportives, alors que le nombre d'ouvriers atteignait bientôt la centaine.

En 1936, les Jeux Olympiques de Berlin, dans son pays natal, furent décisifs dans l'ascension de l'entreprise. Les chaussures des Dassler étaient déjà portées par la plupart des athlètes allemands et les deux frères avaient bien compris que les sportifs eux-mêmes étaient les meilleurs vecteurs publicitaires pour leurs produits. Il se révéla donc essentiel d'avoir le soutien des plus grandes stars du sport pour faire parler de la marque. De fait, Adi fut le premier entrepreneur à faire de la publicité pour ses produits au sein même du monde du sport.

Équiper les athlètes nationaux des chaussures Dassler ne fut que le commencement. Se fiant à son flair infaillible, Adi prit le risque d'entrer dans le village olympique avec une petite valise pleine de modèles, dans le but de convaincre le sprinteur américain Jesse Owens d'essayer ses chaussures. Il fut largement récompensé pour son audace puisque Owens remporta quatre médailles d'or, renforçant ainsi le nom de l'entreprise aux yeux des meilleurs athlètes du monde. Arrivèrent alors des commandes de la part de bien d'autres équipes et, dans les trente années qui suivirent, il se vendit environ deux cent mille paires de chaussures par an, ce qui poussa Adi à acheter en 1938 un nouveau centre de production pour faire face à la demande.

Adi fut le premier entrepreneur à faire de la publicité pour ses produits au sein même du monde du sport.

Querelle familiale

L'explosion de la seconde guerre mondiale faillit mettre un terme à l'entreprise puisque l'usine fut réquisitionnée et que Rudolf et la plupart de ses employés furent enrôlés dans l'armée. Adi continua à gérer l'entreprise en élaborant des articles pour les troupes allemandes. Après la guerre, alors que l'ensemble du pays essayait de se reconstruire et de se réorganiser, il recommença à fabriquer des chaussures de sport, mais avec une main d'œuvre amputée de cinquante employés, même si la population locale était bien disposée à donner un coup de main pour permettre à l'activité d'aller de l'avant. Le talent créatif d'Adi joua de nouveau un rôle de premier plan quand il récupéra les vieilleries de la guerre, comme des vieilles toiles de tentes militaires, des gants de base-ball en cuir ou de la toile et du caoutchouc de camions-citernes américains.

Cependant, alors que l'entreprise prospérait, les relations entre les deux frères n'avaient de cesse de se détériorer, à tel point qu'en 1948, après une énième discussion, ils décidèrent de se séparer. Cette rupture signa le début d'une impitoyable rivalité entre Adi et Rudolf, lequel, ayant à sa disposition la moitié des machines, démarra une activité analogue de l'autre côté du fleuve. Cette firme deviendra par la suite Puma, un des plus féroces concurrents d'Adidas.

Devenu seul responsable, Adi devait trouver un nouveau nom pour son entreprise. C'est à ce moment-là que naquit le nom « Adidas », une combinaison entre son surnom et les premières lettres de son nom de famille. Le nom de l'entreprise fut enregistré officiellement en 1949. Pour compléter la transformation, Adi conçut un nouveau logo et dessina pour cela les désormais célèbres trois bandes (qu'il avait cependant déjà imaginées huit ans plus tôt), ce qui donna vie à une image à fort impact qui conférait à ses chaussures un signe distinctif. Les bandes avaient également un objectif pratique : supporter la voûte plantaire. La même année, Adi décida de concentrer ses forces sur les chaussures de foot et il produisit les premières chaussures dotées de crampons en caoutchouc.

La publicité sportive

Les expériences antérieures avaient montré aux deux frères l'importance de convaincre les athlètes de porter leurs produits. Par bien des aspects, la rivalité entre Adidas et Puma permit la naissance des concepts de « publicité sportive » et de « sponsor officiel ». Adi et Rudolf travaillèrent dur afin de s'assurer le support des grands champions, surtout à l'occasion des Jeux Olympiques, n'hésitant pas à les rémunérer. Aux Jeux d'Helsinki en 1952, Adidas fut la marques allemande la plus portée, et elle expérimenta à cette occasion une nouveauté absolue : les chaussures de course à crampons amovibles. De plus, l'entreprise élargit pour la première fois sa gamme de produits en présentant des sacs de sports.

Adi prit un avantage certain dans la confrontation Adidas-Puma quand, en 1945, son entreprise fut choisie pour équiper toute l'équipe nationale de foot allemande. Les chaussures possédaient des crampons vissés, une technique novatrice à cette époque qui se distinguait de ceux moulés à la semelle. On parla d'Adidas dans tout le pays quand, contre toute attente, l'Allemagne de l'Ouest remporta la victoire contre la Hongrie. La finale se joua par une journée pluvieuse et les chaussures avec les crampons vissés jouèrent un rôle fondamental. On vit Adi dans de nombreux journaux en compagnie des joueurs allemands et ses chaussures attirèrent l'attention du monde entier. Au total, cette année-là, quatre cent cinquante mille paires de chaussures furent confectionnées.

De telles incursions publicitaires allaient devenir un élément typique de la stratégie d'Adidas dans les années à venir. L'entreprise présentait sa dernière innovation à l'occasion de chaque événement sportif important, dominant ainsi le marché international de la chaussure de sport et dépassant les chaussures en toile de sa rivale Keds. La clé de l'efficacité de cette ascension réside dans le fait qu'Adi entretenait des relations étroites avec de nombreux athlètes de renommée mondiale dans différentes disciplines, ce qui lui permettait de perfectionner différents modèles de chaussures pour une grande variété de sports.

Adidas présentait sa dernière innovation à l'occasion de chaque événement sportif important, dominant ainsi le marché international de la chaussure de sport.

Adi et ses chaussures de foot à crampons vissés.

Expansion mondiale

Les JO de Melbourne en 1956 furent l'occasion idéale pour mettre en avant ce design spécifique. Maintenant les choses dans un cercle familial, Käthe Dassler, sa femme et associée, envoya leur fils Horst en Australie pour distribuer les chaussures Adidas aux participants. Dans le livre *Olympic Turnaround* (Michael Payne, Praeger Publishers Inc, 2006), Horst se souvient : « Les athlètes étaient quelque peu surpris en me voyant arriver, un jeune gars qui leur offrait une paire de chaussures. C'était vraiment facile. »

À cette même époque, Adi concéda sa première licence à une usine de chaussures norvégienne, s'inscrivant ainsi dans un parcours qui devait porter son entreprise à une expansion mondiale. L'implication de Horst dans la gestion de l'entreprise grandit et trois ans plus tard, en 1959, il aida à la construction et à l'implantation d'une chaîne de production en France ainsi qu'à l'installation d'une nouvelle usine en Allemagne. Apporter les produits aux athlètes à l'occasion des Jeux Olympiques de Melbourne avait été une démarche habile : aux Jeux de Rome de 1960, soixante-quinze pour cent des champions d'athlétisme portaient des chaussures Adidas.

Le développement à l'international fut accompagné de nouvelles lignes de produits alors que l'usine continuait à faire reculer les frontières de l'innovation. Au milieu des années soixante, Adi et Käthe décidèrent d'investir le secteur de l'habillement et des loisirs en produisant des vêtements pour la compétition et pour l'entraînement. Les premiers joggings avec le logo à trois bandes apparurent en 1962 alors que les premiers pantalons furent produits l'année suivante. Le soutien des célébrités continua à être un des points forts de l'entreprise, surtout quand, en 1971, Mohamed Ali et Joe Frazier disputèrent ce que l'on appela « le combat du siècle » en portant les chaussures de boxe spécialement dessinées pour l'occasion par Adi. Un an plus tard, le logo à trois bandes fut transformé en trèfle.

Une entreprise en souffrance

Alors que les années soixante et le début des années soixante-dix avaient été caractérisées par une innovation continue, la dernière partie de cette décennie fut marquée par la mort d'Adi, survenue en 1978. Rudolf avait disparu environ quatre ans plus tôt et les deux frères n'étaient jamais parvenus à se réconcilier. À l'époque de la mort d'Adi, l'entreprise avait déjà déposé sept cents brevets et autres droits de propriété industrielle, preuve que ce dernier n'avait jamais cessé sa quête de la chaussure parfaite. Käthe continua à diriger l'entreprise qui, à cette époque-là, était parvenue au chiffre éblouissant de cinquante cinq millions de chaussures produites par an.

Käthe se retira six ans plus tard et Horst prit le contrôle de l'entreprise en 1985, peu de temps après une grave erreur : de fait, en 1984 le soutien d'un jeune du nom de Mickael Jordan fut refusé par l'entreprise. En tout état de cause, Horst avait des projets ambitieux qui nécessitaient une totale restructuration de l'entreprise. Malheureusement, il mourut d'un cancer trois ans plus tard, à cinquante et un ans, avant d'avoir pu réaliser ses projets. Sans dirigeant, Adidas allait vers un futur incertain. Ressurgirent alors de vieilles querelles familiales qui virent les quatre filles d'Adi se disputer la gestion de l'entreprise, ce qui généra son instabilité et la chute de sa valeur sur le marché.

La concurrence ainsi que des campagnes publicitaires peu incisives eurent aussi leur part de responsabilité, tandis que des entreprises comme Nike envahissaient le secteur de la chaussure de sport, écrasant Adidas à de nombreuses reprises, et s'emparant de plus en plus de parts du marché nord américain. Mais ce fut en 1989 qu'Adidas perdit définitivement ses caractéristiques d'entreprise familiale, quand les quatre sœurs la vendirent pour cinq cent douze millions de dollars – ce que l'on pouvait considérer comme une affaire à l'époque et qui équivaudrait à quelque chose comme un milliard de dollars aujourd'hui – à l'entrepreneur français Bernard Tapie, spécialiste du sauvetage des entreprises en mauvaise santé. Tapie, qui par la suite deviendra ministre de la ville dans son pays, engagea un certain nombre de changements, tel le lancement d' « Equipment », une ligne de vêtements et de chaussures pensée pour les compétitions. La production fut transférée en Asie, pour essayer de diminuer les coûts. Cependant, Tapie, à cause de ses propres problèmes économiques, se montra incapable de faire revivre à l'entreprise sa gloire passée, et il se retira quelques années plus tard, évincé par des scandales politiques et financiers.

En 1992, la banque française du Crédit Lyonnais procura un nouvel acheteur à l'entreprise alors qu'elle perdait plus de cent millions de dollars par an et qu'elle se dirigeait vers la banqueroute, ne possédant que trois pour cent de parts de marché. Le nouvel acquéreur, Robert Louis Dreyfus – diplômé d'Harvard en Gestion des entreprises – avait contribué à la reprise d'un nombre enviable de sociétés.

Il prit le contrôle d'Adidas en 1993 et, avec un associé, il en acheta 15 pour cent. Selon ce qui a été rapporté, chaque investisseur paya dix mille dollars alors que les banques et autres commanditaires apportèrent le reste du capital.

Et pourtant le binôme Dassler-chaussures n'était pas encore complètement mort. Le neveu d'Adi, qui partageait avec son oncle son nom de baptême, démontra que l'amour pour les chaussures était sans doute inscrit dans les gènes familiaux quand il fonda, en 1992, AD One, firme spécialisée dans les chaussures de trekking et les sports extrêmes.

Acquisitions et émissions d'actions

Dreyfus ne tarda pas laisser son empreinte. Il vit en Adidas une entreprise susceptible de faire des chaussures fabuleuses, mais incapable de les vendre. Il décida par conséquent de s'appuyer sur les origines de l'entreprise et sur son expérience dans le domaine sportif : il se tourna vers une cible plus jeune, renvoya la majeure partie des dirigeants haut placés et délocalisa la production pour réduire les coûts, alors qu'il investissait en même temps de grosses sommes dans le marketing.

Certaines acquisitions firent également partie de ce plan de reprise. L'année même où Dreyfus entra en scène, l'entreprise racheta Sports Inc, une société américaine spécialisée dans le marketing sportif ; il la rebaptisa Adidas America et en confia la direction à deux ex-dirigeants de Nike. Cela signifiait que la société Adidas était prête à affronter sa rivale sur son propre terrain. De plus, elle sut se servir de la tendance rétro en vogue à cette période en relançant une ligne de chaussures classiques, old school, qui connurent un succès immédiat, envoyant ainsi un nouvel avertissement à Nike qui, elle, se concentrait uniquement sur la technologie avancée.

Dans son plan de redressement, Adidas sut se servir de la tendance rétro en vogue à cette période en relançant une ligne de chaussures classique, old school, qui connut un succès immédiat.

L'entrée de l'entreprise sur les marchés financiers allemand et français eut lieu en 1995, sous la direction de Dreyfus, et fut suivie de nouvelles acquisitions. La société se servit également de la scène musicale quand, en 1996 le groupe de rap Run DMC écrivit un morceau intitulé « My Adidas » qui devint par la suite une des chansons utilisées pour la promotion de l'entreprise. En 1997, Adidas racheta le groupe Salomon, marque française spécialisée dans les vêtements de ski, et son associée TaylorMade Golf Company, élargissant son offre dans le secteur de l'équipement sportif. Il changea le nom en Adidas-Salomon et ouvrit un premier point de vente aux particuliers à Portland en Oregon.

En voie de guérison

En 1999, en plus de son cinquantième anniversaire, Adidas avait sans aucun doute quelque chose à fêter : ses ventes avaient dépassé pour la première fois les cinquante milliards de dollars et elle comptait presque treize mille employés à travers le monde. Un an plus tard, elle deviendra fournisseur officiel du Championnat européen de football. En 2001, Herbert Heiner, déjà vice-président et directeur des opérations de la société, succèdera à Dreyfus comme administrateur général. À ce moment-là, la société pouvait revendiquer une tradition de prestige, plus encore qu'une compétence reconnue dans le secteur sportif. De nouveaux magasins furent inaugurés à Tokyo, Berlin, Amsterdam et Paris, suivis de New York en 2002 et de la Corée l'année suivante. Les premiers résultats semblèrent prometteurs : on nota une augmentation de l'action de quinze pour cent.

La même année, certains changements radicaux furent apportés afin d'accroître la clientèle et de renforcer la croissance. Trois nouveaux départements virent le jour, sous le nom de « Sport Performance », « Sport Héritage » et « Sport Style » qui conjuguent le charme vintage et les produits à la mode. Deux ans après, Adidas continua d'alimenter sa réputation en utilisant le soutien de célébrités du sport comme David Beckham et Tim Henman. 2005 se révéla être une année intense. La compagnie mit en place une collaboration avec la styliste Stella McCartney pour la conception d'une ligne féminine et elle annonça également le rachat de sa rivale américaine Reebok grâce à un accord d'une valeur de presque quatre milliards de dollars (le rachat fut effectif en 2006). De plus, en mai 2005, on annonça la vente de la division Salomon à l'entreprise finlandaise Amer Sport. L'entreprise récupéra ainsi le nom Adidas.

Par le passé, la compagnie s'était fait un nom grâce à ses innovations technologiques,

Un classique de la chaussure Adidas, modèle Antelope, avec le logo à trois bandes.

et le futur était destiné à conserver cette tradition. De fait, toujours en 2005, « Adidas 1 » fut lancée, définie comme « la première chaussure intelligente au monde » et dotée d'un ordinateur interne capable de régler le niveau d'amortissement en fonction du type de terrain. Vendue deux cent cinquante euros, elle n'est certainement pas bon marché sachant que la chaussure la plus chère du marché coûte environ cinquante pour cent de moins.

Où en sont-ils maintenant ?

Le groupe Adidas est le second après Nike au niveau mondial dans la vente d'articles de sport. Récemment, Adidas a augmenté son nombre de magasins dans les grandes villes comme Londres et New York et a, dans le même temps, su tirer profit des opportunités offertes par les marchés émergeants comme ceux de la Chine et de la Russie. Si, début 2013, les ventes en Europe occidentale ont accusé un repli de 6 %, celui-ci a largement été compensé par les ventes en Chine (+6 %) et surtout en Amérique latine (+12 %).

Le groupe explique ses bonnes performances actuelles par une amélioration de son assortiment de produits et par une augmentation des prix. Équipementier du Bayern de Munich, Adidas parvient plus que jamais à vendre très cher des chaussures et articles de sport fabriqués à faible coût. La croissance rapide du réseau de distribution dans les pays émergents a également contribué à faire grimper la marge. En outre, Adidas est sponsor officiel de nombreux clubs de foot et d'équipes nationales, et sponsorise quantité de joueurs de basket, tennis… Il sera sponsor officiel des coupes du monde de football jusqu'en 2013.

Mais le groupe profite aussi d'une véritable explosion de la demande d'articles de golf : sa marque TaylorMade-adidas Golf (TMaG) a vu son chiffre d'affaires bondir de 13 %.

Seul le rachat de Reebok ne s'est pas encore montré à la hauteur des attentes du groupe. Bien au contraire, ses ventes ont reculé de 14 % en 2013, et cela reste un sujet d'inquiétude. Mais comme le dit le slogan de la marque Adidas « Impossible is nothing ».

Billabong

AU SOMMET DE LA VAGUE

Fondateur : Gordon Merchant

Âge au moment de la création : 28 ans

Expérience précédentes : surfeur passionné et *shaper* de planches de surf

Année de la création : 1973

Type d'activité : mode et accessoires de surf

Pays actuellement concernés : 100

Volume d'affaires : 1,55 miliard de dollars (2012)

BILLABONG

Le surf est un sport apprécié par beaucoup de gens et pratiqué avec plus ou moins d'aisance. Le surf est cool. Mais pour être cool, il faut aussi avoir le bon look. Les vêtements de surf sont un élément important qui participe à son charme, et ils se sont récemment transformés pour devenir une véritable tendance. Il n'est pas nécessaire de savoir surfer une vague pour les porter et on peut en trouver partout, des magasins attenants à la plage aux lieux dédiés à la location des planches de surf ou alors dans les grandes villes, y compris celles qui sont très éloignées de la mer. Billabong est la compagnie australienne qui, probablement plus qu'aucune autre, a introduit l'habillement de surf dans les vitrines. Après presque quarante ans d'activité, c'est une des marques les plus célèbres du secteur, deuxième seulement après Quicksilver (d'origine australienne mais de propriété américaine). C'est une des principales raisons pour lesquelles, dans la plupart des grandes villes, on peut trouver des articles comme les pantalons de surf. Cependant l'entreprise a combattu ardemment depuis ses débuts, et, pendant des années, elle n'a pas été prise au sérieux par les banques ou les établissements financiers. Son fondateur, Gordon Merchant, a montré une grande détermination dans sa quête de succès et il en a été largement récompensé. Il est aujourd'hui l'un des entrepreneurs les plus confirmés, outre le fait qu'il est multimillionnaire. Son entreprise, cotée à la bourse australienne est estimée à deux milliards de dollars américains.

L'arrivée d'une vague

Gordon Merchant aime faire du surf. Encore aujourd'hui, à plus de soixante ans, il passe le plus de temps possible à chercher et à surfer les plus belles vagues australiennes. Au début des années soixante-dix, il y consacrait tout son temps libre. Il était tellement amoureux de l'océan que de Maroubra il déménagea à Burleigh Heads sur la Gold Coast où il pouvait glisser sur les vagues neuf mois par an.

Gordon travaillait comme *shaper*, construisant des planches de surf et cherchant à en mettre une au point qui permette la prise de vague parfaite. Il introduit certaines innovations qui se sont depuis avérées essentielles dans ce domaine. La première fut le *leash* (la corde élastique) qui, comme le sait tout surfeur qui a déjà perdu un temps précieux à la poursuite de sa planche après un wipe-out (c'est-à-dire une chute dans l'eau), est le plus simple mais aussi le plus utile de tous les accessoires de surf jamais inventés. Ensuite, il introduisit le *tucked-underedge* (l'arête inférieure), qui aida quelques-uns des plus grands surfeurs australiens à se hisser au sommet de la gloire. Cependant, les substances chimiques utilisées pour la confection des planches se révélèrent nocives pour sa santé. Gordon décida donc de s'orienter vers quelque chose de différent. Comme beaucoup d'autres grands entrepreneurs, il trouva l'inspiration dans le monde dans lequel il vivait. Cela signifiait, naturellement, créer une activité qui avait un lien avec son grand amour, le surf.

Gordon travaillait comme shaper. Il introduit certaines innovations qui se sont depuis avérées essentielles dans ce domaine.

Gordon Merchant en train de faire ce qui lui plait le plus.

Un courant favorable

Gordon se rendit compte qu'il y avait un vrai manque concernant les vêtements de bonne qualité pour le surf. Les magasins que nous pouvons voir aujourd'hui près des plages du monde entier n'existaient pas. Les surfeurs devaient se tourner vers de simples magasins de vêtements pour hommes, lesquels, ne pouvant comprendre leurs exigences, leur vendaient des bermudas inadaptés à ce type d'activité. « Ils étaient en fibre de coton, qui avait tendance à s'abîmer à cause de l'eau salée, et ils n'étaient jamais très seyants » se souvient Gordon dans le livre *Only a Surfer Knows the Feeling: The Story of Billabong's Surfwear Revolution* (Derek Rielly, RollingYouth Press, 2003). « Tu te sentais vraiment stupide quand tu les ajustais au nombril et qu'ils remontaient, ce qui les rendait extrêmement inconfortables ». Gordon se souvient également quand il était aux Stubbies, les championnats du monde de surf et qu'il voyait Mark Richards déchirer volontairement les côtés de son bermuda afin qu'ils n'entravent pas les mouvements de ses jambes. « Mark Richards décousait volontairement les côtés : c'était la seule façon de pouvoir bouger librement. Je n'oublierai jamais son image sur le podium, soulevant son trophée avec son bermuda en lambeaux ».

Il savait qu'il fallait faire quelque chose et que les surfeurs n'attendaient rien d'autre que des vêtements capables de résister aux conditions extrêmes inhérentes à ce sport. Quelques-uns s'étaient déjà essayés à l'exercice, mais leurs tentatives n'avaient pas impressionné Gordon qui ne les pensait pas capables de prendre en compte les réels besoins des surfeurs. « Les principales marques de vêtements pour hommes savaient faire des vêtements, mais elles n'avaient aucune idée de comment créer ou promouvoir une ligne adaptée au surf. »

Gordon voulait arrêter de fabriquer des planches de surf et l'idée de s'occuper d'équipement vestimentaire le titillait. Son ami et collègue de surf Tommy Moses travaillait comme couturier et ils commencèrent tous deux à s'intéresser à l'idée, presque par jeu. « Je l'ai convaincu de créer sa propre étiquette, Crème Clothing : ce n'était pas vraiment approprié pour le surf, simplement on trouvait amusant de créer des vêtements qui nous plaisaient. À cette époque, personne ne faisait une chose pareille et je me rendis vite compte du succès que Tommy commençait à avoir. Ce fut en partie cela qui m'incita à créer mon activité ».

À la différence de son ami, Gordon n'était pas couturier. Cependant, souvent les entrepreneurs réussissent à franchir les obstacles et à s'ouvrir la voie du succès. Gordon combla ce manque le plus simplement possible en fréquentant un cours de *fashion design*, pour acquérir les compétences nécessaires pour débuter. Rapidement, sa femme Rena et lui commencèrent à créer et à tailler des bermudas sur leur table de cuisine. « Il fallut bien des tentatives, mais à la fin nous avons réussi à réaliser un modèle résistant et fonctionnel. Moi, je fréquentais un cours intensif de *fashion design* et je commençais juste à comprendre le fonctionnement de tout ça ».

En ces premiers temps, Gordon et Rena se consacrèrent à la recherche des matériaux adéquats non sans quelques erreurs et échecs. Mais Gordon avait un avantage par rapport aux magasins de vêtements pour hommes : il était un surfeur passionné et il savait très bien quelles étaient les caractéristiques dont avait besoin un bermuda. De plus, à cette époque, il n'avait pas dans l'idée de monter une grosse entreprise ; il cherchait simplement à créer des shorts formidables pour ses amis surfeurs et pour lui-même.

Gordon commença à vendre ses articles directement derrière la gare proche de chez lui ainsi qu'à de petits magasins. Quand son activité commença à décoller, Rena et lui se rendirent alors compte qu'ils pouvaient démarrer une véritable entreprise. « Nous nous sommes regardés dans les yeux et nous avons compris que nous pouvions en tirer un peu d'argent. Nous avons oublié la maison que nous voulions acheter parce que chaque centime devait être investi dans l'entreprise. Elle avait besoin d'argent avant toute chose. »

Gordon avait un avantage par rapport aux magasins de vêtements pour hommes : il était un surfeur passionné et il savait très bien quelles étaient les caractéristiques dont avait besoin un bermuda.

À l'image de celles qu'il avait apportées aux planches de surf, les innovations apportées par Gordon aux shorts de bain furent capitales. Les bermudas utilisés par les surfeurs devaient pouvoir supporter les sollicitations et la pression des vagues. Par conséquent, Gordon inventa un nouveau type de coutures qui prolongeait la durée de vie du vêtement. Les deux époux comprirent qu'ils avaient le bon produit et qu'il correspondait à une réelle demande du marché. Ce qui manquait était un nom pour la marque. Un ami suggéra Billabong, que Gordon trouva évocateur et original. Mais ni Gordon ni Rena ne prévoyaient que ce nom deviendrait la marque que nous connaissons aujourd'hui. Leurs ambitions étaient beaucoup plus modestes : ils voulaient seulement avoir les moyens pour acheter une maison. Ils durent toutefois mettre de côté leur rêve parce que les bénéfices étaient systématiquement réinvestis dans l'entreprise.

Eaux agitées

Entre 1973 et 1975, Gordon passa une grande partie de ses nuits à trimer sur sa table de travail. Toutefois, pour augmenter la production, son entreprise avait besoin de financements. Les banques ne se montrèrent pas disponibles et refusèrent, dans un premier temps, de prendre l'affaire au sérieux. Les marchands de textiles étaient regardés de travers, et les surfeurs aussi. Gordon changea au moins quatre fois de banque avant d'en trouver une qui prenne son idée en considération. « Personne ne te prenait au sérieux si tu voulais produire des vêtements pour le surf. Je me souviens qu'une fois je suis allé dans une banque pour demander un prêt et qu'ils m'ont ri au nez. « Vêtements » était un mot tabou pour les banques, vu le nombre d'entreprises qui faisaient faillite dans ce secteur d'activité. « Surfeurs » était encore pire ! »

Et pourtant Gordon ne renonça pas, et il continua à faire avancer son entreprise jusqu'à ce qu'il réussisse à réunir une modeste somme. Il étendit également sa gamme de produits vers les tee-shirts et les maillots de sport, sans pour autant délaisser son article principal. Dès qu'il estima que sa marque avait acquis une certaine reconnaissance, il fit un peu de publicité dans les revues de surf, et il acheta, par la suite, des espaces publicitaires plus chers. Peu à peu, l'entreprise s'implanta sur la Gold Coast, puis sur toute la côte orientale de l'Australie. Il fallut presque dix ans, mais à la fin des années soixante-dix, Billabong était devenue une véritable entreprise nationale. À cause de l'absence de financements de la part des banques, la croissance de la société ne fut pas aussi rapide que ce qu'elle aurait pu. Mais l'approbation obtenue en Australie ouvrait grand les portes à une diffusion à un niveau international.

La vague suivante

Fort des résultats obtenus dans son pays, Gordon commença à penser à un développement de plus grande ampleur, ce qui constituait l'étape suivante. L'Australie est considérée par beaucoup comme la patrie du surf, et l'origine de la marque était un gage de crédibilité absolue pour les surfeurs. En regardant vers le nord, les Merchant trouvèrent au Japon un terrain favorable à leur croissance, et Gordon visait également le marché américain, notoirement avantageux mais difficile.

Un tee-shirt homme de la collection 2008.

Les revendeurs étrangers, impressionnés par l'impact que l'entreprise avait eu dans son pays, étaient bien disposés à lui donner sa chance. Par la suite, Billabong commença à vendre des licences aux distributeurs étrangers, ce qui participa à sa croissance.

Les revendeurs étrangers furent impressionnés par l'impact que l'entreprise avait eu dans son pays.

L'entreprise a toujours gardé un contact étroit avec la communauté des surfeurs. Elle organise certaines compétitions parmi lesquelles quatre des onze étapes du World Championship Tour et deux des huit étapes du championnat féminin, tout en conservant sa base en Australie. Il s'agit d'une stratégie de marché très astucieuse, puisque cela offre à la marque le soutien des meilleurs surfeurs. De plus, cela accroît la réputation de l'entreprise qui est perçue par les nouveaux venus comme la meilleure, ce qui leur donne envie d'acheter ses articles. Le chemin qui a conduit Billabong au succès a cependant été long et difficile. Le côté positif est que l'entreprise n'a pas été tentée de faire de l'argent facile au détriment de la qualité des produits. Aujourd'hui, après des années de dur labeur, la société possède un solide capital confiance, bien difficile à entailler.

L'heure de gloire

Entre 1999 et 2010, les revenus de Billabong International sont passés de 110 millions de dollars à 1,5 milliard de dollars, soit une croissance stratosphérique, portée notamment par des acquisitions qui ont élargi son périmètre d'activité.

Depuis 2000, Billabong est coté en bourse en Australie. L'entreprise a profité du marché pour faire des investissements et consolider ainsi son caractère international. En mars 2001, elle a acheté la marque de lunettes de soleil Von Zipper et quatre mois plus tard Element Skateboards. Les bons résultats produits par ces rachats ont encouragé le groupe à prendre d'autres entreprises sous son égide. En janvier 2004, il a racheté Honolua Surf Company, puis en septembre de la même année Kustom Footwear et Palmers Surf.

Depuis lors, le groupe n'a cessé de s'étendre, ajoutant bien d'autres marques, toutes en lien avec le mode de vie des surfeurs. Les montres et accessoires Nixon ont rejoint le groupe en janvier 2006 tandis qu'en 2007 se sont ajoutées les gammes de chaussures Element et l'entreprise californienne Beachworks. De plus, le groupe s'est enrichi en rachetant Xcel (une marque spécialisée dans les combinaisons de plongée), l'entreprise de vêtements de plage pour la femme Tigerlily, Sector 9, une marque américaine consacrée au skate-board, Dakine...

Où en sont-ils maintenant ?

Gordon Merchant fait encore partie du conseil d'administration et il est l'un des entrepreneurs australiens les plus aguerris. Rena et lui se sont séparés mais Gordon la décrit comme un pilier important et lui attribue une bonne partie du mérite dans le succès de l'entreprise.

Billabong compte environ 700 magasins et 10 000 employés dans le monde. Mais la concurrence accrue et la crise mondiale de 2008 qui a entraîné une baisse de la consommation mondiale ont fait chuter les bénéfices et gonflé l'endettement, qui a atteint deux cent quatre-vingts millions de dollars au 31 décembre 2012, un montant équivalent à la valeur d'inventaire estimée.

Depuis l'été 2012, la firme a été l'objet d'approches, sinon d'offres de rachat, de la part de plusieurs fonds américains (Bain Capital, TPG, Sycamore), qui se ravisaient, jugeant la valeur de la firme surévaluée. Les mauvaises performances ont contribué à faire s'effondrer le cours de l'action à la bourse de Sydney. Devant l'urgence, l'entreprise a vendu une partie de ses magasins ainsi que sa ligne de montres Nixon.

Alors que l'on craignait désormais le bilan, l'offre de refinancement de 542 millions de dollars des fonds Centerbridge Partners et Oaktree Capital a finalement été acceptée, et ils n'ont pas tardé à nommer une nouvelle direction. C'est sur le segment sport (combinaisons, planches) que Billabong mise pour redémarrer, plutôt que sur son activité vêtements et prêt-à-porter. Cette dernière pâtit du ralentissement économique, d'un moindre pouvoir d'achat de la clientèle et sans doute aussi de goûts différents d'une génération un peu moins attirée qu'auparavant par un style de vie proche de la mer et de la nature.

Malgré les difficultés, la marque se veut confiante en l'avenir.

Cloudy Bay

UNE MARQUE « GRAND CRU »

Fondateur : David Hohnen

Âge au moment de la création : 35 ans

Expériences précedentes : co-fondateur d'une entreprise vinicole australienne

Année de la création : 1984

Type d'activité : entreprise vinicole

Pays actuellement concernés : 30

Bénéfices : le groupe LVMH (dont fait partie Cloudy Bay) a fait 5,2 milliards de bénéfices grâce au vin et spiritueux (2007)

CLOUDY BAY

Aujourd'hui le vin de Cloudy Bay est probablement le vin blanc le plus réputé au monde. Et pourtant, c'est seulement deux ans après sa création que son cépage le plus reconnu, le Sauvignon Blanc, a contribué à la renommée de l'entreprise au niveau international. Vinificateur expert et passionné, David Hohnen fut l'auteur d'une découverte sensationnelle quand, au milieu des années quatre-vingt, il découvrit en Nouvelle-Zélande, un nouveau type de raisin. Grâce à une constante attention portée à la qualité, la société Cloudy Bay continua à dominer le secteur, et au début des années quatre-vingt-dix, une acquisition favorisa son développement. Le vignoble produit aujourd'hui environ huit cents tonnes de raisin par an en travaillant avec six cultivateurs sur deux cents hectares.

L'art du vin

Fort de sa solide expérience dans ce domaine, David avait lancé, en 1970, avec son frère Mark une entreprise vinicole, Cape Mentelle, en Australie occidentale. David était issu d'une famille qui s'était toujours consacrée à l'art de l'œnologie. L'intérêt des Hohnen était né quand ils s'étaient installés en Nouvelle-Calédonie et qu'ils étaient entrés en contact avec la culture française et son excellent vin. Par la suite, la famille s'était déplacée à Perth, où un voisin dirigeait une petite entreprise vinicole à environ trois heures au sud de la ville. Cela éveilla leur intérêt et de ce fait, en 1970, les Hohnen devinrent la troisième famille à planter des vignes dans cette désormais célèbre région de l'Australie. La première entreprise, Cape Mentelle, était dirigée par David et son frère Mark. David passa deux ans à Fresno, en Californie, pour tout apprendre sur le commerce du vin. Rentré chez lui, il s'associa à son frère et, en 1976, il produisit le premier vin de grand cru, un Cabernet Sauvignon.

En 1970, les Hohnen devinrent la troisième famille à planter des vignes dans cette désormais célèbre région de l'Australie.

Puis l'inspiration fit le reste. En 1983, quelques producteurs de vin néo-zélandais qui étaient allés suivre une conférence à Perth visitèrent Margaret River, la région dans laquelle se trouvait Cape Mentelle, et laissèrent des bouteilles de Penfolds Sauvignon Blanc de cette année-là. David goûta un verre de ce vin délicieux et il n'eut alors qu'un objectif : découvrir dans quelle partie de la Nouvelle-Zélande était cultivée une telle variété de raisin. Même s'il ne se décrit pas comme un requin du commerce, à ce moment-là, il était sûr qu'il y avait un marché pour un tel vin : frais et aromatique, différent des autres vins australiens, pour la plupart rouges ou Chardonnay.

En suivant la passion

Ayant désormais expérimenté la gestion d'une exploitation vinicole, David ne voulut pas se contenter de l'entreprise familiale. Après avoir goûté le raisin Sauvignon blanc néo-zélandais, il en tomba amoureux et décida d'essayer de recréer ce vin. L'année suivante, il se rendit à une exposition en Nouvelle-Zélande et découvrit la région dans laquelle ce type de raisin était produit : Marlborough, à côté de Blenheim, au nord de

South Island. Son objectif : obtenir un vin aussi bon que celui qu'il avait goûté l'année précédente.

À cette exposition, David rencontra Kevin Judd qui travaillait alors pour la Selaks, une maison d'œnologie néo-zélandaise réputée, basée à Marlborough. Kevin eut un rôle important, aussi bien dans la planification que dans la réalisation du projet de David et il devint le premier salarié de la Cloudy Bay avant de se retrouver à la tête de la compagnie. Kévin était précisément celui dont David avait besoin : expert de la région de Marlborough, il avait travaillé le Sauvignon à de nombreuses reprises. La jeune entreprise vinicole était entre de bonnes mains.

Les efforts consentis par la Cape Mentelle avaient permis à David de produire le meilleur vin rouge de l'année 1983 et de la suivante, et de ce fait, il se vit attribuer le prestigieux trophée Jimmy Watson deux années de suite. Cela lui fut utile pour sa jeune entreprise et cela lui fit gagner estime et respect dans ce secteur.

Il y a une plaisanterie à propos des entreprises vinicoles : « le meilleur moyen pour devenir millionnaire en vendant du vin est de commencer en étant multimillionnaire et d'attendre que la fortune diminue ». Aussi vrais qu'amusants, ces propos expliquent pourquoi il est si difficile d'obtenir des fonds pour démarrer une telle activité. En 1985, David chercha un soutien financier pour acheter quelques parcelles de terrain à Marlborough, mais il choisit vraiment le mauvais moment : l'économie australienne traversait alors une période difficile et le gouvernement néo-zélandais venait juste d'annoncer qu'il était prêt à payer cinq mille dollars l'are aux cultivateurs (ce qui équivaudrait aujourd'hui à huit mille dollars américains) pour déraciner les vignes, résolvant ainsi le problème de surabondance qui s'était créé. En dépit de ces obstacles, David persista dans son idée et avec l'aide de son frère Mark, salarié de la Cape Mentelle, il obtint un million de dollars australiens (environ deux millions de dollars américains d'aujourd'hui) de prêt, (certes à un taux d'intérêt délirant de 23 % !) et il acheta un petit morceau de terre dans la région de Marlborough. Il réussit à convaincre les investisseurs grâce à sa bonne réputation et aux deux prix qu'il avait gagnés, sans lesquels la Cloudy Bay n'aurait probablement jamais vu le jour.

Et ce fut justement l'acquisition de cette terre qui signa la naissance de l'entreprise. Cependant, David ne disposait alors d'aucun équipement pour travailler le raisin. De ce fait, la jeune entreprise fut contrainte de recourir à une autre usine, la Corbans, située à Gisborne, à environ six cents kilomètres, où une partie du raisin, environ cinquante tonnes, put être pressée. Le vin fut ensuite mis en citerne et envoyé à Oakland pour y être embouteillé. La majeure partie de cette première cargaison fut vendue en Australie, grâce à la potentialité du marché et à la réputation de David. Il fut suffisamment habile en profitant de ses contacts pour positionner au mieux le vin sur les étagères, et les ventes se passèrent très bien. À l'occasion de la dégustation de Sauvignon Blanc organisée par le « WINE Magazine » en 1986, le premier vin de grand cru produit par l'entreprise fut celui qui recueillit le plus de voix.

Cloudy Bay donna le jour à un vin excellent, au goût simple mais inoubliable.

CLOUDY BAY

Cloudy Bay donna le jour à un vin excellent, au goût simple mais inoubliable. L'entreprise doit son nom à celui d'un endroit spécifique, une baie dans laquelle le fleuve Wairau déverse de la vase, ce qui donne à l'eau un aspect trouble, couleur sable. À l'origine, David avait pensé utiliser le nom d'un autre lieu, Farewell Spit (« le Promontoire de l'Adieu »), mais il avait très vite abandonné l'idée car cela ne lui paraissait pas être une image positive digne d'être associée à son vin ! L'étiquette de Cloudy Bay, avec son air un peu mélancolique, donne à la marque un caractère singulier. L'image volontairement floue des montagnes s'inspire d'une vue panoramique du Richmond Range.

Le développement

David faisait régulièrement la navette entre Margaret River, en Australie occidentale, et Blenheim, dans la région de Marlborough, pendant que Kevin s'occupait de gérer l'activité au jour le jour. En peu de temps, Cloudy Bay obtint une excellente place sur le marché. L'année suivante, Kevin supervisa l'installation de l'usine et avec David, ils passèrent un contrat avec Corbans, qui l'engageait à produire cent vingt tonnes de raisin par an. Un an après avoir obtenu le million de dollars, la banque de David fit faillite et il dut trouver de nouveaux fonds pour finaliser les travaux.

L'exploitation vinicole était gérée dans une ambiance familiale. Kévin raconte comment la musique des Split Enz ou des Crowded House retentissait dans les énormes haut-parleurs qu'ils avaient fait installer dans les caves principales. Les employés choisissaient chacun leur tour la musique qu'ils voulaient écouter. C'est alors que fut produit le second vin de grand cru. Il fut expédié aux États-Unis et en Grande-Bretagne, où il reçut, une fois encore, l'approbation des médias. La renommée de David était encore très présente et il s'assura qu'elle ne faiblisse pas en livrant lui-même son produit aux *wine writer*, accompagné de quelques succulents fruits de mer néo-zélandais.

Ce type d'approche très personnelle fit des miracles : l'expert britannique Hugh Johnson décrivit Cloudy Bay comme « la meilleure marque de Sauvignon Blanc », opinion partagée par l'influent critique américain Robert Parker, ce qui n'était pas rien sachant qu'il était d'ordinaire impossible de les mettre d'accord. Les connaisseurs soutenaient que le vin avait « un puissant parfum herbacé qui dansait dans le verre, suivi par la fraîcheur enjouée et la légèreté des fruits tropicaux ». En deux mots : un excellent vin. Ce qui est formidable dans la distribution du vin, c'est qu'une fois l'approbation des critiques obtenue, les revendeurs veulent tous le produit.

La renommée de David était encore très présente et il s'assura qu'elle ne faiblisse pas en livrant lui-même son produit aux wine writer, accompagné de quelques succulents fruits de mer néo-zélandais.

Dans une interview donnée à « The Télegraph », Kévin expliqua la rapide croissance de l'entreprise : « Je crois que Cloudy Bay s'est trouvée au bon endroit au bon moment.

Nous avons découvert un endroit splendide et, à partir de ce moment-là, notre objectif a été de produire seulement des vins de très grande qualité, assez souvent au détriment de la quantité. » L'entreprise fut capable d'investir dans les quelques vins néo-zélandais qui retenaient l'attention internationale, faisant irruption sur le marché justement au moment où les britanniques et les américains avaient les yeux tournés vers l'hémisphère sud.

Les vins néo-zélandais avaient déjà reçu le soutien international grâce à des entreprises comme Montana, laquelle avait commencé à exporter en 1980. De ce fait, Cloudy Bay faisait son entrée dans un marché en pleine expansion. Les entreprises environnantes, y compris Montana et Hunters, bien que plus expérimentées, ne pouvaient pas rivaliser avec la qualité de ses produits.

Développement et perfectionnement

En 1987, la toute jeune entreprise commença à collaborer avec Richard Smart, un viticulteur australien qui lui donna des conseils pour la gestion des parois végétales, facteur essentiel pour garantir la maturation du raisin au bon moment et avec les bons arômes. Richard se souvient : « Quand je suis arrivé, les choses étaient bien gérées, mais seulement à un niveau commercial régional. » Le nouveau venu réussit à perfectionner le produit et à lui donner une qualité telle qu'il continuait à alimenter l'intérêt à l'étranger.

Avec le temps, se forma une vraie équipe d'administrateurs, d'œnologues, de viticulteurs et de cultivateurs. Cloudy Bay fit l'acquisition d'autres parcelles de terre et se tourna vers cinq autres entreprises vinicoles qui l'aidaient pour les vendanges. À l'avant-garde de la technique, l'entreprise adopta le système Scott Henry toujours utilisé aujourd'hui. Ce système permet un meilleur rapport feuilles/grappes, garantit une meilleure exposition au soleil et une bonne maturation.

Le succès du Sauvignon Blanc était destiné à perdurer au fil de l'histoire de Cloudy Bay ; cependant, l'entreprise fut attentive à diversifier sa production. En 1987, elle sortit son premier vin pétillant, le Pelorus, et en 1992 elle expérimenta un Chardonnay fermenté en tonneau, avec des levures naturelles. Ce fut un grand succès qui fut suivi, en 1996, par une nouvelle innovation, le Te Koko. Le Chardonnay et le Pinot Noir remontent à peu de temps après. Ces cinq appellations sont produites annuellement, avec, en moindre quantité, le Riesling et le Gewürztraminer.

Le culte de Cloudy Bay

Malgré le succès remporté par ces nouvelles variétés, c'est le Sauvignon qui garde intact l'intérêt porté à la région de Marlborough. Chaque année, il s'en produit soixante mille caisses, lesquelles sont vendues pour la plupart avec une incroyable rapidité au Royaume-Uni, en Australie, et en proportions légèrement moindres, aux États-Unis. Essayez d'en acheter quelques bouteilles, vous vous rendrez compte que certains des plus gros clients de l'entreprise, comme la Wine Society en Grande Bretagne, souvent ne sont pas en mesure de satisfaire la demande à cause de stocks insuffisants.

CLOUDY BAY

Chaque année, il se produit soixante mille caisses de Sauvignon, lesquelles sont vendues pour la plupart avec une incroyable rapidité au Royaume-Uni et en Australie.

De fait, on peut dire que Cloudy Bay est devenu une sorte d' « entreprise culte » pour les fanatiques de vin, surtout au Royaume-Uni. Mais comment a-t-elle ainsi capté l'intéret ? Ma foi, cela est assurément dû en partie à la qualité du produit. Un critique a même dit que siroter le Sauvignon Blanc des vignobles de Cloudy Bay était comme écouter Glenn Gould jouer les *Variations Goldberg* de Bach.

Cependant, l'entreprise doit aussi beaucoup aux capacités commerciales remarquables de David Hohnen. Que ce soit une stratégie publicitaire ou une réelle exigence logistique, chaque année en octobre, une série limitée de bouteilles de vin de grand cru est exportée outre-Manche, déchaînant une flambée des prix et une demande de loin supérieure à l'offre. De nombreux revendeurs doublent le prix du vin, et réussissent malgré cela à l'écouler. Les commerçants britanniques se tournent vers les Européens pour s'emparer d'une partie de leur stock, ce qui détermine une nouvelle augmentation du prix au Royaume-Uni.

L'entreprise a reçu un gros coup de pouce en 1990 quand David a décidé de vendre Cloudy Bay (et Cape Mentelle) à Joseph Henriot, alors producteur du champagne Veuve Clicquot. Cela a permis à l'entreprise d'injecter les fonds dont elle avait tant besoin et a déterminé son accès au niveau supérieur. En effet, l'entreprise a étendu son marché à l'Europe et au Japon, tout en continuant à offrir un produit de qualité.

Où en sont-ils maintenant ?

En 2003, le géant des produits de luxe LVMH a racheté la Veuve Clicquot, et avec elle Cloudy Bay et Cape Mentelle. Alors que Kévin Judd est resté avec le groupe, David l'a quitté et Tony Jordan lui a succédé. Son rachat a aussi donné à Cloudy Bay l'opportunité de profiter des déjà solides réseaux de distribution de cette importante multinationale. Actuellement, ses produits sont distribués dans vingt et un pays européens, aux États-Unis, au Canada, au Brésil, en Asie, aux îles Fidji et en Afrique du Sud. L'entreprise s'est récemment agrandie, disposant d'une nouvelle pièce pour l'embouteillement à la technologie avant-gardiste. Avec à son actif un réel poids dans le domaine du champagne et du vin, Cloudy Bay a encore devant lui de bien belles perspectives, ce qui ne portera pas préjudice, selon nous, à la qualité de ses produits.

L'aventure de l'entreprise de David se poursuit avec la fondation d'une autre maison vinicole, McHohnen Henry, créée avec son beau-frère et gérée par sa fille Freya. En 2007, il a gagné le Len Evans Award for Leadership et il s'est vu attribuer le mérite d'avoir fait connaître les vins néo-zélandais et australiens dans le monde entier.

The Coca-Cola Company

The Coca-Cola Company

LE CÔTÉ RAFRAÎCHISSANT DES AFFAIRES

Fondateurs : John Pemberton (créateur) et Asa Griggs Candler (fondateur de l'entreprise)

Âge au moment de la création: 55 ans et 35 ans

Expériences précédentes : secteur pharmaceutique et commerce

Année de la création : 1886

Type d'activité : producteur de boissons

Pays actuellement concernés : plus de 200

Bénéfice net et chiffre d'affaires : 9 milliards de dollars et 48 milliards de dollars (2012)

THE COCA-COLA COMPANY

Qui n'a jamais goûté au Coca-Cola au moins une fois dans sa vie ? On trouve partout dans le monde son logo caractéristique à l'écriture blanche sur fond rouge brillant, que ce soit sur les parasols des cafés, dans les stades de foot, sur les enseignes de magasins et même sur les panneaux publicitaires lumineux qui s'élèvent à Times Square ou à New York. Sans exagérer, on peut dire que le groupe Coca-Cola est présent partout et qu'il a été la première vraie entreprise mondiale. La marque est considérée comme la plus reconnaissable et sa boisson la plus populaire à l'échelle planétaire.

En préparant un médicament

L'histoire qui conduit à ce succès retentissant a toutefois des origines bien modestes. Le Coca-Cola a été inventé par un pharmacien du nom de John Pemberton qui vivait à Atlanta, en Géorgie. Un après-midi de 1886 – année pendant laquelle on construisait la Statue de la Liberté – il fit un mélange d'ingrédients dans une marmite en cuivre posée sur un trépied dans sa cour, cherchant à inventer une nouvelle boisson. Il en résulta un odorant liquide couleur caramel. Poussé par la curiosité, il le porta à la pharmacie Jacobs, non loin de là, et il y ajouta de l'eau gazeuse. Après l'avoir fait goûter aux clients,

John Pemberton prépara sa boisson dans une marmite en cuivre, dans sa cour.

qui eurent l'air d'en apprécier l'originalité, la pharmacie commença à le commercialiser en tant que médicament, à cinq centimes le verre. Pemberton soutenait que cette nouvelle boisson était en mesure de soigner des maladies comme la dépendance à la morphine, la dyspepsie, la neurasthénie, la migraine et même l'impuissance.

La première année, Pemberton réussit à vendre en moyenne neuf verres de Coca-Cola par jour, gagnant environ cinquante dollars (soit mille cent dollars en monnaie d'aujourd'hui). Comme le fait de produire et de sponsoriser la boisson lui en avait coûté soixante dix, il était déficitaire. Mais il continua malgré tout, encouragé par l'approbation des clients.

Pour rendre le goût encore plus agréable, l'alcool contenu dans la boisson alors appelée «vin français de cola » fut remplacé par du sucre. C'est le comptable de Pemberton, Frank Robinson, qui inventa le nom « Coca-Cola » et qui l'écrivit avec cette typographie particulière qui encore aujourd'hui caractérise le logo du groupe. Il vient des deux ingrédients principaux, issus des feuilles de coca et des noix de cola, riches en caféine. Jusqu'en 1905, la boisson contenait même des traces de cocaïne, ajoutée pour ces effets thérapeutiques.

Le nom vient des deux ingrédients principaux, issus des feuilles de coca et des noix de cola, riches en caféine.

Les ventes de la jeune entreprise commencèrent à augmenter au moment où d'autres pharmacies acceptèrent de distribuer le produit. Presque cent litres de sirop furent vendus et l'on s'assura que chaque pharmacie mette en évidence une pancarte avec le logo Coca-Cola dessiné à la main, dans un but publicitaire. Pemberton persuada six entrepreneurs locaux à investir dans l'entreprise afin de l'aider à en financer le développement.

Les célèbres campagnes publicitaires de Coca-Cola virent le jour dès les débuts de l'entreprise : peu de temps après la création de la boisson, Pemberton mit la première annonce publicitaire dans le « Atlanta Journal », dans laquelle il invitait les lecteurs à goûter « la nouvelle boisson gazeuse populaire »

Malheureusement, Pemberton mourut en 1888 avant que sa boisson ne devienne un phénomène de masse. La personne qui atteignit cet objectif fut Asa Griggs Candler, homme d'affaires d'Atlanta qui acheta les droits de la boisson pour deux mille trois cents dollars (soit cinquante deux mille dollars d'aujourd'hui). Trois ans passèrent avant que Candler ne se les approprie, parce que Pemberton, gravement malade, les avaient aussi vendus à un autre entrepreneur, en plus d'avoir cédé l'ensemble des droits sur la boisson à son fils, créant ainsi une situation inextricable.

Candler avait de grandes ambitions pour la marque, voulant transformer le breuvage, de plus en plus populaire, en un véritable business. Il commença par démanteler la branche pharmaceutique de l'entreprise et, dans un second temps, il s'associa avec son frère John ainsi qu'à Franck Robinson, le comptable de Pemberton. Ensemble, ils rassemblèrent cent mille dollars, une somme considérable à cette époque, pour permettre à l'entreprise de démarrer.

En 1891, Candler avait désormais le contrôle de l'entreprise, et en à peine un an, il avait multiplié par dix les ventes de Coca-Cola. En 1892, la société fut enregistrée et la Compagnie Coca-Cola naquit alors officiellement.

Débuta alors une vaste campagne de marketing qui utilisait les techniques les plus modernes. Pour se faire connaître, des bons-cadeaux donnant droit à un échantillon gratuit de la boisson furent distribués dans les journaux, et les pharmaciens se virent offrir sept litres de sirop, à condition qu'ils en utilisent la moitié pour les clients munis d'un bon-cadeau. On dota ces pharmacies-là de pendules, de calendriers et de balances avec le logo de l'entreprise. La combinaison entre cette propagande intensive et une boisson appréciée par presque tout le monde fit des miracles et les ventes décollèrent rapidement. Après seulement quatre ans, en 1895, la demande était si forte que Candler dut implanter de nouvelles unités de fabrication à Chicago, Dallas et Los Angeles, en même temps qu'il annonçait aux actionnaires que « le Coca-Cola est désormais consommé dans chaque état du territoire des USA. » Aujourd'hui, il est plutôt facile de lancer un produit à l'échelle nationale, c'est pourquoi on a vite fait de sous-évaluer un résultat comme celui-là. Mais nous parlons d'une époque qui ne connaissait ni la télé ni la radio, et durant laquelle il fallait des jours pour traverser le pays. Le fait que le produit ait pu dépasser les frontières de tous les États aussi rapidement était un événement exceptionnel.

Le Coca-Cola était vendu exclusivement à la pression jusqu'à ce que, en 1894, un entrepreneur du Mississippi, Joseph Biedenharn, embouteille la boisson dans son usine et en envoie une douzaine d'échantillons à Candler. Les échantillons ne furent pas appréciés par l'homme d'affaires qui écarta immédiatement cette idée. Candler sous-estima de nouveau cette avancée cruciale lorsqu'en 1899 il vendit pour un dollar seulement les droits pour embouteiller et vendre la boisson dans l'ensemble des États-Unis à deux

L'évolution des bouteilles de Coca-Cola sur presque un siècle.

avocats de Chattanooga (Tennessee), Benjamin F. Thomas et Joseph B. Whitehead. Il était tellement sûr que cette idée serait un coup d'épée dans l'eau que ça ne valait même pas la peine d'empocher ce dollar-là !

C'est ce qui est à l'origine de la structure particulière qui caractérise toujours l'entreprise. La Coca-Cola Company fournit le sirop, dit « concentré », aux clients dispersés dans le monde entier. Certains sont des bars et des restaurants qui vendent la boisson au verre comme le faisaient à l'origine les pharmacies, alors que l'autre partie est constituée d'usines d'embouteillement, qui ajoutent de l'eau gazeuse au sirop et embouteillent le produit final en vue de la vente au détail.

Thomas et Whitehead commencèrent en ouvrant des usines d'embouteillement à Chattanooga et à Atlanta, mais ils comprirent bien vite qu'il y avait un meilleur moyen pour faire circuler le Coca-Cola à travers tout le pays. Un autre associé se joignit au couple d'avocats et le trio ainsi formé divisa les USA en trois zones, commençant à vendre les droits d'embouteillement aux entrepreneurs locaux : il n'était ainsi pas nécessaire d'avoir recours à une grosse somme d'argent sachant que les financements provenaient des investisseurs sur place, et l'on pouvait compter sur l'engagement et l'implication des propriétaires des usines, bien difficile à obtenir d'une autre façon. La première licence d'embouteillement remonte à 1900, mais en 1909, on pouvait déjà compter quatre cents usines affiliées dans tout le pays.

Grâce à Candler, à la fin du siècle, le volume d'affaires était quarante fois supérieur à celui de 1890 : les incessantes campagnes publicitaires et les bons-cadeaux avaient diffusé le nom Coca-Cola dans tout le pays.

Une effervescence même outre-Atlantique

La boisson fut amenée outre-Atlantique par le fils de Candler, Charles, qui au cours d'un voyage à Londres emmena avec lui une cruche de sirop ; il n'obtint pas plus de cinq gallons de commande (environ 20 litres). Le Coca-Cola fut vendu pour la première fois en Angleterre le 31 août 1900 et il apparut progressivement dans les grands magasins Selfridges et au London Coliseum.

Au vu du succès obtenu aux États-Unis, la Coca-Cola Company décida de céder les droits d'embouteillement également aux autres pays. Cela démarra en 1906 avec quelques usines situées au Canada, à Cuba et au Panama, suivies par d'autres situées aux Philippines et à Guam, respectivement en 1912 et 1917. Comme la campagne de lancement s'était avérée efficace aux États-Unis, Candler adopta la même stratégie agressive pour soutenir les nouvelles charges de Coca-Cola, en s'assurant que le logo rouge vif soit bien visible dans tous les magasins et les bars.

Candler adopta la même stratégie agressive pour soutenir les nouvelles charges de Coca-Cola, en s'assurant que le logo rouge vif soit bien visible dans tous les magasins et les bars.

La plupart des entreprises avec lesquelles furent conclus des accords appartenaient au secteur de la bière, ce qui fut un avantage : de fait, ces usines possédaient déjà les équipements adaptés et les compétences requises pour l'embouteillement, et il leur fut assez facile d'ajouter la nouvelle boisson à leur gamme de produits. De plus, ces entreprises distribuaient les produits à des clients déjà bien établis, grâce auxquels Coca-Cola eut accès aux magasins, bars et restaurants bien plus rapidement que cela n'aurait été possible en partant de zéro dans un pays étranger.

Le succès inégalable de la boisson et sa popularité croissante conduisirent un certain nombre d'entreprises concurrentes à s'insérer dans le marché, même si aucune d'entre elles ne connaissait la recette exacte de la boisson, laquelle était tenue secrète. La compagnie commença à craindre que les clients puissent facilement confondre les boissons des concurrents avec l' « originale », ce qui aurait été non seulement un frein pour les ventes, mais comportait aussi le risque que les acheteurs n'appréciant pas le goût de ces reproductions n'achètent plus de Coca-Cola. Il fallait faire quelque chose. L'entreprise décida d'adopter une bouteille spéciale qui serait un signe distinctif du produit. Ce fut en 1916, à la suite d'un concours de design, que fut utilisée pour la première fois la désormais célèbre bouteille créée par la Root Glass Company, de Terre Haute dans l'Indiana. Le modèle retenu fut choisi pour sa forme attrayante et originale, et aussi parce que, même dans l'obscurité, il rendait facilement reconnaissable l'authenticité du produit.

Nouvelle direction, nouveaux objectifs

Après avoir consacré trois décennies à transformer une boisson en une entreprise solide et couronnée de succès, Candler la vendit en 1919 à Ernest Woodruff pour vingt-cinq millions de dollars ; le fils de ce dernier, Robert Woodruff, en devint le président en 1923. La société fut de nouveau enregistrée, cette fois comme société de Delaware, et cotée à la bourse de New York ; cinq cent mille actions furent vendues au public, pour quarante euros chacune. Désormais, la compagnie était solidement implantée aux États-Unis. L'objectif de Woodruff était de s'étendre à l'international. Son ambition : créer une marque qui soit « un désir à portée de main ».

Dans les années vingt et trente, Woodruff misa sur l'expansion internationale. Quand il prit le contrôle de l'entreprise en 1923, elle était solidement implantée aux États-Unis, elle possédait divers sites d'embouteillement en Amérique du Sud, et elle venait tout juste d'ouvrir sa première usine européenne en France. En s'appuyant sur ces bases, la Coca-Cola Company procéda à l'ouverture d'autres usines au Guatemala, au Honduras, en Belgique et en Italie. En 1926, un département étranger fut créé, transformé en 1930 en Coca-Cola Export Corporation. Dans chaque pays, son arrivée fut suivie d'une campagne publicitaire énergique, créative et en lien avec la culture locale.

Une étape importante dans le domaine international fut franchie en 1928, à l'occasion des Jeux Olympiques d'Amsterdam. Un millier de bouteilles de Coca-Cola suivirent l'équipe américaine tandis que bien d'autres étaient écoulées dans le stade par des vendeurs munis de bérets et de vêtements au logo de l'entreprise. La boisson était également disponible dans les restaurants, magasins et cafés alentours. Woodruff fit également peindre le logo sur les luges des chiens de courses au Canada et sur l'enceinte des arènes de la corrida en Espagne. Au début de la seconde guerre mondiale, Coca-Cola était déjà présent dans quarante-quatre pays. Véritable génie du marketing, Woodruff développa une édition limitée à grand succès, le pack de six perforé (ce qui améliorait la portabilité du produit et encourageait les gens à en acheter davantage). À partir de 1929, on pouvait trouver du Coca-Cola dans les distributeurs automatiques. La première campagne publicitaire radio remonte à 1930. En 1935, les usines d'embouteillement engagèrent des femmes pour faire de la vente en porte-à-porte.

En 1931, une stratégie marketing qui devait avoir des répercussions sur les enfants du monde entier fut mise en place : le fameux Père Noël rouge fit son apparition, lequel prit la place du traditionnel et jusqu'alors indiscuté Santa Claus vert.

Le Coca-Cola en temps de guerre

Au cours de la seconde guerre mondiale, la production ne fut pas interrompue, la boisson fut même proposée à tous les militaires à seulement cinq centimes, quel que soit le pays dans lequel ils se trouvaient et sans tenir compte du prix que cette initiative pouvait coûter à la compagnie. De nouveaux établissements furent ouverts afin de fournir la boisson aux troupes, sur la demande du général Eisenhower, le 29 juin 1943, qui prévoyait d'envoyer un chargement en Afrique du Nord contenant le matériel nécessaire à dix usines d'embouteillement, accompagné de trois millions de bouteilles de Coca-Cola et un stock suffisant pour garantir la même quantité deux fois par mois. La compagnie répondit en moins de six mois en implantant une usine à Alger.

Au total, soixante-quatre usines furent inaugurées et les soldats consommèrent plus

Aujourd'hui, le Père Noël habillé en rouge est une figure reconnue dans le monde entier.

de cinq milliards de bouteilles de Coca-Cola. Sur les champs de bataille, on installa des distributeurs automatiques mobiles qui permirent à bien des gens en Europe et dans le Pacifique de goûter pour la première fois la boisson. Les usines installées en temps de guerre furent progressivement cédées à la gestion des civils locaux, qui continuèrent la production et la vente, même après le retrait des américains.

En faisant l'éloge du bonheur mondial

L'Amérique de l'après-guerre était l'endroit idéal pour étendre le marché : les gens redécouvraient un style de vie insouciant, et les publicités de Coca-Cola reprenaient cette ambiance en montrant des couples d'amoureux au drive-in et des familles heureuses dans des voitures rutilantes. Bientôt la boisson commença à se vendre aussi chez les glaciers.

Alors que jusqu'à présent, elle était focalisée sur un seul produit, bien qu'incroyablement aimé de tous, l'entreprise commença à cette époque à expérimenter de nouveaux goûts. Dans les années cinquante, apparut Fanta (initialement fabriqué en Allemagne pendant la guerre), suivi du Sprite en 1961, de TAB en 1963 et de Fresca en 1966. En 1960, l'entreprise racheta Minute Maid, élargissant ses activités à la branche des jus de fruits. De nouvelles gammes de Coca-Cola furent lancées, notamment des bouteilles plus grandes, et en 1960, les premières canettes métalliques.

Dans les années cinquante et soixante, de nombreux pays accueillirent les équipements de la société, comme par exemple le Cambodge, Montserrat, le Paraguay, Macao et la Turquie. Dans les vingt années qui suivirent, le boom économique conduisit de nombreuses usines de petite et moyenne envergure à rassembler leurs forces pour faire face à une demande internationale croissante. Pour la première fois en 1969, les ventes de Coca-Cola sur les marchés étrangers dépassèrent celles du marché américain.

En 1971, l'entreprise mit au point un spot publicitaire particulièrement efficace : un groupe de jeunes venant du monde entier se rassemblait au sommet d'une colline italienne pour chanter « I'd like to buy the world a Coke » (« je voudrais acheter au monde un Coca-Cola »). La compagnie s'était fait un nom sur le marché international et elle était devenue un symbole d'unité à une époque qui n'avait pas encore conscience des conséquences de la mondialisation.

À ce propos, en 1978, la décision de la République Populaire Chinoise de consentir à la vente du Coca-Cola fut significative ; c'était une exception faite à l'embargo imposé à toutes les autres usines productrices de boissons fraîches manufacturées.

La compagnie s'était fait un nom sur le marché international et elle était devenue un symbole d'unité à une époque qui n'avait pas encore conscience des conséquences de la mondialisation.

Prendre des risques intelligemment

En 1981, Roberto C. Goizueta devint président du conseil d'administration et directeur général du groupe Coca-Cola. Il mit en place une stratégie appelée « prendre des risques intelligemment » pour donner une nouvelle impulsion à l'entreprise. La première étape fut la présentation du Coca-Cola Light, première véritable extension du groupe, à l'occasion de la Fête de l'Indépendance en 1982. Pepsi, implacable rivale de Coca-Cola, avait déjà mis au point la version diététique de sa boisson en 1963, avec grand succès. Malgré son retard dans l'entrée sur le marché, Coca-Cola Light occupa bien vite le sommet dans la classification mondiale des boissons hypocaloriques. L'entreprise rattrapa le temps perdu en lançant une gamme complète de produits alternatifs, comprenant notamment une version sans caféine et une à la cerise.

Mais l'initiative la plus audacieuse débuta en 1985 quand Goizueta osa apporter une modification à la formule du Coca-Cola qui était restée inchangée depuis quasiment cent ans, en en changeant le goût. Pourquoi réparer quelque chose qui n'était pas cassé ? Peut-être parce que la place occupée par Coca-Cola sur le marché des boissons non alcoolisées était menacée et était passée des soixante pour cent de parts de marché à la fin de la seconde guerre mondiale à moins de vingt-quatre pour cent en 1983, cette baisse étant due en grande partie à sa nouvelle rivale Pepsi. De plus, le prix de l'action avait perdu 2,5 pour cent les quatre dernières années (un pourcentage apparemment dérisoire mais équivalent à une perte de capitaux sur le marché d'environ cinquante-cinq millions de dollars). Pepsi avait défié sa rivale publiquement, en effectuant des sondages dans les rues américaines et soumettant les passants à des « essais les yeux fermés ». Bien souvent, les personnes avaient préféré Pepsi pour son goût particulièrement doux. Le duel avait aussi vu cette dernière l'emporter sur Coca-Cola en ce qui concernait les ventes dans les supermarchés.

Le « nouveau Coca », qui avait passé une longue série de tests de goût avant d'être lancé et qui avait obtenu la préférence de la majeure partie des prospects par rapport à Pepsi, ne connu pourtant pas le succès escompté une fois lancé sur le marché. Les gens voulaient l'ancien Coca-Cola, montrant une loyauté sans précédent à la marque. La société reçut plus de quarante mille lettres et les standards téléphoniques étaient saturés d'appels de clients qui suppliaient que soit remis en vente le produit original. Les parts de marché de Coca-Cola chutèrent à 1,4 pour cent. Les experts considérèrent cette initiative comme la plus grosse erreur jamais faite en matière de marketing, alors que Pepsi se déclarait vainqueur dans la « guerre des colas ». L'entreprise comprit le message et elle recommença à fabriquer la boisson originale au bout de soixante-dix jours, la nommant sur les étiquettes « Coca-Cola Classique » et la vendant à côté de sa petite sœur.

L'affaire eut un grand retentissement : Peter Jennings, célèbre journaliste d'ABC, interrompit le cours des programmes pour partager la nouvelle avec les téléspectateurs pendant que le sénateur David Pryor considérait le retour de la boisson traditionnelle comme « un grand moment dans l'histoire des États-Unis. » Mais la conséquence la plus intéressante fut la flambée des ventes qui replaça le produit en tête du marché, position qu'il tient encore aujourd'hui. La production du nouveau Coca-Cola fut progressivement interrompue au profit de la recette traditionnelle, encore en usage aujourd'hui.

L'entreprise recommença à fabriquer la boisson originale au bout de soixante-dix jours, la nommant sur les étiquettes « Coca-Cola Classique ». La conséquence la plus intéressante fut la flambée des ventes qui replaça le produit en tête du marché, position qu'il tient encore aujourd'hui.

En 1986, le groupe fonda Coca-Cola Enterprises pour faire front au réseau d'entreprises d'embouteillement désormais conséquent. La nouvelle entreprise était dédiée à la coordination des usines partenaires, et devait s'assurer qu'elles étaient bien en mesure de satisfaire la demande au niveau international. Encore aujourd'hui l'entreprise procède de la même façon : elle travaille avec les usines locales, dont certaines sont des entreprises publiques, alors que d'autres sont privées et gérées familialement. On peut noter que la majorité de ces entreprises ne sont pas la propriété de Coca-Cola. Les unités d'embouteillement, qui s'élèvent actuellement à trois cents, fabriquent, distribuent et commercialisent le produit.

En 1985, Coca-Cola devint la première firme indépendante en Union Soviétique, et au début des années quatre-vingt-dix, le groupe investit largement dans de nouveaux équipements en Europe de l'Est.

Voler haut

Au cours des années quatre-vingt-dix, l'entreprise se fit connaître dans le monde du sport en sponsorisant les Jeux Olympiques, la Coupe du Monde FIFA, la coupe du Monde de rugby et la NBA. La devise « Always Coca-Cola » apparue en 1993 se révéla déterminante, et en 1997, le groupe atteignit l'incroyable chiffre d'un milliard de boissons vendues quotidiennement.

L'Inde fut l'un des derniers pays à avoir le plaisir d'accueillir le groupe Coca-Cola. De fait, la loi locale interdisait la vente aux entreprises qui gardaient des secrets commerciaux : c'était justement le cas de Coca-Cola qui tenait sa formule dans le plus grand secret. En 1993, les lois sur les marchés de la fabrication furent modifiées, ce qui permit la commercialisation de la boisson. Pays

À grand renfort de réclamations, le Coca-Cola classique fut de nouveau commercialisé.

chaud et à importante population, l'Inde semblait être un terrain fertile pour le colosse international ; pourtant conquérir le marché s'avéra être une entreprise étrangement difficile. Cette lente croissance fut favorisée par le rachat de marques indiennes comme Limca, Maaza et Thums Up. La même stratégie fut adoptée dans d'autres pays comme l'usine américaine Barq's et la péruvienne Inca Kola. En 1999, Coca-Cola racheta les marques de boissons non alcoolisées de Cadbury Schweppes dans différents pays, y compris en Grande Bretagne. Cela diversifia par la suite sa gamme de produits : à ceux déjà commercialisés, (Coca-Cola, Coca-Cola Light, Coca-Cola Cherry, Fanta, Sprite, Lilt et Five Alive), s'ajouta la gamme de Schweppes, qui comprenait des boissons comme Dr Pepper, Oasis, Kia-Ora et l'eau minérale Malvern.

Où en sont-ils maintenant ?

Aujourd'hui, le groupe Coca-Cola possède plus de quatre cents marques et vend plus d'un milliard de boissons par jour. Au cours de son existence, il a produit plus de quarante milliards de litres de sirop. Parmi tous les pays dans lesquels il brille, ce sont le Mexique et l'Islande qui peuvent se vanter d'avoir la plus grande consommation de boisson *per capita*. Le groupe emploie plus de quatre-vingt-dix mille personnes et il est dirigé par Muhtar Kent, président et directeur général. Pour célébrer son arrivée, le New World of Coca-Cola, un parc dédié à la marque qui est devenu une des principales attractions touristiques de la ville d'Atlanta, a été ouvert en 2007.

Une série de bouteilles internationales : Coca-Cola fut la première marque à être reconnue mondialement.

THE COCA-COLA COMPANY

Le groupe cherche à réactualiser sa gamme de produits et en 2007, il a lancé le Coca-Cola Light enrichi en vitamines et en sels minéraux.

Le groupe a continué d'enrichir sa gamme de produits, pourtant déjà considérable, en introduisant par exemple le Coca Zero en 2005 et en rachetant des usines de thé et d'eau. Coca-Cola s'est ouvert aussi au marché de l'habillement en présentant une ligne d'articles écologiques. Les tee-shirts disponibles dans les magasins de la chaîne Wal-Mart sont réalisés avec du plastique recyclé à partir des bouteilles de Coca-Cola.

Société mondiale désormais mature et consolidée, Coca-Cola se prépare à relever de nouveaux défis : des transformations pour suivre la demande des boissons non alcoolisées dans de nombreux pays développés, jusqu'au potentiel énorme et grandissant des états émergents comme la Chine. Au premier trimestre 2012, Coca Cola a enregistré une hausse de 5 % en volume de ses ventes mondiales grâce à la croissance des pays émergents (avec plus de 20 % de hausse en Inde, plus de 9 % en Chine et plus de 4 % au Brésil).

Aujourd'hui, soixante-douze pour cent du Coca-Cola est vendu hors des États-Unis. Et les perspectives d'une croissance future sont telles que le prix des actions continue de monter.

Green & Black's

DOUX COMME DU CHOCOLAT

Fondateurs : Craig Sams et Josephine Fairley

Âge au moment de la création : 47 ans et 35 ans

Expériences précédentes : restaurateur et journaliste

Année de la création : 1991

Type d'activité : production de chocolat

Pays actuellement concernés : plus de vingt à travers le monde

Volume d'affaires : 70 millions de dollars

GREEN & BLACK'S

Green & Black's, marque spécialisée dans les friandises au chocolat, a connu une croissance phénoménale par rapport à ses concurrents du monde entier. Fondée en 1991 pour soutenir les indiens mayas du Belize, elle vend aujourd'hui des produits pour une valeur de soixante-dix milliards par an, et possède environ quarante succursales et entreprises aux États-Unis, en Australie et dans le Sud-est Asiatique.

Son histoire est un captivant enchevêtrement d'innovation, d'éthique, d'économie et de commerce équitable ; en résumé, un exemple remarquable de lancement du bon produit au bon moment, soutenu par une incroyable dose de passion et de confiance en soi.

Récemment, l'entreprise a étendu sa gamme de produits en ajoutant des barres de céréales, des glaces, des biscuits et des boissons au goût chocolaté. C'est l'utilisation de fèves de cacao biologiques, cultivées au Belize et en République Dominicaine, qui constitue le signe distinctif de l'entreprise. On estime que la Green & Black's utilise un tiers de la production mondiale de cacao biologique.

En 2005, le géant de la pâtisserie Cadbury Schweppes acheta l'usine pour environ trente-six millions de dollars (il avait commencé en 2003 en prenant une participation de cinq pour cent) : aujourd'hui, sa valeur est estimée à environ soixante-quinze millions de dollars et reste une entreprise autonome à l'intérieur de l'empire Cadbury. Green & Black's a monopolisé le marché du chocolat biologique et en détient quatre-vingt-dix pour cent. À l'origine vendus sur un étal à Portobello Road, ses produits sont à présent disponibles dans l'ensemble des principaux magasins d'alimentation, comme les supermarchés britanniques Waitrose, Tesco et Sainsbury's, en plus des nombreux sites qui

Craig Sams et Josephine Fairley ont fait connaître le chocolat biologique au monde entier.

s'occupent de commerce équitable. Bien que le siège principal se trouve à Londres, la production du chocolat est confiée à une entreprise familiale italienne, située dans la région du lac de Côme.

Une bouchée peut tout changer

Craig Sams et Josephine Fairley, fondateurs de l'entreprise et mari et femme, n'étaient pas novices sur le marché de l'alimentation équitable. Craig avait un passé de « hippy chic » : en 1972, à Portobello Road, il avait fondé Ceres, la première boulangerie bio en grande Bretagne, et il avait également ouvert le premier restaurant macrobiotique à Notting Hill en 1967.

Innovateur audacieux, Craig fit connaître au Royaume-Uni le riz complet, et le *tamari* (sauce soja sans gluten) et il fut aussi l'inventeur d'une méthode révolutionnaire pour sucrer la confiture en utilisant la pectine de pomme à la place du sucre. Il fonda également le marché Whole Earth, qui lança le premier beurre d'arachide, fait intégralement avec des cacahuètes, et il devint président de la Soil Association, une organisation britannique qui s'occupe d'agriculture biologique, de développement durable et de santé.

Josephine, chez qui la vocation écologiste était née en 1971 après la lecture de *The Shopper's Guide to Saving The Planet*, était correspondante pour le Times, et s'était aussi occupée d'une rubrique sur l'utilisation des produits biologiques. Qui mieux que ces deux « mercenaires de l'environnement » pouvait fournir au monde une gamme de chocolats originale, biologique et hautement innovante ? Guidés par leur passion et résolument en avance sur leur époque, ils avaient l'intention de laisser une sorte d'héritage éthique.

Un simple événement fut la clé du tournant. Craig avait laissé sur son bureau la moitié d'une tablette de chocolat à croquer (à soixante-dix pour cent) et Joséphine la trouva et la goûta. Faite avec des fèves de cacao issues de l'agriculture biologique, elle avait été envoyée à Craig comme échantillon. Pour Josephine, ce fut le coup de foudre à la première bouchée, et immédiatement le couple entreprit un voyage en vue de créer la première tablette de chocolat bio au monde.

Dans le livre écrit à quatre mains avec son mari Craig, *Sweet Dreams: The Story of Green & Black's* (RandomHouse, 2008), Joséphine décrit ainsi son expérience : « dès que le carré de chocolat fondit sur ma langue, je sus que ma quête du paradis du chocolat était finie ! »

Guidés par leur passion et résolument en avance sur leur époque, ils avaient l'intention de laisser une sorte d'héritage éthique.

GREEN & BLACK'S

L'envol

La structure organisationnelle des ventes et de la distribution était déjà disponible grâce à l'aimable autorisation de Whole Foods, l'usine fondée par Craig à Portobello Road. De plus, grâce à son expérience journalistique, Joséphine était certaine qu'une tablette de chocolat à soixante-dix pour cent, d'origine biologique, ferait du bruit. C'est bien pour cela qu'on lui confia la tâche de s'occuper de la campagne de publicité, en plus de celle de fournir les vingt livres sterling nécessaires au démarrage de l'entreprise, une responsabilité qui la terrorisait.

Quand vint le moment de trouver un nom à l'entreprise, les deux fondateurs cherchèrent quelque chose de classe, qui rappellerait à l'esprit l'histoire de l'art de la pâtisserie. En signe de respect à l'égard du nec plus ultra de l'industrie chocolatière britannique (Charbonnel &Walker, Callard & Bowser, etc.), ils décidèrent d'insérer au milieu un « & commercial ». Craig et Josephine pensaient que cela donnerait un air consolidé à l'entreprise, comme si elle était déjà présente sur le marché depuis des années. En ce qui concerne les deux termes « green » et « black », le premier servait à indiquer le positionnement écologique de l'entreprise alors que le second rappelait la couleur foncée, presque noire, de la première et historique tablette de chocolat à soixante-dix pour cent de cacao. Ce que n'imaginaient pas les deux époux c'est qu'à partir de là, ils auraient à répondre à bien des questions sur l'identité des mystérieux monsieur et madame Green et Black.

En ce qui concerne les deux termes « green » et « black », le premier servait à indiquer le positionnement écologique de l'entreprise alors que le second rappelait la couleur foncée, presque noire, de la première et historique tablette de chocolat à soixante-dix pour cent de cacao.

En tout cas, leur timing fut parfait. Les commerçants étaient enthousiastes à l'idée de pouvoir vendre ce nouveau type de chocolat et de se libérer des images stéréotypées de nourriture saine, désormais dépassées. Craig confessa que le véritable défi fut d'habituer les consommateurs à une nouvelle façon de penser, et de les convaincre d'acheter leur produit. Journaliste, femme et amoureuse du chocolat, Josephine mit vraiment dans le mille avec sa première intervention comme RP quand elle vanta le produit Green & Black's en le définissant comme « le plaisir sans la culpabilité ». Le lancement fut un grand succès.

Les supermarchés Sainsbury's, très connus en Grande-Bretagne, furent les premiers à mettre en vente le chocolat, puisque Lady Sainsbury elle-même, l'ayant goûté au cours d'une soirée avait été conquise. Les supermarchés de la chaîne Safeway suivirent. Le bouche-à-oreille fut le principal moyen de diffusion des ambitions de l'entreprise. Et de la qualité de son produit. En s'appuyant sur l'entreprise Whole Foods, Craig et Josephine profitèrent de ses stands pour participer aux foires à Londres, en Allemagne et aux États-Unis, ce qui leur permit de limiter leur budget marketing. Ce fut un travail de longue haleine, mais qui porta ses fruits, dans la mesure où l'entreprise attira l'attention des marchés étrangers, parmi lesquels le Danemark, la Finlande, la Suède, l'Australie, la Nouvelle-Zélande et les États-Unis.

Même s'ils avaient été coûteux et fatigants, les rendez-vous des foires s'avérèrent très profitables. Ils sont décrits ainsi dans leur livre par les deux fondateurs de l'entreprise : « C'est une opportunité pour scruter, observer les concurrents et comprendre à quel niveau cela se joue. Cela permet de prendre les premiers contacts. Ce fut extrêmement émouvant lorsque nous avons compris que notre chocolat était en mesure de dépasser les frontières du Royaume-Uni. »

Quelques épices en plus

Inspirés par un voyage à Belize en 1994, Josephine et Craig décidèrent d'expérimenter de nouvelles variétés, en ajoutant à leur chocolat des épices et des agrumes. Avec grand plaisir, ils découvrirent que le mélange obtenu ressemblait à une boisson traditionnelle maya, le *kukuh*, consommé lors des danses traditionnelles.

Le produit, appelé « Maya Gold », fut vendu les six premiers mois en exclusivité dans les supermarchés Sainsbury's. Il était confectionné avec du cacao cultivé à Belize, en Amérique centrale, par des producteurs de coopératives. En 1994, la tablette originale de cent grammes, fut le premier produit du Royaume-Uni à recevoir le label Fairtrade, qui garantit la conformité aux normes du commerce équitable et solidaire. Cela était un fait intéressant sur lequel pouvaient se fonder les campagnes publicitaires et à travers lequel se transmettait la philosophie écologique de l'entreprise. En moins

Le chocolat au lait Green & Black's fut lancé à la fin des années quatre-vingt-dix.

d'un an, Maya Gold passa du stade de simple idée originale à un produit de renommée internationale.

En 1994, la tablette originale de cent grammes, fut le premier produit du Royaume-Uni à recevoir le label Fairtrade.

Injection de fonds

En 1996, William Kendall, qui dirigeait alors la New Covent Garden Soup Company avec onze autres partenaires financiers (parmi lesquels son associé Nick Beart), acheta quatre-vingts pour cent des actions de Green & Black's. La société traversait alors une période difficile même si son volume d'affaires s'élevait à deux millions de livres sterling. Les investisseurs s'assurèrent que la participation actionnariale des fondateurs ne dépasse pas les trente pour cent, ce qui, par rapport aux lois en vigueur au Royaume-Uni, signifiait que leurs droits sur l'entreprise étaient très limités. Sams et Fairley vendirent leurs quatre-vingts pour cent d'actions pour quatre millions de Livres. Si d'un côté cela leur fut difficile de laisser le gouvernail de l'entreprise, ils savaient que d'un autre côté, c'était la meilleure chose à faire. « Nous sentions que notre bébé était entre de bonnes mains, et qu'il y avait assez d'argent et de talent pour le faire aller de l'avant. » Avec Kendall à sa tête, l'entreprise continua toutes voiles dehors jusqu'à obtenir un volume d'affaires de quarante millions de dollars en février 2005.

Les fèves de cacao proviennent de Belize et de la République Dominicaine.

Kendall voulait transformer Green & Black's de marque de niche en une affaire rentable et de portée internationale. Tout en restant fidèle aux valeurs de l'entreprise, il était convaincu que faire des profits était l'unique moyen pour aider les paysans mayas. Craig devint le président alors que Kendall, en sa qualité de directeur général, prit les rênes du secteur marketing, en incorporant à l'entreprise une agence de relations publiques. Privée de son rôle, Joséphine trouva la transition particulièrement difficile.

Cependant, à la fin, avec l'aide de Craig, elle comprit que, une fois obtenu l'argent des sponsors, elle ne pouvait plus garder de contrôle sur l'entreprise et en accepta l'idée.

Bien que soutenant la désormais célèbre vocation éthique de l'entreprise, Kendall affronta les affaires avec une approche très pragmatique, convaincu que ce n'était pas tant la façon de faire mais surtout la qualité finale du produit qui lui garantirait une longue vie dans le temps. Dans une interview pour le « Financial Times » en 2004, il explique que « une entreprise se construit sur la base d'un bon produit. On ne peut pas fonder tout son succès sur la moralité parce qu'il y aura toujours quelqu'un pour être plus éthique que soi ».

Où en sont-ils maintenant ?

Après l'affaire Cadbury en 2005, Kendall fut accusé de ne pas fournir aux communautés qui vivent de la culture du cacao dans la jungle de Belize, les moyens nécessaires à leur subsistance. Il s'en défendit en disant qu'il avait privilégié les actionnaires parce que son travail était de s'assurer que les investissements portent leurs fruits. Avec derrière lui l'empire Cadbury Schweppes, Green & Black's peut donner du fil à retordre au marché américain. L'entreprise s'occupe déjà d'approvisionner en chocolat de prestigieux producteurs comme Lindt dans certains marchés britanniques ; le secteur peut donc s'attendre à ce que l'entreprise continue à amasser un généreux butin.

Cadbury insiste sur le fait que la société a conservé son âme équitable et solidaire. Comment pourrait-il en être autrement en sachant l'importance que cela a pour son image au niveau mondial. Par une étrange coïncidence, les fondateurs de Cadbury étaient des quakers patentés et par là même de fervents défenseurs de l'égalité sociale. Nous avons probablement affaire ici à une parfaite combinaison.

Mais comment les fondateurs ont-ils pris leur rachat par la Cadbury ? Joséphine dit : « Si l'on m'avait demandé à qui j'aurais un jour voulu vendre mon entreprise, j'aurais répondu à Cadbury... On a eu de la chance de trouver un acheteur de cette envergure parce que souvent, malheureusement, les capitalistes et les investisseurs ne cherchent qu'à faire un maximum de profits et ne se préoccupent pas de faire en sorte que leur activité les fasse se sentir en paix avec eux-mêmes. »

Craig et Joséphine dirigent actuellement leur nouvelle entreprise bio, Judges Bakery, située à Hastings. En plus d'offrir la gamme complète des produits Green & Black's, l'entreprise a aussi reçu le premier prix du meilleur magasin ouvert récemment dans le cadre du Natural Products Awards. Craig a abandonné récemment la direction de Soil Association, mais il reste président de Green & Blacks. Cadbury a donné aux deux fondateurs une opportunité sans précédent, celle de porter leur marque vers un niveau complètement nouveau. Il sera excitant de découvrir l'assortiment spécial de saveurs qui donnera vie à la prochaine tablette de chocolat

KFC

LA RECETTE DU SUCCÈS

Fondateur : Harland Sanders

Âge au moment de la création : 56 ans

Expériences précédentes : manœuvre agricole, employé du chemin de fer, juge de paix, agent de sécurité

Année de la création : 1952

Type d'activité : fast-food et restauration à emporter spécialisée dans le poulet

Pays actuellement concernés : plus de 100

Chiffre d'affaires : indisponible

KFC

Quand, dans les années trente, Harland Sanders ouvrit son petit restaurant spécialisé dans le poulet frit en bordure de route, il n'aurait jamais pu imaginer l'héritage que sa petite activité laisserait. Cet unique restaurant, situé à Louisville dans le Kentucky, est aujourd'hui devenu le Kentucky Fried Chicken (récemment renommé KFC) un groupe qui compte presque quinze mille restaurants indépendants ou en filiale, disséminés dans plus de cent pays. La société s'est développée à partir de ses modestes origines jusqu'à devenir une entreprise d'envergure internationale, connue pour son poulet, pour son slogan « bon à s'en lécher les doigts » et pour l'image de son créateur, connu comme le « colonel Sanders » avec sa barbe blanche reconnaissable.

La maison est là où sont les affaires

Harland, né dans l'Indiana en 1890, faisait montre d'une grande passion pour le poulet frit depuis sa plus tendre enfance. Il aimait préparer des plats comme le lui avait appris sa mère ; parmi eux, le poulet à la poêle, le jambon, les légumes frais et les gâteaux faits maison. Mais il lui fallut un peu de temps avant de pouvoir mettre à profit l'expérience qu'il avait acquise aux fourneaux. Harland arrêta l'école tout jeune, à douze ans et il s'essaya à différentes professions, démontrant ainsi son esprit d'initiative : il fut manœuvre agricole, employé du chemin de fer, assureur et même juge de paix. Mais c'est quand il fonda ses deux premières entreprises qu'il fit réellement son entrée dans le monde des entrepreneurs. La première était une entreprise de navettes fluviales à vapeur qui opéraient le long du fleuve Ohio, entre Jeffersonville et Louisville, alors que la seconde était une entreprise manufacturière.

Mais sa vraie passion était de cuisiner et c'était également ce qu'il faisait le mieux. Même si les États-Unis étaient aux prises avec la Grande Dépression, il ouvrit son premier restaurant, à côté d'une station-service à Corbin, dans le Kentucky. L'aménagement en était extrêmement sommaire puisqu'il était constitué seulement d'une table et de six chaises. L'idée lui était venue en discutant avec ses clients. Presque tous, après avoir mis de l'essence, cherchaient un endroit alentour pour se restaurer et il pensa alors à répondre à cette exigence. Il appela l'endroit le Sanders Court & Café et il mit enfin à profit ses dons d'entrepreneur s'illustrant dans différents rôles parmi lesquels pompiste, chef-cuisinier et caissier.

Presque tous, après avoir mis de l'essence, cherchaient un endroit alentour pour se restaurer et il pensa alors à répondre à cette exigence.

En peu de temps, l'affaire alla bon train à tel point que, en 1936, le gouverneur du Kentucky, Ruby Laffoon, décora Harland du titre honorifique de colonel pour sa contribution à la tradition gastronomique de l'État. Les clients commencèrent à affluer dans le restaurant, poussés par le désir de goûter à ses délices, ce qui permit à Harland d'agrandir ses locaux, jusqu'à construire un bâtiment comprenant un motel et une station-service, en plus d'un restaurant avec cent quarante-deux places assises. Il fréquenta pendant huit semaines un cours à l'université Cornell sur la gestion des hôtels et des restaurants et il commença à nourrir des projets ambitieux qui comprenaient la création d'une chaîne, à mettre en place avec l'ouverture de deux nouveaux locaux. Toutefois, peu de temps après, les deux nouveaux restaurants firent faillite et c'est pourquoi il décida de se concentrer sur les améliorations à porter à la maison-mère.

Le sel de la vie

Harland élabora la recette qui lui apporta le succès seulement en 1940, à l'âge de cinquante ans. Certains pourraient dire qu'il s'agit là d'une fleur éclose tardivement. Cependant, comme le rappelle le Colonel dans son autobiographie, *Life as I have known it has been finger lickin' good* (Creation House, 1974), « le temps passé, la fatigue, l'argent, rien n'aurait pu m'empêcher de donner le meilleur de moi-même. »

Le poulet n'était certes pas une idée originale en soi, mais grâce à sa recette avec des herbes aromatiques et des condiments spéciaux, Harlan démontra qu'il n'était pas nécessaire qu'une idée soit neuve pour qu'elle soit porteuse de succès. Il redonna du lustre à un des plats les plus appréciés de ses compatriotes. Il affirma que les onze variétés d'épices et d'herbes qu'il utilisait pouvaient se trouver « sur l'étagère de n'importe quelle cuisine » et c'était justement cela qui donnait au poulet cette saveur du fait maison. Il dit un jour : « À cette époque, je mélangeais les épices à la main, comme si je mélangeais du ciment. J'utilisais un plan de travail en béton soigneusement nettoyé que j'avais trouvé dans l'arrière-boutique de Corbin ».

Il affirma que les onze variétés d'épices et d'herbes qu'il utilisait pouvaient se trouver « sur l'étagère de n'importe quelle cuisine » et c'était justement cela qui donnait au poulet cette saveur du fait maison.

Après s'être employé à perfectionner la recette du poulet, Harlan se décida à développer de nouvelles méthodes de cuisson. Sa recherche le conduisit à expérimenter la cocotte-minute, ustensile novateur à l'époque, grâce auquel il mit au point une procédure qui réduisait d'un tiers le temps de cuisson par rapport à la poêle traditionnelle. Encore une fois, il avait tenu compte des exigences de ses clients, lesquels n'appréciaient pas les temps d'attente trop longs. Pour preuve du succès obtenu à ce moment-là, en 1939, le critique gastronomique Duncan Hines fit de la publicité au motel et au restaurant attenant, dans son livre *Adventures in Good Eating*, un guide sur les meilleurs restaurants de bord de route d'Amérique. Sa présence dans la liste fit grimper la popularité du restaurant jusqu'au firmament.

Des temps difficiles

Cependant, dans les années qui suivirent, une série d'événements indépendants de sa volonté obligèrent Harland à modifier radicalement ses plans stratégiques. En 1939, un incendie détruisit le bâtiment, mais le Colonel le fit reconstruire et le restaurant rouvrit. Peu de temps après, Harland dut affronter un autre coup dur : le rationnement de l'essence, consécutif à l'éclatement de la seconde guerre mondiale, le contraignit à fermer ses portes.

Mais il ne se laissa pas décourager et, après la fin de la guerre, il reprit son activité qui prospéra pendant de nombreuses années. Situés le long de l'artère principale qui reliait le Nord au Sud, le restaurant et le motel devinrent, de fait, l'une des étapes préférées des voyageurs de passage.

En outre, Harland devint une sorte de pionnier du système de franchise : il allait de ville en ville pour préparer sa recette à d'autres restaurateurs. Les ventes se mirent en place lentement, mais son obstination paya enfin quand, en 1939, il conclut un premier accord avec un restaurateur de Salt Lake City, Pete Harman. L'affaire fut conclue par une poignée de main, à l'ancienne, et prévoyait que Harman verse cinq centimes au Colonel par portion de poulet vendue.

En outre, Harland devint une sorte de pionnier du système de franchise : il allait de ville en ville pour préparer sa recette à d'autres restaurateurs.

Et pourtant, le progrès ne facilite pas toujours les choses. À la fin des années cinquante, les plans de développement des transports représentèrent un obstacle insurmontable, même pour le tenace Harland, devenant par bien des aspects la cause principale de la faillite de son activité. L'achèvement de l'autoroute inter-état offrit aux voyageurs un nouvel itinéraire qui contournait complètement le restaurant. Le nombre de clients diminua rapidement, tout comme la valeur du terrain, et c'est pourquoi Harland se vit contraint de céder son activité et d'aller chercher fortune ailleurs. Curieusement, l'affaire fut signée le jour où il prit officiellement sa retraite, alors qu'il récupérait son premier chèque de cent cinquante dollars. La part qu'il reçut de la vente, soixante-quinze mille dollars, était seulement la moitié de ce qu'il aurait pu en retirer l'année précédente.

En route pour le succès

Vu les bons résultats obtenus par le premier franchisé à Salt Lake City, Harland se mit à voyager pour vendre sa recette à d'autres restaurants, ce qui fut pour lui un peu comme un retour en arrière. « Il m'arrivait souvent de passer la nuit dans ma voiture, j'économisais ainsi l'argent pour acheter des poêles au cas où j'aurais conclu un nouvel accord le jour suivant », se souvient-il dans son autobiographie.

Mais le Colonel souligne qu'il s'agissait aussi d'un travail d'équipe. « Ma femme s'occupait de l'emballage, des livraisons mais aussi de l'entrepôt que nous avions arrangé dans notre garage. Elle mettait les commandes journalières dans des petits sachets de papier entourés de cellophane et elle les empaquetait pour qu'ils soient expédiés. Elle devait ensuite les faire partir par le train de minuit. »

Harland créa, pour vendre aux restaurants, un kit qui contenait une copie de la recette, les épices, une cocotte-minute, des boîtes pour les plats à emporter et du matériel publicitaire. De plus, il convainc chaque restaurant d'ajouter la formule KFC à leur menu.

Ce travail difficile fut récompensé. En peu de temps, le concept, connu sous le nom de « Kentucky Fried Chicken », prit forme et commença à faire du bruit parmi les fast-foods. Vers 1963, il y avait plus de six cents points de vente franchisés à travers les États-Unis et le Canada. Harland fit plusieurs visites surprises aux restaurants américains indépendants pour apporter, comme il avait l'habitude de dire « la touche du Colonel », c'est-à-dire pour s'assurer que les clients étaient satisfaits. Cela fut, à bien des égards, un moment décisif pour l'activité.

Parmi les stratégies que suivait Harland, il y avait non seulement le développement mais aussi une constante volonté d'innover. Le premier service de vente à emporter fut mis en place dans un restaurant de Jacksonville, en Floride, en 1957, sur une idée de la fille d'Harland, Margaret. C'est aussi à cette même époque que remontent les premiers « buckets » (petits seaux), qui contenaient les portions de poulet et le slogan « bon à s'en lécher les doigts ». Pour la première fois, Harland était récompensé de son ambition puisqu'en 1960, il comptait cent quatre-vingt-dix activités franchisées que gouvernaient environ quatre cents magasins.

Perspective mondiale

Trois ans plus tard, en 1963, le nombre de salariés s'élevait à dix-sept, et il commençait à être difficile pour Harland de gérer une entreprise en perpétuelle croissance. En ne comptant que la dernière année, il avait parcouru plus de trois cent mille kilomètres pour trouver de nouveaux franchisés et s'occuper des anciens. Or il n'était plus tout jeune. Dans cette situation, il était impossible de refuser l'alléchante proposition du groupe d'investisseurs à la tête duquel se trouvaient John Brown, Jack Massey et Pete Harman (le premier à avoir signé un contrat de franchise avec le Colonel). Harland accepta de vendre pour la somme considérable de deux millions de dollars (l'équivalent de quatorze millions de dollars aujourd'hui) et à condition de conserver un rôle dans l'entreprise, celui d'ambassadeur de la marque. Il était chargé de contrôler la qualité du produit et son image devint la marque de fabrique de la société. À la base des accords, le groupe d'investissement détenait tous les droits nationaux et internationaux, exception faite de l'Angleterre, la Floride, l'Utah et le Montana. De plus, le fondateur gardait les contrats des franchises canadiennes.

Grâce à l'injection de fonds, les nouveaux propriétaires projetèrent l'entreprise sur le marché mondial. Très rapidement, les points de vente KFC fleurirent sur tout le territoire nord-américain, et ils firent également leur apparition à Porto Rico, au Mexique, au Japon, en Jamaïque et aux Bahamas. Le premier site européen ouvrit à Preston, en Angleterre, en 1964. Au milieu des années soixante, KFC était devenu la sixième entreprise par son volume d'affaires dans le secteur de la restauration, avec ses mille cinq cents restaurants et points de vente à emporter. Les plans d'expansion de l'entreprise avaient toujours comme base le système de franchise. Et, dans le même temps, de nouvelles stratégies se développaient pour attirer des clients, comme les désormais célèbres bâtiments à bandes blanches et rouges.

Les plans d'expansion de l'entreprise avaient toujours comme base le système de franchise. Et, dans le même temps, de nouvelles stratégies se développaient pour attirer des clients, comme les désormais célèbres bâtiments à bandes blanches et rouges.

En 1966 fut fondée la Kentucky Chicken Advertising Co-op, à l'intérieur de laquelle il fut établi que, pour chaque décision concernant les campagnes publicitaires, les franchisés disposeraient de dix voix et que l'entreprise n'en aurait que trois. On établit également un conseil de consultation national pour les activités de franchise, lesquelles bénéficièrent d'une réduction sur les équipements et les approvisionnements fournis par l'entreprise.

Forte de l'approbation obtenue, l'entreprise entra à la bourse de New York en 1969 et Harland acheta les cent premières actions.

Le prochain objectif des nouveaux propriétaires fut alors de dégraisser l'entreprise, en réduisant les dépenses générales, et en particulier les coûts de travail. Pour ce faire, ils révolutionnèrent l'idée originelle de Harland transformant les cafétérias en fast-food : endroits dans lesquels on mange debout, et dans lesquels le mot-clé serait « service rapide ». Il en résulta une croissance énorme, qui permit à de nombreux franchisés de devenir millionnaires. Les dirigeants administratifs arrivèrent à vingt et un ! Mais cet exploit eut un prix. De nombreux restaurateurs, après avoir fait fortune, quittèrent le groupe au bout d'un an ou deux pour créer de nouvelles entreprises. KFC perdait ainsi ses bases, construites sur l'expérience et la stabilité de gestion des franchises.

Simultanément, les médias publièrent certains rapports négatifs sur les pratiques comptables d'autres opérations de franchises qui, même si elles n'étaient pas en lien direct avec KFC, firent baisser le prix des actions de l'entreprise à dix dollars. Ce fut le début d'une période difficile, accompagnée par la démission de certains gros bonnets parmi lesquels Jack Massey, qui quitta l'affaire après une série de désaccords. En bref, on nomma une nouvelle équipe, expérimentée tant en finances que dans le secteur alimentaire, et prête à renflouer les caisses de l'entreprise. C'est à ce moment-là que le Colonel décida d'abandonner le navire. À l'âge vénérable de quatre-vingts ans, il sut reconnaître ses propres limites. Dans un article du « New York Times », il dit : « J'ai compris que je n'étais plus à ma place… Tout ce que fait le conseil d'administration d'une grande société dépasse mes compétences, et les discussions sur la haute finance m'embarrassent ».

Changement de main

Pour donner un nouvel élan à KFC, une fusion avec Heublein Inc, entreprise spécialisée dans l'alimentation et les boissons alcoolisées, fut finalisée, alors que le volume des ventes atteignait sept cents millions de dollars. C'est justement à la suite de cet accord que John Brown quitta l'entreprise. Cela se trouva être, quoi qu'il en soit, une manœuvre intelligente puisque l'expérience de Heublein en matière de marketing donna à la société l'impulsion dont elle avait besoin. À l'ordre du jour, il y avait l'introduction d'une série de produits qui, même s'ils obtinrent un certain succès, ne faisaient rien d'autre que dissimuler le fait que les ventes de poulet étaient en train de baisser. L'effet de cette nouveauté se dissipa peu après et l'entreprise commença de nouveau à vaciller.

Au début des années soixante-dix, les accords de franchise atteignirent un niveau historiquement bas même aux États-Unis : ce problème subsistait depuis le rachat par Brown et Massey.

À cette période, les franchisés vendaient plus de produits que ceux que possédait l'entreprise et ils étaient agacés de devoir payer les droits, comme le stipulait le contrat, à un franchiseur qu'ils jugeaient inefficace. De plus, les franchisés trouvaient que Heublein faisait trop acte d'autorité à leur goût et ils démarrèrent une guerre des contrats. Le conseil d'administration pensait pouvoir compter sur les bons rapports noués au fil des années, malgré les nombreuses disputes et l'interruption du dialogue.

L'image publique de la marque s'en ressentit largement, et cela conduisit à de nouveaux plans de reprise qui, cette fois-ci, impliquaient non seulement l'identité extérieure mais aussi l'âme de l'entreprise. De gros efforts furent faits pour revenir aux méthodes de cuisson originelles et, dans le même temps, on diminua le nombre des menus pour réduire les prix. Hélas, Harland mourut d'une leucémie en 1980 et il ne put voir les effets de cette transformation.

De nouveaux horizons

Ce retour aux sources aida à relever les comptes de l'entreprise et inspira également une campagne publicitaire qui avait pour slogan « We do chicken right » c'est-à-dire « nous savons cuisiner le poulet », menée avec succès pendant sept ans. En 1982, la maison-mère Heublein fut rachetée par RJ Reynold Industries, qui, en injectant des fonds, en fit la plateforme idéale dans la perspective d'une implantation au niveau international. Cette année-là, le volume des ventes atteignit un pic de 2,4 milliards de dollars ; à ce propos, sa focalisation sur l'amélioration des propositions existantes au lieu de la présentation en rafale de nouveaux produits comme le faisaient ses concurrents fut également un choix déterminant.

La campagne publicitaire qui avait pour slogan « We do chicken right » c'est-à-dire « nous savons cuisiner le poulet », fut menée avec succès pendant sept ans.

Ce fut un tournant qui ne passa pas inaperçu aux yeux de PepsiCo, le géant du secteur alimentaire qui, en 1986, désireux d'assurer une bonne part du marché à ses propres boissons et impressionné par l'augmentation récente de ses profits au niveau mondial, racheta Kentucky Fried Chicken pour huit cent quarante millions de dollars.

Cela lui sembla être une démarche naturelle puisqu'il avait déjà racheté des chaînes de fast-food comme Taco Bell et Pizza Hut.

Les nouveaux propriétaires cherchaient à mettre en place le futur développement de la compagnie et, dans cette perspective, ils ouvrirent le Colonel Sanders Technical Centre. L'entreprise expérimenta deux nouveautés : le poulet cuit au four et la livraison à domicile. Ces nouveaux projets de développement mondial conduisirent à l'ouverture d'un point de vente en République Populaire de Chine en 1987 : ce fut la première chaîne de fast-food nord-américaine à s'implanter dans le pays.

À l'évidence, l'entreprise semblait s'être remise dans le droit chemin, mais les relations avec les franchisés nord-américains étaient encore tendues. Même s'ils demeuraient impressionnés par la compétence des nouveaux propriétaires et par leur facilité d'intégration dans les marchés internationaux, beaucoup d'entre eux se rendaient compte qu'ils n'avaient plus guère voix au chapitre sur les questions de la société par rapport aux vingt premières années.

Dans le même temps, KFC s'efforçait de renouveler l'image de son fameux poulet frit, en introduisant comme uniques nouveaux produits les Hot Wings (ailes de poulet chaudes) et les sandwichs au poulet, alors que la concurrence proposait d'innombrables nouveautés.

Au niveau mondial cependant, ça n'était pas la même histoire. Les marchés internationaux prospéraient, que ce soit sur le plan financier ou pour tout ce qui concernait les contrats de franchises, avec un bénéfice brut de quatre-vingt-douze millions de dollars en 1992, par rapport aux quatre-vingt-six millions obtenus sur le marché nord-américain. L'entreprise décida de tirer avantage des opportunités offertes par les marchés internationaux, surtout par les marchés asiatique et australien, prévoyant l'ouverture de points de vente à l'étranger presque chaque jour. Les innovations apportées par les opérations mondiales étaient souvent utilisées comme modèle pour s'inscrire dans de nouveaux marchés.

Où en sont-ils maintenant ?

En 1991, les préoccupations croissantes à propos des risques pour la santé associés aux aliments frits poussèrent l'entreprise à changer son nom en KFC. Un peu plus de dix ans plus tard, en 2002, PepsiCo vendit l'entreprise à Yum Restaurants International, en même temps que ses autres chaînes de fast-food. KFC continue à se développer en adaptant son offre à la demande des consommateurs : l'entreprise assure que ses produits ne contiennent pas de graisses transgéniques et, en Amérique du Nord, elle a lancé le Kentucky Grilled Chicken, c'est-à-dire le poulet grillé.

Cela fait trente ans qu'Harland Sanders a disparu, mais son attention pour la qualité des produits continue d'inspirer les choix de l'entreprise. Le secret de sa recette est conservé dans un caveau à Louisville dans le Kentucky, où il fait l'objet d'une étroite surveillance. Seulement un petit cercle de personnes la connaît et a promis de préserver le secret. Pendant ce temps-là, des millions de consommateurs goûtent chaque jour aux produits du Colonel, aux quatre coins du monde.

Pizza Hut

UNE PART D'HISTOIRE

Fondateur : Dan et Frank Carney

Âge au moment de la création : 27 ans et 20 ans

Expériences précédentes : étudiants à l'université, vendeurs dans une droguerie

Année de la création : 1958

Type d'activité : pizzeria et vente a emporter

Pays actuellement concernés : 100

Volume d'affaires : indisponible

PIZZA HUT

Il vous est probablement déjà arrivé de commander une pizza à emporter ou d'en manger une dans un restaurant Pizza Hut. Fondée aux États-Unis il y a un peu plus de cinquante ans, l'enseigne représente de fait la plus grande entreprise productrice de pizzas, implantée dans plus de cent pays avec ses seize mille deux cents adresses aux USA et quelque quatre mille autres éparpillées dans le monde entier.

Elle est divisée en deux types de restaurants : des cafétérias de style familial et des fast-foods, avec, dans ce cas-là, l'enseigne « Pizza Hut Express ». La marque est surtout connue pour ses pizzas garnies avec la plus grande imagination. C'est un nom très connu aujourd'hui, mais qui a des origines assez humbles. C'est l'article d'un journal de New York qui provoqua l'étincelle.

Des origines modestes

Dans les années cinquante, les frères Carney, Dan et Franck, étudiaient tous les deux au collège de Wichita, dans le Kansas, quand un ami leur suggéra d'ouvrir une petite pizzeria. Il avait lu un article dans le « New York Post » sur le fait que les produits à base de pâte étaient en train de devenir populaires sur la Côte Est. La pizza était un plat rare à l'époque, presque inconnu dans cette région, sans compter que les deux frères n'avaient aucune idée de comment on la faisait, mais ils décidèrent pourtant de faire un essai. Leur conviction était également liée à leur désir de suivre le conseil que leur défunt père avait donné à Dan : « Si jamais dans la vie une chance s'offre à toi, fonce, parce que les victoires ne seront que les tiennes, tout comme les erreurs, et tu auras la satisfaction de savoir que personne ne peut te donner ou t'ôter l'occasion de réussir. » Dan avait grandi en travaillant dans la droguerie familiale et, jusqu'alors, c'était pour lui ce qui se rapprochait le plus d'une expérience d'entrepreneur.

Pour garder l'idée dans le contexte familial, les Carney demandèrent à leur mère de leur prêter six cents dollars. Dans la mesure où ils ne savaient pas faire une pizza, ils choisirent la meilleure solution, c'est-à-dire qu'ils firent appel à quelqu'un qui savait. Cela les conduisit à collaborer avec John Bender, un militaire qui avait travaillé dans une usine d'alimentation qui produisait des pizzas en Inde. Dan et Franck modifièrent légèrement la recette de John, en ajoutant « un peu de ci, un peu de ça » et ils utilisèrent le reste de l'argent pour louer des locaux et acheter du matériel d'occasion.

En comparaison, créer le nom de la marque fut une promenade de santé. Les dimensions de l'enseigne ne pouvaient contenir que huit lettres et un espace : sachant qu'il devait absolument comporter le mot « pizza », il fallait trouver un autre mot, de trois lettres. La femme de Dan fit remarquer que le bâtiment ressemblait à une hutte, et ainsi naquit le nom Pizza Hut, hautement symbolique.

La femme de Dan fit remarquer que le bâtiment ressemblait à une hutte, et ainsi naquit le nom Pizza Hut, hautement symbolique.

Un restaurant Pizza Hut aujourd'hui.

Un amour pour la pizza

Le premier restaurant, avec vingt-cinq places assises, fut ouvert en 1958 ; il servait seulement des pizzas et des bières. Pour susciter l'intérêt des gens, les frères Carney offrirent des pizzas gratuites lors de l'inauguration de leur local. Très vite, les commandes à emporter se multiplièrent, leur activité commença à avancer à grands pas. Donner la possibilité de goûter le produit avant de l'acheter avait été une remarquable initiative. De longues files de clients intrigués par ce plat inconnu commencèrent à se former. Nombreux étaient ceux qui étaient pressés de goûter cette pâte spéciale cuite au four et agrémentée d'herbes et d'ingrédients frais.

Les deux frères n'avaient pas prévu que leur recette serait aussi savoureuse, et ils n'avaient pas non plus envisagé la possibilité d'étendre leur activité. L'entreprise avait été créée pour financer les cours de Franck à l'université et ceux pour la spécialisation de Dan mais, aussi surprenant que ce soit, elle se révéla rentable, rapportant environ mille cinq cents dollars par semaine (ce qui correspondrait aujourd'hui à onze mille dollars). Les dépenses étaient minimes, sachant que la plus grande était celle consacrée à la location du local qui coûtait cent quarante cinq dollars par mois. Avec de tels débuts et vu le surprenant appétit pour les pizzas qui était en train de s'emparer de la population locale, la popularité de l'entreprise se hissa au firmament, et en quelques mois, les Carney ouvrirent un nouveau point de vente avec un service de vente à emporter.

Donner la possibilité de goûter le produit avant de l'acheter avait été une remarquable initiative. De longues files de clients intrigués par ce plat inconnu commencèrent à se former.

Mais l'activité ne suscitait pas seulement l'intérêt des clients. De nombreux restaurateurs, frappés par le potentiel de l'entreprise, se montrèrent désireux d'en faire partie et d'ouvrir un local du même genre. Cela poussa les frères Carney, dans les années soixante, à adopter un système de franchise pour pallier l'intérêt croissant porté à leur entreprise et augmenter ainsi son rayon d'influence. L'attitude des banques locales fut bien différente, puisqu'elles apportèrent un soutien assez limité aux deux jeunes étudiants, trouvant le système de franchise difficilement rentable. Les deux frères persévérèrent avec la ténacité propre aux esprits entrepreneurs, et ils continuèrent à se développer en utilisant leurs propres ressources ainsi que les contrats de franchise. Un an et demi plus tard, l'entreprise était officiellement enregistrée et pouvait se targuer de cinq points de vente dont quatre appartenaient à l'entreprise et un, ouvert par Dick Hussar était franchisé et financé également en partie par les Carney.

Premières difficultés

Le premier contrat de franchise marqua les débuts de nouveaux plans ambitieux à venir. La plupart des premiers franchisés étaient des copains de lycée des Carney, qui avaient aidé les deux frères et voulaient continuer à le faire. Cependant, il n'y avait pas alors un véritable projet de développement à long terme. Les frères Carney avaient une vue à court terme et ils considéraient l'entreprise comme un moyen de poursuivre leurs études universitaires même s'ils avaient dû les mettre de côté dans un premier temps (Franck sera diplômé seulement en 2000). Plus tard, Franck déclara dans une interview : « Plus que de chercher à créer une chaîne internationale de restaurants, le but était surtout d'aider des amis. C'est comme ça que nous voyions la franchise les trois ou quatre premières années ». Il ajouta en outre qu'il ne s'agissait pas là du moyen le plus intelligent de gérer l'entreprise : cela manquait de cohérence. Dans le choix des locaux, la seule chose qu'ils évaluaient était le prix, sans se demander s'ils étaient aptes ou non à entrer et faire partie de la chaîne. Malgré cela, l'entreprise continuait à gagner en popularité et les Carney se rendirent compte que les gains de leur activité dépassaient et de loin le prix de l'université.

Le plan de franchise

Le résultat de cette prise de conscience fut une approche plus agressive qui les conduisit à contracter de nouveaux contrats de franchise et à ouvrir d'autres points de vente. Ce qu'il y a de bien avec ce plan c'est que le franchiseur (ici Pizza Hut) n'a pas besoin d'une très grosse somme d'argent pour financer la croissance de l'entreprise, parce que chaque franchisé a en charge d'investir pour son point de vente. Pizza Hut en tirait profit, fournissant de son côté à chaque franchisé les ingrédients, l'équipement et un cours de formation, ainsi que le droit d'utiliser la marque, et en plus il recevait un petit pourcentage sur les ventes. Les franchisés eux, devaient verser cent dollars de droits d'entrée et la même somme était versée mensuellement à l'entreprise.

Logiquement, avec ce nouvel esprit d'entreprise, les deux frères commencèrent à surveiller la concurrence. Ils craignaient que Shakey's Pizza, une chaîne qui gagnait du terrain sur la Côte Ouest, puisse menacer leur territoire. Ils décidèrent par conséquent de renforcer le concept de Pizza Hut en tant que cafétéria et ils firent le nécessaire pour homogénéiser l'ensemble des locaux de la chaîne pour qu'ils fassent front ensemble.

Les Carney renforcèrent également leur position à l'intérieur de l'entreprise, en rachetant les parts de Bender. Grâce à un réseau dense d'amis et de collègues, vers 1966, les deux frères avaient atteint les cent quarante-cinq franchisés, sans compter les six locaux que possédait l'entreprise en propre, et pour surveiller l'évolution de l'entreprise, ils avaient installé un bureau à Wichita. À cette époque, tous les bâtiments de la chaîne, avec leurs toits rouges caractéristiques, avaient été conçus de façon à être bien reconnaissables et à rendre la marque familière aux clients. Non contents de la notoriété obtenue au niveau national, les frères Carney visèrent à élargir leurs horizons, et deux ans plus tard, en 1968, ils ouvrirent leur premier point de vente sur le sol canadien. C'était une époque extrêmement favorable pour les franchises parce que ce système offrait à des centaines de personnes un moyen facile de réaliser son « rêve américain » en créant leur activité : au sommet de son expansion, Pizza Hut ouvrait un nouveau restaurant par jour.

Après dix ans d'activité, l'entreprise comptait trois cent dix points de vente et servait plus d'un million de personnes par semaine.

À cette époque, tous les bâtiments de la chaîne, avec leurs toits rouges caractéristiques, avaient été conçus de façon à être bien reconnaissables et à rendre la marque familière aux clients.

L'entreprise créa l'International Pizza Hut Franchise Holders Association (IPHFA), de façon à posséder quarante pour cent des opérations de franchise, qui s'ajoutèrent aux six sites en sa possession ; cela devait permettre de redonner un équilibre entre les propres adresses de l'entreprise et les franchisés. Rien ne semblait pouvoir arrêter l'ascension de Pizza Hut, et en 1969, sur le conseil d'un collègue, Martin Hurt (qui investira dans l'entreprise rivale Papa John's) Dan et Franck préparèrent l'entrée de leur entreprise en bourse, de façon à percevoir des fonds qui seraient employés pour aller de l'avant.

Retour aux sources

Leur intégration sur le marché des franchises se révéla être une entreprise compliquée et tout ne fila pas aussi droit que Dan et Franck avaient pu l'imaginer. Les franchisés avaient utilisé des méthodes de comptabilité différentes les unes des autres et les ramener tous à un système commun passa par un processus long et confus qui dura plus d'un an et se transforma en un véritable cauchemar. Si la cotation en bourse permit à l'entreprise d'empocher six millions de dollars, la difficile reconversion de son système comptable détourna les deux frères de certains autres aspects importants comme la croissance de l'entreprise et le marketing, ce qui eut de sérieuses répercussions : les ventes subirent un coup d'arrêt et les profits chutèrent. L'entreprise s'était affirmée comme la première chaîne de pizzerias au monde aussi bien pour son volume d'affaires que pour son nombre de restaurants, mais à partir de ce moment-là, il lui faudrait travailler dur pour garder cette position.

Il fallait restructurer. Les Carney décidèrent de mettre en place un plan d'action à long terme pour remettre l'entreprise en état, en exploitant aussi le système de *refranchising*. Dans une interview de 1972, Franck affirma : « Nous étions en train de perdre le contrôle des opérations. Nous nous sommes alors rendu compte qu'il fallait que nous apprenions à planifier ». Cela signifiait renforcer le cadre de direction, augmenter les ventes et les profits, aller chercher les marchés émergeants ou en développement, et repérer de nouveaux potentiels de débouchés pour les affaires. Un de ceux-là fut la diversification du produit : Pizza Hut s'agrandit en rachetant quatre-vingts pour cent des parts de Ready Italy, qui réalisait les bases pour pizzas surgelées, et il créa également une *joint venture* avec Sunflower Food Processors, en ajoutant les sandwichs à son menu classique.

Dans le même temps, le nombre de restaurants sur le sol national était en constante augmentation et l'entreprise fêta l'ouverture du millième établissement dans sa ville d'origine, à Wichita. Pizza Hut se développa par la suite en prenant possession de trois chaînes, Taco Kid, Next Door et The Flaming Steer, la première spécialisée dans l'approvisionnement des restaurants et les deux autres qui distribuaient les matières premières. Elle renforçait également sa présence au niveau mondial : en 1976, le centième établissement fut inauguré en Australie, suivi par d'autres restaurants dans des endroits aussi éloignés que le Japon, le Costa Rica, et le Royaume-Uni. À la fin des années soixante-dix, le réseau comprenait environ deux mille établissements. Tous les restaurants que possédait l'entreprise proposaient désormais entre soixante et cent vingt places assises : le choix des toits rouges et de l'agencement général portait ses fruits puisqu'il donnait aux établissements un air familier. L'entreprise utilisa le marché actionnarial afin d'obtenir de nouveaux fonds à réinvestir dans sa croissance, en émettant même des paquets d'actions supplémentaires.

Tous les restaurants que possédait l'entreprise proposaient désormais entre soixante et cent vingt places assises : le choix des toits rouges et de l'agencement général portait ses fruits puisqu'il donnait aux établissements un air familier.

Rendement maximum

Une stratégie de marketing agressive et innovante fut utilisée tout au long des années soixante et soixante-dix et elle fut la clé du succès, que ce soit sur le plan national ou international. Le premier spot télévisé de la marque remonte à 1965 : un petit thème musical accompagnait les paroles « Putt Putt to the Pizza Hut ». Le poids que l'entreprise consacrait à ces campagnes publicitaires est à déduire des sommes substantielles destinées à leur réalisation, que ce soit sur le plan national ou régional : des neuf cent quarante-deux mille dollars de 1972, on passa à plus de trois millions de dollars en 1974.

Non seulement la publicité servit l'image de marque de l'entreprise mais elle attira également les vues de PepsiCo qui se proposa comme acheteur. En 1977, les deux frères vendirent Pizza Hut à la multinationale dans une transaction qui coûta à PepsiCo trois cent vingt millions de dollars, à redistribuer aux actionnaires. Puisque les Carney en possédaient dix pour cent, ils obtinrent trente-deux millions de dollars, une somme réellement satisfaisante et sans aucun doute plus que suffisante pour couvrir leurs frais universitaires ! Pizza Hut devint une division de PepsiCo et son volume d'affaires cette année-là dépassa les quatre cent millions de dollars.

À partir de là, les chemins des deux frères se séparèrent : Franck resta dans l'entreprise pendant trois ans, en qualité de président tandis que Dan avait décidé qu'il était temps de tourner la page. Il commenta ainsi son choix dans une interview en 2002 : « Je pense être un vrai entrepreneur. J'aime construire les choses ou du moins essayer de le faire, mais une fois qu'elles sont réalisées ou trop grandes, elles ne m'intéressent plus. Je n'y ai plus goût. Je ne pouvais pas faire un meilleur choix que celui de vendre l'entreprise, m'en détourner et continuer ma route ».

En 1980, Franck quitta également l'entreprise, mais même si son éloignement effaçait le non Carney de Pizza Hut, son héritage continua à en faire partie. Avant de partir, il avait collaboré à la création d'un des produits les plus demandés dans les restaurants de la chaîne, la Personal Pan Pizza, une pizza de plus petite taille, qui convenait pour une seule personne. « Aujourd'hui, je peux dire que j'ai ça dans le sang », se souvient Franck. « Faire des pizzas est résolument la chose qui m'a amusé le plus ». C'est un produit avec lequel il lui fut difficile de prendre ses distances. Après sa rupture avec Pizza Hut, il reçut de nombreuses propositions venant d'entreprises concurrentes, impatientes de profiter de son expérience, mais il évita délibérément ce domaine, investissant dans des secteurs complètement différents tels que l'immobilier, le pétrole ou l'automobile. Toutefois, la tentation de retourner vers sa vieille passion fut trop forte et il finit par s'associer à la jeune rivale de Pizza Hut, Papa John's, en tant que franchisé. Ces dernières années, il a progressivement racheté une part substantielle de l'entreprise tandis que Dan a continué de travailler en tant que *venture capitalist* en investissant dans des secteurs à risques mais à fort potentiel de développement.

Gagner la compétition

Il semblait clair que PepsiCo avait saisi une occasion en or en rachetant Pizza Hut ; de fait, un nombre toujours plus important de gens choisissaient de manger hors de chez eux. Cependant, ce nouveau mode de vie et le boom consécutif des fast-foods avait

Une pizza qui s'inspire de la recette italienne : l'entreprise s'emploie à renouveler constamment son offre de produits.

contribué à l'accroissement de la concurrence, et c'est pourquoi Pizza Hut se retrouva à rivaliser avec des chaînes comme Domino's, PizzaExpress et Little Caesar.

En s'inspirant de la solide expérience publicitaire de la maison-mère, Pizza Hut décida de lancer une série de nouveaux produits pour se distinguer de la masse. Des gammes déjà connues comme la Pan Pizza et des nouveautés comme la Hand-Tossed Traditional Pizza, lancée en 1988, furent exploitées, en plus des offres spéciales pour le déjeuner. Dans le même temps, en 1984, un nouveau groupe de gestion avait été nommé, avec à sa tête Steven Reinemund qui en était le président et le directeur général. Ce fut le début d'une grande période de développement pour l'entreprise : en 1986, le nombre des points de vente s'élevait à cinq mille, et la même année un service de livraison à domicile fut lancé. Ce fut une initiative à succès si l'on considère que les livraisons à domicile et les plats à emporter représentèrent un quart des encaissements de l'entreprise dans les années quatre-vingt-dix.

Pizza Hut décida de lancer une série de nouveaux produits pour se distinguer de la masse.

Dans le même temps, la chaîne de restaurants cherchait à étendre sa présence au niveau mondial et à s'inscrire dans de nouveaux marchés pour obtenir un avantage compétitif : l'ouverture d'un restaurant à Moscou en 1990, qui permit l'élaboration de la *moskva*, une pizza russe agrémentée de thon, maquereau, saumon et oignon, en est un bon exemple. Le rendement de l'entreprise sur le plan mondial était prometteur : la branche russe était la plus rentable en termes de volume, mais les résultats étaient très encourageants y compris à Hong Kong, en France, en Finlande et au Royaume-Uni.

La clé de la réussite de ces opérations était de cerner les goûts de chaque pays : par exemple, à Hong Kong, les clients préféraient le bœuf séché, et ceux du Canada le lard, alors que les Australiens avaient une prédilection pour le curry.

Le défi n'était pas encore gagné. Au début des années quatre-vingt-dix, Pizza Hut dut affronter l'obstacle le plus important : la chaîne de fast-food McDonald's lança un nouveau produit appelé « McPizza » dans différents marchés d'essai, en proposant également un service de livraison à domicile. Le fait que Pizza Hut transforme non seulement l'essai mais qu'il en retire également un bénéfice grâce à une hausse de ses profits de dix pour cent fut la preuve de la solidité de l'entreprise et de la fidélité de ses clients. D'autres critères jouèrent en sa faveur, notamment la croissante attention des consommateurs pour une nourriture saine – la pizza était considérée comme une alternative fiable aux produits typiques des autres fast-foods, en général frits et très gras – et la multiplicité des gens qui suivaient un régime végétarien (la plupart des fast-foods ne proposaient pas de menus adéquats).

Nouvelles voies d'accès

L'étape suivante consista à parier sur la familiarité croissante des clients avec les fast-foods et les repas tout prêts. Les années quatre-vingt-dix virent l'entreprise s'employer à ouvrir des points de vente en drive-in et des restaurants à l'intérieur des centres commerciaux, les fameux « Pizza Hut Express ».

Le plan atteint son but et il permit à l'entreprise de s'implanter dans des endroits insolites comme les terrains de sports ou les cantines scolaires, en réponse à l'augmentation de la demande.

Née en tant que cafétéria locale, Pizza Hut se montra fidèle à ses origines en tissant des liens avec la population. Elle participa à l'une des premières initiatives commerciales à impact social, Book-It, un programme de soutien à la lecture qui, en 1984, vit collaborer plus de deux cent mille élèves d'écoles élémentaires dispatchés sur tout le territoire national. Dans les années quatre-vingt-dix, le nombre des élèves était monté à dix-sept millions, rien qu'en Amérique du Nord, et l'entreprise reçut même le soutien de George Bush, alors président des États-Unis. L'entreprise fut également précurseur dans le secteur informatique quand, en 1994 elle devint la première chaîne nationale à permettre à ses clients de commander une pizza par le biais du Web, dans une zone d'essai située en Californie.

Renforcer sa présence au niveau mondial demeura cependant la priorité de l'entreprise qui, en 1997, possédait des points de vente dans quatre-vingt-dix États. Cependant, ces investissements permanents dans de nouveaux locaux mettaient à rude épreuve les ressources de l'entreprise qui avait affaire à un marché de la pizza stationnaire et des concurrents qui baissaient leurs prix. Les ventes des restaurants ouverts la dernière année avaient perdu quelques points, contribuant à une baisse globale d'environ vingt et un pour cent.

Un changement de direction était nécessaire. Pizza Hut réagit en faisant ce qu'elle savait faire le mieux, c'est-à-dire créer des produits innovants pour reconquérir l'attention des clients par rapport à la marque. Naquirent ainsi la pizza avec sa croûte fourrée à la mozzarella, les Buffalo Wings et les Totally New Pizzas, avec beaucoup plus d'ingrédients que les précédentes et des sauces plus goûteuses. Le lancement de ces produits fut accompagné de campagnes de pub agressives qui eurent comme protagonistes des personnalités de la trempe de Ringo Starr, Donald et Ivana Trump et Mohamed Ali. Les premiers résultats furent prometteurs : les parts de marché de Pizza Hut augmentèrent et en 1995, les ventes connurent une croissance de seize pour cent, surtout grâce au record enregistré par la pizza à la croûte fourrée au fromage.

PepsiCo décida de réunir les opérations de *back office* de ses trois chaînes de restaurants (Pizza Hut, Taco Bell et KFC), pour créer par la suite, en 1997 une unité spécifique dédiée à l'organisation, la Tricon Global Restaurants, qui cinq ans plus tard, fera partie du marché Yum !, avec Long John's Silver et A&W.

Où en sont-ils maintenant ?

Ces dernières années, on a enregistré un recul des ventes de pizzas auquel Pizza Hut a réagi en renouvelant et en élargissant son offre de produits. En 2005, l'entreprise a essayé d'introduire une note plus sophistiquée en créant les Pizza Hut Italian Bistro dans cinquante restaurants. Le menu mis à disposition est semblable à ceux des autres points de vente de la chaîne, mais il présente en plus une sélection de plats de pâtes. Dans une tout autre direction, on trouve le lancement en 2007 de Pizza Mia, un produit pensé pour les consommateurs qui sont attentifs au prix.

En 2008, Pizza Hut a célébré son cinquantième anniversaire : elle semble encore en excellente forme, et continue son chemin, y compris dans le secteur des pâtes. Parier là-dessus semble avoir été une excellente idée. En Avril 2008, Pizza Hut a déclaré que Tuscani Pastas s'était avéré être le lancement le plus prolifique dans l'histoire de l'entreprise. Les frères Carney, pendant ce temps-là, se sont occupés de leurs nouvelles activités, mais ils n'oublient cependant pas de jeter un œil à leur premier « bébé ».

Dyson

NÉS DE LA POUSSIÈRE

Fondateur : James Dyson

Âge au moment de la création : 45 ans

Expériences précédentes : ingénieur

Année de la création : 1992

Type d'activité : technologie

Pays actuellement concernés : 45

Chiffre d'affaires : 1,32 milliard d'euros (2011)

DYSON

Le fait que James Dyson se définisse en tout premier lieu comme un inventeur et seulement après comme un entrepreneur nous donne un indice sur les fascinantes motivations qui l'ont poussé à la création de cette célèbre marque. Ses produits sont actuellement disponibles dans quarante-cinq pays, et Dyson est devenu synonyme de grande qualité, de design novateur et de facilité d'utilisation. L'extraordinaire histoire de son succès peut être divisée en deux grandes étapes : un long chemin pour s'imposer dans son propre pays, puis un choix, aussi difficile que malin, qui en aura été le catalyseur. Les entrepreneurs sont en définitive des gens qui prennent des risques. Dyson décida de défier les colosses de l'électroménager et pour ce faire de se concentrer sur l'innovation des produits ainsi que sur leurs prix, un choix face auquel beaucoup d'autres auraient reculé. Il est facile de mettre en avant l'efficacité de stratégie de marketing de l'entreprise, la qualité de ses méthodes de production et de distribution, la ressemblance avec les articles de marques phares comme Hoover, Electrolux et Bosch.

En réalité, tout vient de ce que James Dyson appelle le coté « waouh » de ses produits. Les premiers temps, il était convaincu que le bouche à oreille fonctionnerait comme un booster sur son entreprise, pour peu qu'il réussisse à faire tester aux consommateurs son révolutionnaire aspirateur. Il avait parfaitement raison, mais une longue route devait s'ouvrir au préalable devant lui. Avant toute chose, il avait besoin d'en appeler à sa propre confiance en lui et en son entreprise. Mais, si jeter les fondamentaux de Dyson réclama bien du courage, propulser l'entreprise vers le succès et la stabilité à un niveau mondial demanderait d'avoir un vrai sens des affaires.

Une vocation précoce

James Dyson naquit à Norfolk, en Angleterre, en 1947. Il fréquenta le Royal College of Art, en rêvant de devenir le Brunel des temps modernes et de révolutionner les techniques de conception des produits. Pour sa thèse de doctorat, en 1969, il conçut un aspirateur appelé « Sea Truck » par l'inventeur et entrepreneur britannique Jeremy Fry. Jeremy confia à James son premier travail au sein de Rotork, son entreprise, et le nomma au poste de directeur seulement trois ans plus tard. À ce poste, James comprit combien il était important de perfectionner un projet avant de le commercialiser et combien il était difficile de promouvoir un article encore mal dégrossi comme le Sea Truck. Le produit fut vendu dans plus de cinquante pays, faisant gagner à l'entreprise cinq cent millions de dollars. Malgré cela, James quitta Rotork pour se consacrer à ses inventions, parmi lesquelles la Ballbarrow, une brouette dotée d'une boule pneumatique à la place de la traditionnelle roue, et pour laquelle il remporta également un prix.

Il avait besoin de capitaux pour financer son entreprise et il réussit à convaincre deux personnes aisées (l'une des deux était son beau-frère) d'investir dans ce qui allait devenir Kirk-Dyson. En mars 1974, ils disposaient d'un prototype, mais six mois avant que la production ne commence, le fabriquant vers lequel ils s'étaient tournés avait augmenté ses prix ; alors ils décidèrent de contracter un prêt de cent mille dollars pour acheter les machines en Amérique et réaliser en toute autonomie leur produit. Un journaliste du « Sunday Times » fit connaître l'invention de James et, à partir de là, ils vendirent quarante mille Ballbarrow par an, gagnant presque un million et demi de dollars. L'entreprise chercha à exporter ses produits en Amérique pour augmenter le volume de ses ventes, mais elle renonça à cette idée à

James avec le désormais célèbre DC01.

la suite d'une coûteuse affaire en justice avec une entreprise américaine qui avait fabriqué un article semblable en tout point, après avoir embauché un des employés de James.

À cette époque, James remarqua que le nettoyeur industriel installé dans son usine se bloquait sans cesse à cause de la poussière. Il découvrit que, pour la propreté industrielle à grande échelle, on utilisait ce que l'on appelle des « cyclones », engins qui coûtaient environ cent soixante-dix mille dollars. Au lieu de payer une somme aussi astronomique, Dyson dessina et construisit un cyclone industriel, une tour de neuf mètres de haut qui enlevait les particules de poussière en exerçant une force centrifuge cent mille fois plus puissante que la force de gravité. James se demanda alors s'il serait possible d'utiliser le même procédé avec un engin plus petit et il apporta cette idée à l'assemblée de la Kirk-Dyson où elle fut accueillie avec scepticisme. Comme ils détenaient le pouvoir financier, les autres actionnaires réussirent facilement à le destituer de ses fonctions et le forcèrent à quitter l'entreprise. Le pire, c'est qu'il partit en laissant le brevet de sa Ballbarrow à l'entreprise, puisqu'il était au nom de Kirk-Dyson et non à celui de son inventeur : il ne commettrait plus jamais une telle erreur. Imperturbable, se procurant tout juste ce dont il avait besoin pour vivre, James consacra les cinq années suivantes à la réalisation de son prototype : il en créa plus de cinq mille avant de donner vie au premier aspirateur sans sac au monde. Son design novateur prévoyait deux cyclones pour séparer la poussière de l'air, évitant au filtre de se boucher. Cinq ans auparavant, avec le soutien de son vieil ami Jeremy Fry, il avait monté une entreprise, Air Power Vacuum Cleaner Company, mais pour aller plus loin dans cette longue et coûteuse expérimentation, il avait contracté des dettes, ce qui ne lui permettait plus de fabriquer son produit. James et Jeremy changèrent le nom de l'entreprise en Prototypes Ltd et ils changèrent également de ligne de conduite : ils vendirent la licence de l'invention à d'autres entreprises qui pourraient s'occuper de la produire.

Son design novateur prévoyait deux cyclones pour séparer la poussière de l'air, évitant au filtre de se boucher.

Un long chemin

Plusieurs années de désillusions suivirent : James se confronta à une réticence générale concernant l'idée d'investir dans de nouvelles technologies, à d'insignifiantes offres de potentiels fabricants britanniques et à une série de tentatives infructueuses d'accords avec des entreprises nord-américaines comme Black & Decker, Comair ou Amway. En réalité, en 1984, Dyson réussit à conclure un contrat avec Amway, mais quelques mois avant l'accord définitif, l'entreprise fit machine arrière en accusant Prototypes Ltd de l'avoir déçue en lui proposant un produit encore mal dégrossi. S'ensuivit une bataille juridique qui dura huit mois et qui se conclut par l'interdiction de vendre d'autres licences avant 1985. James décida de céder pour ne pas dépenser davantage et il dut rembourser tout l'argent que l'entreprise lui avait procuré. À ce moment-là, vu les dettes dont l'entreprise était accablée, Dyson ne pouvait pas se permettre de fabriquer son produit. Le seul espoir était de réussir à vendre le brevet dans un autre pays et d'en tirer assez d'argent pour commencer la production. L'aide décisive arriva d'une source des plus inattendues : le Japon, le royaume du hi-tech. La somme offerte par le fabricant était raisonnable et elle permit à James de mettre en marche ses machines. Aussi connu que « G Force », le produit remporta le prix de l'International Design Fair au Japon. Les Japonais furent tellement impressionnés par ses prestations qu'il devint un véritable emblème, vendu deux mille dollars.

C'était exactement l'impulsion dont Dyson avait besoin. Malgré une autre bataille juridique avec Amway qui avait commencé à en réaliser les plans en se fondant sur ceux du cyclone, et un manque évident d'intérêt de la part des investisseurs, James était désormais décidé à fabriquer un nouveau produit, sous la marque Dyson, en utilisant les revenus de l'affaire japonaise. Il développa un engin capable de capturer jusqu'aux plus petites particules de poussière, saletés, acariens et moisissures. Le résultat s'appela DC01, le premier d'une série d'appareils qui fournissaient une aspiration constante. Son système « à double cyclone » était la première innovation dans la technologie des aspirateurs depuis leur invention en 1901. Après que la turbine extérieure a soulevé les plus grosses particules de poussière et de saleté, celle qui est à l'intérieur accélère l'air pour éliminer également les plus fines. Le rêve de James de proposer un meilleur produit à un prix accessible était plus proche que jamais. Toutefois, l'argent dont il disposait n'était pas encore suffisant, et c'est ainsi qu'il se résolut à vendre tous les droits de sa technologie au fabricant japonais. L'affaire lui rapporta un million et demi de dollars, un apport suffisant pour entrer en production, et qui signa la naissance de Dyson Ltd.

Son système « à double cyclone » était la première innovation dans la technologie des aspirateurs depuis leur invention en 1901. Le rêve de James de proposer un meilleur produit à un prix accessible était plus proche que jamais.

La première affaire fut conclue en juin 1992 avec la plus grosse firme britannique de vente par correspondance, Great Universal Stores. Après six heures de négociation, James avoua au potentiel acheteur qu'il trouvait son catalogue ennuyeux et que le DC01 lui donnerait la touche technologique dont il avait besoin. Grâce à cette approche risquée mais sincère, il signa l'affaire et la Great Universal Stores lui commanda mille pièces. D'autres catalogues de vente par correspondance accueillirent le produit de Dyson. Dans cette première phase, James ne voulut pas prendre contact avec les magasins plus populaires pour éviter que la concurrence ne soit au courant de l'imminent lancement du produit, mais il abandonna cette stratégie quand John Lewis, la plus grosse chaîne de grands magasins du pays, lui proposa d'acheter deux cent cinquante DC01. En novembre 1992, les machines et les moules furent transportés en Galles, où Phillips Plastics devait produire les appareils. Le premier DC01 entra sur la chaîne de montage en janvier 1993. À partir d'avril, l'entreprise commença à recevoir des commandes importantes. Le futur semblait radieux, mais le fabricant augmenta inopinément ses prix, contraignant Dyson à déplacer sa production ailleurs. De plus, une autre clause légale obligea l'entreprise à stopper la fabrication pendant un long mois. Malgré tout, James et son équipe réussirent à monter rapidement une usine dans un vieil entrepôt postal, donnant vie au premier DC01 entièrement réalisé par un employé de Dyson Ltd, en juin 1993. Quinze longues et difficiles années s'étaient écoulées depuis que Dyson avait eu son illumination, et seulement maintenant, enfin, il avait une usine pour produire son invention révolutionnaire. Il avait dépensé deux millions de dollars en brevets et le double pour le développement. Mais la récompense tant attendue devait être exceptionnelle. Si au début les ventes progressèrent régulièrement, à partir de 1995 elles montèrent de façon vertigineuse, jusqu'à placer le DC01 au sommet de la liste des aspirateurs les plus vendus au Royaume-Uni. Vers 1997, les ventes dépassèrent celles de Hoover et d'Electrolux réunies.

Perspectives mondiales

Alors qu'il connaissait des différends avec Phillips, James ouvrit un centre de recherche à Malmesbury, dans le Wiltshire, près de chez lui, ce qui sera crucial dans l'histoire de Dyson. L'entreprise fut pendant longtemps la principale source d'emploi pour les habitants de la région. Cela joua un rôle précieux dans le processus qui permit à l'entreprise de conquérir une place prestigieuse sur le marché britannique. Cependant, ses rapports avec la population ne furent pas toujours idylliques. « L'entreprise s'était trop développée », raconte Martin McCourt, l'homme que James avait habilement engagé comme directeur des opérations en 1996. « Elle avait beaucoup grandi les trois premières années, au point de devenir une entreprise nationale avec des rapports avec l'étranger limités ». Quand, entre 1996 et 1999, Dyson commença à se tourner vers les marchés européens, vers le Japon, l'Australie et la Nouvelle-Zélande, cela mit en perspective la nécessité de répondre à diverses exigences en enrichissant la gamme des produits.

À partir de la fin des années quatre-vingt-dix, la popularité du marché atteint des sommets, surtout grâce au lancement de nouveaux produits parmi lesquels, en 2000, le premier lave-linge au monde possédant deux tambours rotatifs de directions opposées qui offrait un lavage plus rapide et plus soigné. Et pourtant, entre 2001 et 2002, les bénéfices furent inférieurs aux attentes. La cause ? En résumé, il faut associer à l'augmentation des coûts de production en Grande-Bretagne le manque de place pour augmenter la produc-

Le centre de recherche, conception et développement de Dyson à Malmesbury.

tion elle-même. L'entreprise fut contrainte, avec bien des réticences, de ralentir le développement pendant qu'elle installait des petites lignes de production à Birmingham : une stratégie peu efficace. « Nous avons dû nous éloigner de notre usine de Malmesbury vingt-quatre heures sur vingt-quatre, sept jours sur sept. On ne pouvait plus faire sortir un seul aspirateur. Pour nous, il aurait été préférable d'agrandir notre usine », explique Martin. Cependant, cette option fut largement écartée par les autorités locales. La crainte était que le marché soit monopolisé par Dyson et perde ainsi son identité. « Les gens croyaient que l'entreprise avait déjà assez de succès et ils pensaient qu'une plus grande expansion risquait d'engloutir la communauté rurale ». Martin et ses collaborateurs cherchèrent des solutions alternatives, comme la délocalisation des processus de production, c'est-à-dire l'*offshoring*. N'importe quelle entreprise ainsi liée à la communauté locale et avec une stature importante reconnaîtra que ce n'était pas une décision à prendre à la légère. Et pourtant, comme le souligne le même Martin, elle possédait des avantages. « Délocaliser dans un pays dans lequel les coûts de production étaient plus bas et où l'espace nécessaire à notre expansion n'était pas limité signifiait résoudre deux problèmes d'un seul coup. Augmenter la capacité de production aurait aidé l'entreprise à alimenter les investissements prévus sans avoir besoin de compter sur le capital-risque. Les fournisseurs qui nous fournissaient les pièces pour construire le produit avaient déjà changé de sphère d'action », ajouta Martin. « Le centre de leur activité s'était déplacé en Extrême-Orient. Nous nous trouvions dans la situation absurde de devoir importer des pièces d'Extrême-Orient, de les assembler et de les réexpédier là d'où elles étaient venues. Cela n'avait pas de sens ». Il fallait qu'ils agissent. Ils prirent la difficile décision de délocaliser la chaîne de montage de Malmesbury en Malaisie pour conserver leur compétitivité au sein d'un marché de plus en plus mondialisé. Ils gardèrent dans le même temps le cœur de Dyson, c'est-à-dire le centre de recherche et de développement, dans le Wiltshire.

Un bond culturel

James chargea Martin, devenu directeur général en 2001, de gérer la transition. Martin choisit la ville de Johor Bahru, capitale du Johor, état de la Malaisie méridionale. Les motivations de son choix étaient la qualité des rapports instaurés avec le gouvernement, le réseau d'infrastructures existant et le fait que l'anglais ne représentait pas un sérieux obstacle. L'équipe de Martin se familiarisa avec les diverses structures gouvernementales, en s'assurant que les employés envoyés en Malaisie n'auraient aucun problème pour obtenir un visa. « Il fut essentiel de comprendre comment fonctionnait l'économie locale et le système fiscal. Ce sont là des choses très importantes et nous ne voulions pas être pris au dépourvu ». Les entreprises d'électronique japonaises et Hewlett-Packard étaient déjà venues dans cette zone, laissant derrière elles une main d'œuvre de grande qualité sur laquelle on pouvait compter. « De nombreux entrepreneurs avaient déjà quitté la zone en déménageant en Chine et ainsi, il fut facile de trouver des emplacements libres », continue Martin. « La majeure partie des Malaisiens parle anglais et l'absence de barrière de la langue rendait beaucoup plus facile la transition. Ce fut un bond culturel beaucoup plus facile que ce à quoi je m'attendais ». Même l'aspect strictement bureaucratique se révéla plutôt léger. Après les ajustements initiaux, l'entreprise put se développer efficacement, ouvrant de nouvelles usines dans les six mois qui suivirent. Elle commença avec deux à Johor Bahru, qui très vite devinrent trois et sont aujourd'hui cinq, comprenant aussi Dyson Digital Motor Factory qui se trouve dans la proche Singapour.

Dans son pays, bien sûr, cette décision fut très impopulaire. James subit les critiques de la presse nationale et des habitants du Wiltshire. Comment l'entreprise géra-t-elle cela ? « Nous faisions tout notre possible pour assister le personnel en sureffectif dans sa recherche d'un nouvel emploi », explique Martin. « Je suis heureux de pouvoir dire que chaque personne qui voulait travailler ailleurs réussit à trouver un autre emploi. Nous avons créé un groupe de travail avec les autorités sur place incluant le conseil local, pour aider les employés. Nous les guidions dans la rédaction de leur curriculum et dans leur préparation aux entretiens : nous faisions tout ce que nous pensions devoir faire ».

Ce fut une décision difficile mais pas cruelle. Après tout, elle était largement justifiée. En 2003, les bénéfices bruts dépassèrent les sept cent trente millions de dollars, plus de trente millions en plus par rapport à l'année précédente. « À présent, à Malmesbury, nous avons plus d'employés que nous n'en avions avant le transfert et globalement, le nombre de personnes employées dans l'entreprise a triplé. La délocalisation nous a ouvert bien des portes : nous avons été capables d'installer de nouvelles usines rapidement, nous débarrassant ainsi de tous les freins qui faisaient entrave à notre capacité de production, de rehausser nos standards qualitatifs grâce à une main d'œuvre plus expérimentée que nous dans la fabrication, et de générer du capital supplémentaire qui nous a aidé à nous rapprocher des marchés japonais ou américains ».

À présent, à Malmesbury, nous avons plus d'employés que nous n'en avions avant le transfert et globalement, le nombre de personnes employées dans l'entreprise a triplé.

Succès dans un marché en expansion

Cette partie de l'histoire est beaucoup plus facile, comparée à la longue lutte des premières années. « Quand on regarde le résultat final, il semble que c'était une promenade de santé mais ce n'était pas le cas sur le moment », se souvient Martin. « C'était un travail énorme. Nous transférions nos unités de production en Extrême-Orient, et dans le même temps nous étions associés dans un projet de start-up aux États-Unis, nous nous occupions des marchés européens et nous envisagions des nouveaux produits à lancer au Japon. Le défi consistait à mettre en place un groupe de personnes assez restreint qui soit capable de projeter et de conduire une stratégie de croissance complexe. C'est un travail passionnant, qui demande beaucoup d'implication mais qui est également difficile. Si l'on est sûr que le projet est clair et qu'il peut être mené de la bonne façon, alors on le mènera convenablement à son terme. Si l'on n'a pas les bonnes personnes à ses côtés, on enverra tout promener. Si on les a, tout ira bien », explique Martin.

Il estime que la production de Dyson a doublé après son transfert, grâce aux bénéfices faits aux États-Unis, et dans les autres pays dans lesquels l'entreprise avait pris pied. Bien qu'œuvrer dans autant d'endroits différents requière des opérations logistiques complexes, la stratégie de l'entreprise pour aider au succès et à la promotion de la marque est restée presque la même. « De marché en marché, le mode de fonctionnement reste pratiquement identique », poursuit Martin. « La méthode « James » est aussi simple qu'efficace. Il part avec la certitude de la supériorité de son produit par rapport à n'importe quel autre. Il n'a pas affaire à la publicité, au marketing ou aux relations publiques. Il regarde comment les gens prennent en main son produit, l'essayent et pensent « waouh ». »

La méthode « James » est aussi simple qu'efficace. Il part avec la certitude de la supériorité de son produit par rapport à n'importe quel autre.

« Quand j'ai connu James, il avait lu des études qui disaient que quatre-vingts pour cent des produits Dyson achetés au Royaume-Uni l'étaient sur les conseils d'un proche ou d'un ami. La même situation s'était vérifiée en Amérique et il fallait la considérer comme un point de départ. Si on n'a pas un produit qui fonctionne différemment et qui est meilleur que tous les autres, cela ne marche pas. Pourquoi les gens en parleraient-ils ? Aucune campagne publicitaire ne poussera jamais au bouche à oreille s'il ne s'agit pas d'un produit réellement meilleur ».

Le facteur « waouh »

Les deux facteurs clés qui ont transformé un petit succès en un phénomène international furent, selon Martin, l'acquisition d'un point d'encrage aux États-Unis et la délocalisation de la production. « Tout a été multiplié par deux à partir de ce moment : les quantités vendues, les rentrées d'argent, les bénéfices (plus que doublés). Tous les échos se firent positifs. Avant la délocalisation, moins d'un tiers de nos recettes venait de l'étranger ; aujourd'hui on est passé à un pourcentage de deux tiers. On oscille entre la première et la deuxième place sur les marchés dans lesquels nous sommes présents, y compris l'Amérique. Cette décision de délocaliser était des plus désagréable à prendre, mais c'est elle qui nous a projetés sur la rampe mondiale ».

L'innovation est encore le cœur de Dyson et presque la moitié des investissements en recherche et développement de l'entreprise concerne des produits qui ne sont pas directement liés au cœur de l'offre. En 2006, un essuie-mains à air a été lancé et il a les atouts pour devenir un produit aussi révolutionnaire que le DC01. « La Dyson Airblade™ est l'exemple le plus récent de ce que nous entendons par développement et technologie, et il représente complètement l'identité de l'entreprise », dit Martin. « Quiconque utilise les toilettes dans des lieux publiques aura eu l'occasion de se servir d'un essuie-mains électrique, mais peu feront un commentaire à propos de l'efficacité de ce procédé. Vous avez un problème, mais personne ne se demande comment éviter vos plaintes à propos d'un essuie-mains à air. C'est une pensée inconsciente. C'est justement le territoire idéal pour Dyson. »

Ce qui rend le Dyson Airblade™ aussi différent et anti-conventionnel par rapport aux essuie-mains classiques, c'est le fait qu'il ne produit pas de chaleur. « L'air sort de minuscules fentes à une vitesse de cent quatre-vingts mètres seconde et il est soufflé sur les côtés de vos deux mains en faisant glisser l'eau. Il ne dégage pas de chaleur, c'est simple. Quand quelqu'un essaye le produit dans des toilettes publiques, il reste positivement surpris par la façon dont cela fonctionne », explique Martin.

Pour les entrepreneurs en herbe, l'histoire de Dyson est une source d'inspiration, mais également un avertissement. « Il est fondamental de bien faire votre travail, surtout si vous avez dans l'idée d'étendre votre entreprise à l'international, mais il l'est encore plus de bien comprendre combien il vous en coûtera de le faire, de façon à ne pas avoir de mauvaises surprises », conseille Martin. « Assurez vous d'avoir le bon produit. C'est l'élément le plus difficile pour une entreprise. Un bon produit, correctement conçu et réalisé, capable d'offrir une prestation optimale vous ouvrira les portes du succès ».

Un bon produit, correctement conçu et réalisé, capable d'offrir une prestation optimale vous ouvrira les portes du succès.

Où en sont-ils maintenant ?

Dyson continue de miser sur l'innovation. L'entreprise est désormais à la tête d'un portefeuille de 3000 brevets pour 500 inventions. En 2012, son chiffre d'affaires a augmenté de 20 %. Le groupe, qui emploie déjà plus de 1000 ingénieurs, a décidé récemment d'embaucher des ingénieurs-designers, des spécialistes en mécanique, électronique ou acoustique ; avec pour but de renforcer sa présence en Asie et en Amérique Latine. En mars 2008 l'entreprise a lancé une nouvelle gamme d'appareils basés sur la technologie Dyson Ball™, qui utilise un élément sphérique à la place des roues et permet à l'aspirateur de tourner sur place, ce qui le rend plus maniable. Dyson a également créé deux nouveaux appareils à cylindre dotés de la technologie *core separator*, capable de filtrer des particules de poussière encore plus microscopiques, puis il a créé l'aspirateur sans filtre (plus besoin de se soucier de la propreté de ce dernier) et l'aspirateur sans fil. Il se place aujourd'hui sur un segment de luxe et ses aspirateurs sont vendus dans cinquante pays.

Une des innovations de Dyson, le DC16, un aspirateur portable sans perte d'aspiration.

Volvo Cars Corporation

VERS LA LIGNE D'ARRIVÉE

Fondateurs : Assar Gabrielsson et Gustaf Larson

Âge au moment de la création : 34 ans et 37 ans

Expériences précédentes : Gabrielsson était économiste et Larson ingénieur. Ils se rencontrèrent alors qu'ils travaillaient à SKF (entreprise suédoise qui fabriquait des roulements à billes)

Année de la création : 1925

Type d'activité : production d'automobiles

Pays actuellement concernés : 110

Chiffre d'affaires: 14 milliards d'euros (2011)

VOLVO CARS CORPORATION

Volvo est une des firmes automobiles les plus connues au monde, reconnue pour la sécurité de ses automobiles et pour ses origines suédoises. Au cours de son histoire, elle a dû adapter son offre pour rester compétitive, mais pendant que sa technologie évoluait, ses valeurs, c'est-à-dire la fiabilité et la sécurité, restaient une référence incontournable. La mondialisation a constitué un pas essentiel dans son chemin vers le succès : à la différence de la majeure partie de ses rivales, l'entreprise partait d'un marché national plutôt restreint et c'est pourquoi sa participation aux schémas internationaux était un passage obligé et non optionnel.

Les premiers temps

En 1925, Assar Gabrielsson et Gustaf Larson, citoyens suédois intrépides et ambitieux, se donnèrent une mission : démontrer qu'ils pouvaient construire une voiture capable de se mesurer aux voitures étrangères déjà présentes sur le marché.

Ils se rencontrèrent alors qu'ils travaillaient pour SKF, où Gabrielsson, diplômé de la Stockholm School of Economics, occupait différents postes de dirigeant dans le secteur commercial, y compris celui *d'export director*. Larson était ingénieur et avait travaillé pour l'industrie automobile pendant quelques années avant de rentrer en Suède. Leurs compétences complémentaires étaient des atouts parfaits pour mener à bien l'objectif qu'ils s'étaient fixé. Gabrielsson avait un savoir-faire dans le secteur

Les fondateurs, Gabrielsson et Larson, devant un garage Volvo.

économique (et il était en mesure d'apporter le soutien nécessaire) ; Larson savait faire les plans d'une voiture. Tous les deux étaient obsédés par l'idée de construire eux-mêmes leur voiture et qu'elle puisse rivaliser avec celles qui étaient importées en Suède à cette époque.

« Les débuts furent bien modestes », raconte Rydholm, directeur de Volvo Cars Heritage. « SKF, au départ réticent, finit par se laisser convaincre et offrit à l'entreprise un soutien financier et l'enregistrement de son nom, de façon à mettre en place la première usine et les premiers bureaux. Gabrielsson investit dans l'entreprise toutes ses économies, ce qui équivaudrait aujourd'hui à presque six cent mille dollars. Au total, SKF déboursa un million de couronnes et deux cent mille couronnes en capital actionnaire ».

L'affaire permit aux fondateurs de développer leur automobile en utilisant le nom « AB Volvo » (littéralement « je tourne », en latin) prêté par la filiale de SKF. L'entreprise, née en 1925, produisait et vendait des roulements à billes et des roulements à rouleaux cylindriques pour l'industrie automobile. Tout cela se passait bien avant l'époque des grandes usines automobiles, quand les voitures étaient assemblées intégralement à la main, ce qui permettait même à une entreprise de dimensions modestes d'en démarrer la production.

14 avril 1927: le moment fatidique où la première automobile de Volvo, la ÖV4, franchit les grilles de l'usine.

Gabrielsson et Larson se donnèrent une mission : démontrer qu'ils pouvaient construire une voiture capable de se mesurer aux voitures étrangères déjà présentes sur le marché.

Les deux jeunes entrepreneurs dessinèrent leur première voiture et en réalisèrent différents prototypes. Ils vendirent les dix premiers à des collègues de travail, en guise d'échantillons, et c'est pour cela que, quand l'usine de Göteborg sortit la première série, le 1er avril 1927, il y avait déjà des « concessionnaires » Volvo ouverts à Stockholm et à Göteborg même. Le modèle original qu'ils appelèrent « ÖV4 » était un *open tourer*, avec un moteur quatre cylindres vendu au prix de quatre mille huit cents couronnes, l'équivalent aujourd'hui de dix sept mille dollars. Peu de temps après, suivit un modèle plus coûteux, une berline, la PV4.

L'objectif était de fabriquer et de vendre cinq cents exemplaires de chaque modèle, mais gagner les clients suédois fut plus difficile que prévu, et la première année, ils ne réussirent à en vendre que deux cent quatre vingt dix sept. Toutefois, même s'ils n'avaient pas atteint l'objectif fixé, trois cents voitures en un an représentaient quoi qu'il en soit un résultat extraordinaire. C'était l'âge d'or de la production automobile, époque à laquelle les progrès et les innovations étaient monnaie courante. La jeune entreprise accomplissait des pas de géant : en une seule année, elle avait lancé une version break de la berline ÖV4 et également le premier camion de l'entreprise.

Une vue de face de la ÖV4 en 1927.

Un départ fulgurant

L'exploit du début fut le prélude à une nouvelle vague de succès ; en confiant les premières opérations de marketing aux journaux et magazines, l'entreprise réussit à faire un peu de bruit autour de l'histoire de ses deux fondateurs, artisans de la première usine automobile suédoise. Par conséquent, même s'ils n'avaient pas atteint l'objectif qu'ils s'étaient fixé, le volume d'affaire était quand même, à la fin de l'année, de 3,7 millions de dollars, en monnaie d'aujourd'hui, et le nombre d'employés était passé à deux cent cinquante. Plus que tout, et tout en conservant leurs racines suédoises, les deux fondateurs comprirent bien vite que le développement international était une étape nécessaire à la croissance de l'entreprise et ils se concentrèrent immédiatement sur cet objectif. « L'exportation était le seul chemin envisageable pour survivre, vu les minuscules dimensions du marché suédois. Nous l'avons compris tout de suite », dit Rydholm.

Volvo commença à exporter en 1928, année durant laquelle elle installa sa première filiale en Finlande. Le fait de commencer par un pays voisin et qui n'avait pas encore sa propre marque automobile fut un choix sage et qui porta ses fruits. Cela créa un précédent qui conduisit à une rapide croissance de l'entreprise qui n'a jamais montré de signes de faiblesse dans son histoire. En 1929, en plus d'avoir pour la première fois produit un bilan bénéficiaire, la société développa le premier modèle six cylindres et vendit un total de mille trois cent quatre-vingt-quatre véhicules. Vingt-sept de ces véhicules furent exportés vers différentes destinations, parmi lesquelles l'Argentine et la Palestine, et l'année suivante, Volvo eut suffisamment de fonds pour acheter l'usine de Hisingen qui produisait des automobiles pour la maison-mère SKF.

Les deux fondateurs comprirent bien vite que le développement international était une étape nécessaire à la croissance de l'entreprise et ils se concentrèrent immédiatement sur cet objectif.

La gamme continua de s'enrichir et vers 1931, étaient lancés quatre autres véhicules pour les taxis. La crise économique mondiale avait des répercussions négatives y compris sur le secteur automobile, mais Volvo réussit à prospérer, s'accrochant à ses huit pour cent de parts de marché. En fait, c'est justement cette année-là que l'entreprise distribua leurs premiers dividendes aux actionnaires et acheta une participation majoritaire chez AB Pentaverken, son fournisseur de moteurs.

Un an plus tard, le nombre de voitures fabriquées par la marque Volvo s'élevait à dix mille et l'entreprise commença à produire des véhicules pour la police suédoise. Une gamme de taxis fut même créée avec sept places assises et un toit plus haut pour permettre aux passagers les plus distingués de garder leur chapeau.

Dans le même temps et comme cela avait été prévu et planifié, les exportations devinrent un bon moyen de s'enrichir pour l'entreprise. Sept cent soixante quinze des presque trois mille véhicules vendus furent exportés en 1934, et c'est justement cette même année que Volvo réussit à racheter la dernière part de participation de SKF dans l'entreprise. Exactement un an après, en1935, les actions furent cotées à la bourse suédoise.

De nouveaux défis en perspective

Dans les années précédant la seconde guerre mondiale, Volvo continua son chemin, présentant de nouveaux modèles chaque année, mais avec l'éclatement du conflit, l'entreprise rencontra des difficultés à trouver du carburant et des pièces détachées. Le rationnement de l'essence eut des répercussions et le nombre de véhicules vendus diminua. L'entreprise ne cessa pas pour autant de regarder vers l'avenir et, un ou deux mois après le début du conflit, elle commença à réaliser un nouveau type de voitures capable d'utiliser un carburant moins raffiné appelé *producer gas*, (la recherche en ressources alternatives était déjà en route depuis longtemps). Pendant la guerre, l'entreprise fabriqua des dizaines de milliers de ces automobiles. Leur vente, ainsi que celle des véhicules pour l'armée compensèrent les pertes subies par les voitures traditionnelles. De plus, malgré les problèmes relatifs au conflit en cours, AB Volvo réussit à mener à leur terme et avec succès certains achats, y compris celui d'une part majoritaire dans Svenska Flygmotor AB qui deviendra plus tard Volvo Aero, une société responsable qui produit des moteurs et d'autres pièces pour les avions de lignes, les Jets et les fusées de combat.

En 1944, Volvo put finalement revenir au lancement de ses nouveaux modèles conçus en temps de paix : les véhicules furent présentés à l'occasion d'une grande exposition à Stockholm, qui accueillit plus de cent cinquante mille personnes. Parmi elles, en l'espace de deux semaines, deux mille trois cents commandèrent un des deux modèles, la PV444, poussées par son prix avantageux (le même que la première voiture lancée en 1927). À cause d'une grève prolongée des industries de l'ingénierie, les voitures furent livrées seulement en 1947. Dans le même temps, le coût de la production avait augmenté, et de ce fait la société perdit de l'argent. Malgré tout, à cette époque, l'entreprise comptait déjà trois mille salariés et un volume d'affaires de cent douze millions de couronnes. Les deux années suivantes, après la fin du conflit, Volvo accéléra sa croissance : en 1949, le nombre d'automobiles vendues s'approchait des cent mille, dont deux mille exportées pendant que le nombre des salariés se portaient à six mille.

Une croissance exponentielle

Au début des années cinquante, le vent continua d'être favorable. Le volume d'affaires de Volvo bondit à trois cent dix millions de couronnes suédoises, l'entreprise commença à travailler sur sa première voiture familiale et la PV444, désormais équipée d'un accessoire qui devint un véritable *must* à l'époque, un parasol en plastique connu sous le nom de *gangster cap,* devint la voiture la plus vendue en Suède. Volvo s'était déjà affirmée dans les pays nordiques, au Moyen-Orient, en Amérique du Sud et sur les marchés européens encore dépourvus de firmes automobiles nationales. À cette époque l'Amérique du Nord vint s'ajouter à la liste, de même que divers pays européens avec des entreprises déjà en place comme l'Allemagne, la France et le Royaume-Uni.

Quoi qu'il en soit, les échecs ne manquèrent pas. En 1954, l'entreprise réalisa le prototype de la Volvo sport, une deux places avec une carrosserie en fibre de verre. Principalement destinée à l'exportation, le modèle fit un flop et quand Gunnar Engellau prit le contrôle en tant qu'administrateur en 1956, il en interrompit immédiatement la production, après seulement soixante sept exemplaires fabriqués.

De plus, la mondialisation avait porté avec elle son lot de défis, comme par exemple « trouver le bon importateur ou le bon concessionnaire et convaincre les clients d'acheter une voiture venant d'un petit pays lointain duquel ils n'avaient jamais entendu parler », commente Rydholm.

En faisant spécifiquement référence à l'Amérique du Nord, quelqu'un dit que ce serait comme de chercher à vendre des glaçons aux esquimaux, mais bien vite, Volvo contredit cette thèse, démontrant que même là, il y avait une demande pour des voitures comme la PV444.

En 1956, le modèle préféré des suédois fut exposé au Motor show de New York et dans l'été, plus de cent concessionnaires avaient accepté de le distribuer. En 1963, au regard de la demande croissante, Volvo se résolut à ouvrir sa première usine à l'étranger et l'inaugura à Halifax, au Canada. Investir dans les exportations avait été un excellent choix : la société avait pris la quatrième place des entreprises exportatrices aux États-Unis, ce qui représentait le marché étranger le plus juteux pour la société. Le volume d'affaires avait désormais dépassé les deux milliards de couronnes suédoises, tandis que le nombre de salariés se montait à vingt mille.

Volvo avait pris la quatrième place des entreprises exportatrices aux États-Unis, ce qui représentait le marché étranger le plus juteux pour la société.

Créer une marque

À la fin des années cinquante, l'entreprise continua à développer son produit (ce qui généra par exemple la PV544, évolution de la PV444). Au fil du temps, la marque devint célèbre, sur tous les marchés et indépendamment du modèle, pour ses deux valeurs fondamentales : qualité et sécurité. Ce n'était pas un hasard. Les campagnes publicitaires promouvaient la sécurité comme principal point de force et comme le résultat des études du pôle de recherche. L'entreprise avait toujours été pionnière dans ce domaine, comme Larson le soulaignait déjà en 1936 avec ces magnifiques paroles : « Les automobiles sont conduites par des personnes. Le principe de base de notre entreprise est, et devra toujours être, la sécurité ». En 1959, il fut le premier constructeur automobile à prévoir des ceintures de sécurité à trois points dans l'équipement standard et il les inclut dans les modèles de PV544 et Amazon.

Au cours des années soixante, Volvo apporta d'autres améliorations, en installant pour la première fois des dispositifs comme le servofrein et en créant aussi le premier prototype de siège enfant à fixer sur le siège arrière, dans le sens inverse de la marche. Le dernier modèle, la Volvo 144, possédait des éléments innovants, comme la colonne de direction réglable et des zones d'absorption des chocs ; elle fut élue par les suédois automobile de l'année 1965 et elle obtint un succès retentissant sur tous les marchés internationaux.

« Le principe de base de notre entreprise est, et devra toujours être, la sécurité ».

Les dispositifs de sécurité de Volvo ont également été acclamés dans le monde entier, et obtinrent la médaille d'or de la part de la Swedish Automobile Association (association des automobilistes suédois). Dans les années soixante, le centre national nord-américain pour le contrôle de la sécurité sur les autoroutes acheta plusieurs exemplaires de la Volvo 240 et l'utilisa afin de définir les standards autour desquels devaient s'harmoniser les nouvelles automobiles mises sur le marché.

Dans les années quatre-vingt-dix, Volvo reçut le prix « Prince Michael » grâce à son prétensionneur à amorce mécanique pour les ceintures de sécurité. Les gens étaient de plus en plus conscients des risques pour leur sécurité, vu le nombre croissant d'accidents de la route et par conséquent, les dispositifs mis en place par Volvo représentaient un atout qui avait une incidence positive sur les ventes.

À la fin des années soixante-dix, Volvo était devenue la firme automobile numéro un en Scandinavie, alors que les États-Unis s'étaient substitués à la Suède comme marché principal pour l'entreprise ; dix ans plus tard, elle deviendra la marque la plus importée aux États-Unis. Ce résultat découla d'une série de campagnes publicitaires vouées à attirer en premier lieu l'attention du client sur la qualité et la sécurité du produit.

La XC60, introduite sur le marché à l'automne 2008.

La préoccupation précoce de Volvo concernant les questions environnementales, qui sont aujourd'hui incontournables, est un autre exemple de l'esprit pionnier de l'entreprise. « Aujourd'hui, l'entreprise a l'énorme responsabilité de créer les voitures de demain, qui devront dans le futur garantir le principe de mobilité durable », observe Rydholm. On peut supposer que ce ne sera pas un défi insurmontable pour l'entreprise, elle qui a lancé sa première voiture écologique dans les années quatre-vingt. Modèle hybride qui fonctionnait parfaitement bien, il utilisait une turbine à gaz, un moteur électrique et la technologie des générateurs à grande vitesse ; l'emploi significatif de matériaux recyclables avait toutefois également pour but d'attirer l'attention du monde.

Où en sont-ils maintenant ?

Les deux fondateurs, Assar Gabrielsson et Gustaf Larson, restèrent à la tête de l'entreprise jusque dans les années cinquante, respectivement en tant qu'administrateur général et directeur technique. En 1999, Volvo Cars fut vendue à Ford Motor Company pour cinquante milliards de couronnes : une affaire qui lui garantit encore aujourd'hui les ressources suffisantes pour continuer à investir dans la recherche et le développement. Dans le même temps, une société de financement fut créée, Volvo Trademark Holding AB, possédée conjointement par AB Volvo et par Ford, qui se partagent aussi le contrôle de la marque Volvo et qui établissent ensemble comment et quand l'utiliser.

« Une des raisons qui ont conduit Ford au rachat en 1999 était que Volvo, avec son un pour cent, ne disposait pas du pouvoir économique nécessaire pour rester indépendant sur un marché toujours plus compétitif et dans lequel il y a une course constante à l'innovation technologique », dit Rydholm, lequel ajoute que le nouvel objectif de l'entreprise est « de s'assurer une survie à long terme en créant des produits dans la lignée du principe de mobilité durable ».

Actuellement, Volvo Group comprend Volvo Trucks, Volvo Buses, Volvo Construction Equipment, Volvo Penta, Volvo Aero et Volvo Financial Services, mais les automobiles sont toujours son fleuron. Après son rachat par Ford, l'entreprise a quelque peu périclité, mais en 2010, c'est le Chinois Li Shufu, patron des automobiles Geely, qui racheta Volvo. « Jusqu'à présent, tout va très bien ! » assurent les responsables syndicaux. « Geely a investi massivement et l'entreprise a renoué avec la croissance », explique Glenn Bergström, du syndicat ouvrier IF Metall, membre du comité de direction.

En 2011, les ventes ont progressé de 23 %. Pour les années suivantes, l'objectif est ambitieux : doubler l'activité d'ici à 2020 avec 800.000 véhicules produits chaque année, et quadrupler la production en Chine, à 200.000 unités par an.

«Volvo reste une entreprise suédoise, de droit suédois avec son siège à Göteborg. Geely est Geely, Volvo est Volvo», insiste Björn Sällström, le directeur des ressources humaines. Rydholm conclut : « Volvo Cars a montré au monde qu'il était possible de tracer son propre chemin dans le secteur automobile même si on joue toutes les parties à l'extérieur ; et ce, même si le marché national arrive à peine à couvrir quinze pour cent du volume des ventes, alors que tous les concurrents (à l'exception de Saab) peuvent compter sur un marché assez fort pour représenter leur principale source de revenus ».

Dorling Kindersley

PIONNIERS DE L'ÉDITION

Fondateurs : Peter Kindersley et Christopher Dorling

Âge au moment de la création : 33 ans et 34 ans

Expériences précédentes : directeur artistique et cartographe

Année de la création : 1974

Type d'activité : édition

Pays actuellement concernés : 60

Volume d'affaires et bénéfices : non disponibles

DORLING KINDERSLEY

Peter Kindersley et Christopher Dorling voulaient proposer au monde du papier imprimé une approche nouvelle et rafraîchissante, en introduisant des livres riches en illustrations multicolores dans le panorama éditorial monotone de l'époque. Née en 1974, leur entreprise enregistra un volume d'affaires équivalant à 2,3 millions de dollars (ce qui équivaudrait aujourd'hui à treize millions) dès sa première année de vie : une somme remarquable pour une entreprise tout juste fondée.

Depuis le début, l'entreprise a eu une portée mondiale : la première affaire fut signée à New York, suivie peu de temps après par des accords avec des partenaires européens. Dans les trente années qui suivirent, DK s'affirma en tant que société leader dans le secteur des livres de référence et des manuels illustrés, en dépassant les obstacles énormes qu'elle avait pu rencontrer sur son chemin.

La formation de ses créatures

Après avoir terminé des études de peinture, à seulement vingt deux ans, Peter quitta la maison familiale pour tenter sa chance à Londres. Il travailla dans une petite maison d'édition qui publiait des revues et il y apprit les secrets du métier, lesquels lui seront bien utiles au cours de sa carrière. À vingt huit ans, il devint directeur artistique de la maison d'édition Thomas Nelson, où il rencontra Mitchell et Beazley (fondateurs à leur tour de la maison d'édition de livres illustrés et de référence du même nom). Le petit groupe se créa une pléthore de contacts autour de la maison Thomas Nelson, qui auront une place centrale dans son processus de développement. En 1967, Mitchell et Beazley s'associèrent à Philips, spécialisé dans les cartes géographiques, et Peter y collabora de l'extérieur en qualité de directeur artistique. L'entreprise eut de la chance, cependant au bout de cinq ans, Peter commença à se lasser de la « ligne éditoriale agressive des fondateurs ». Insatisfait, il décida de fonder sa propre maison d'édition ; se remémorant ce choix, il cite sa devise « la nécessité aiguise l'esprit ».

L'éloignement de Peter ne fut pas apprécié par les éditions Mitchell Beazley, qui cherchèrent à l'arrêter en le nommant directeur. Initialement, il dut fonder son entreprise sous le nom de sa femme puisque, avant de mettre son nom à lui sur les papiers, il devait attendre que Mitchell Beazley accepte sa démission. Au talent visuel prononcé de Peter vinrent s'ajouter les compétences commerciales et éditoriales de Christopher Dorling, un ami rencontré chez Mitchell Beazley, et qui fonda avec lui l'entreprise qui devint très vite connue dans le secteur sous le sigle « DK ».

En rêvant en couleurs

Le projet des fondateurs était de créer une entreprise éditoriale qui n'aspire pas à publier des livres exceptionnels et irremplaçables, mais qui crée des collections sur des sujets ordinaires, allant du jardinage à la carte des vins, en passant par les livres pour enfants. Sur ce principe de base, ils mirent particulièrement l'accent sur la qualité des illustrations. Si dans l'édition traditionnelle on constatait une prédominance incontestée du texte, Peter et Christopher voulaient donner à leur jeune entreprise un caractère plus iconographique, enrichissant leurs livres d'illustrations afin qu'ils deviennent source d'informations claires et compréhensibles. Les deux créateurs savaient qu'en donnant une place plus importante aux illustrations il serait facile de traduire leurs publications dans d'autres langues, et c'est pourquoi ils visèrent sans aucune hésitation les marchés étrangers.

Peter Kindersley dans la ferme biologique qu'il dirige dans le Berkshire.

DK fut créée en octobre 1974, derrière la maison de Peter, dans la partie la plus au sud de Londres. Peu après, Christopher Davies, un des rédacteurs de chez Mitchell Beazley s'associa aux deux fondateurs. Tous trois avaient acquis une excellente réputation, ce qui les aida largement dans la phase initiale, surtout dans leurs contacts avec l'Amérique et la Hollande. Au départ, DK s'imposa dans ce que l'on appelle le *book packaging* : elle suggérait des idées pour de nouveaux titres et elle servait d'intermédiaire entre les auteurs et les maisons d'éditions à proprement parler ; elle s'occupait aussi de la vente des droits auprès de différents éditeurs, elle imprimait une grande quantité de titres et les livres étaient ensuite commercialisés par leurs maisons d'éditions respectives, dispersées dans le monde entier. De cette façon, elle pouvait faire circuler un nombre de publications de loin supérieur à celui qu'il lui aurait été possible de distribuer en tant que petite maison d'édition nationale. Il s'agissait d'une façon de faire relativement nouvelle, qui s'appuyait sur la réputation précédemment acquise dans le secteur et sur la qualité des premiers titres parus.

Il s'agissait d'une façon de faire relativement nouvelle, qui s'appuyait sur la réputation précédemment acquise dans le secteur et sur la qualité des premiers titres parus.

Peter lança l'entreprise avec trois titres. Sa première idée découla de l'intérêt qu'il portait à l'évolution : il écrivit à Nigel Calder, auteur déjà confirmé, pour lui commander un livre pour enfants sur ce sujet-là, et c'est ainsi que naquirent *The Origin of Johnny*. Certains que le vin était un thème populaire, Peter et ses associés se tournèrent ensuite vers Pamela Vandyke Price qui écrivit pour eux *The Taste of Wine*. L'auteure était déjà employée par une autre maison d'édition, mais elle décida de la quitter dans la mesure où elle appréciait l'idée de valoriser le texte par de nombreuses illustrations, idée qui heurtait le style traditionnel de son vieil éditeur. Enfin, un auteur renommé, John

Hedgecoe, fut contacté pour réaliser *The Book of Photography*, titre né d'une autre passion de Peter. Les trois livres furent publiés dans un format rempli de graphiques et de photographies, qui deviendront au fil des ans le signe distinctif de la maison d'édition.

Des méthodes alternatives

Armés de ces titres, Christopher et Peter participèrent à la foire internationale du livre de Frankfort. Toutefois, comme ils ne pouvaient pas se permettre d'avoir un stand, ils s'installèrent dans « un hôtel minable du quartier des lumières rouges » et ils envoyèrent leur secrétaire à la foire pour demander aux personnes présentes de faire un saut chez eux en fin de journée. Ils éparpillèrent les livres sur le lit et firent s'installer les visiteurs sur l'unique chaise disponible dans la pièce pour effectuer leur présentation. Le public était rare, mais il était composé d'éditeurs réellement intéressés par leurs livres novateurs, ce qui ne fit que renforcer la preuve de leurs compétences dans ce domaine.

Vu le fort intérêt suscité, après la foire, l'étape suivante fut de prendre contact directement avec les maisons d'édition pour conclure les accords. Peter se souvient qu'ils choisirent New York comme première destination parce qu'ils y avaient déjà travaillé dans le passé et qu'ils avaient acquis l'estime des éditeurs locaux (Peter avait travaillé comme graphiste sur deux publications à grand succès, *The Joy of Sex* et *Hugh Johnson Wine Atlas*). Pour payer le voyage en Amérique, ils persuadèrent la banque de leur faire un crédit de dix mille livres sterling, avec un simple plan d'emprunt et utilisant la maison de Peter comme garantie. Peter raconte qu'en réalité, ils n'utilisèrent pas tout cet argent : dans la phase de démarrage de l'activité, ils avaient puisé dans les dix sept mille livres sterling qu'il avait reçues quand il avait quitté Mitchell Beazley. Ils restèrent trois semaines à New York avant de signer un unique et important contrat avec la maison d'édition Random House, qui décida d'acheter les trois titres. Peter décrit cette opportunité comme « une pointe de chance qui est absolument fondamentale » quand on démarre une entreprise. Christopher et lui avaient conquis les éditeurs avec leur expérience, mais ils avaient surtout derrière eux les meilleures références et des entreprises influentes dévouées à leurs titres. À son retour de la Grosse Pomme, Peter apprit qu'il avait été officiellement licencié de chez Mitchell Beazley, ce qui lui permettait de pouvoir légalement prendre la place de sa femme comme titulaire de l'entreprise.

Une expansion facile

Après s'être adjugé leur premier contrat important, les fondateurs coururent en Hollande, en Italie et dans d'autres pays européens pour vendre les droits de traduction aux maisons d'édition. Les livres illustrés possédaient deux avantages significatifs par rapport à la majorité des autres ouvrages : avant tout, les frais pour la traduction diminuaient proportionnellement à la quantité de texte, et en second lieu, la nature du procédé d'imprimerie faisait qu'il fallait produire une grande quantité de copies pour économiser sur le prix de chacune. La décision de dépenser plus que la normale pour chaque copie originale de façon à produire un livre de meilleure qualité fut un point crucial de leur stratégie d'entreprise. Pour faire en sorte que ce choix soit rentable, ils devaient réaliser plusieurs versions dans différentes langues étalant le prix des somptueuses illustrations sur une grande quantité de livres. Néanmoins, les livres étaient publiés en coédition. Selon Peter, c'est ce qui fut la clé de leur succès. Comme vous pouvez l'imaginer, réussir à coordonner une demi douzaine d'éditeurs situés dans des pays différents de façon à ce qu'ils publient un livre en même temps n'est pas chose aisée. Peter explique qu'il était essentiel dans le déroulement du processus d'employer une grande quantité de main d'œuvre, puis une fois en possession des premières copies du volume, faire confiance à quelques employés capables de parler des langues étrangères pour mener à terme les négociations. C'était une excellente démarche, bien qu'elle soit inhabituelle pour une entreprise britannique, parce qu'elle aidait la négociation avec les maisons d'édition étrangères. Au cours de la première année, DK embaucha un représentant capable de parler cinq langues européennes et une représentante qui parlait parfaitement espagnol ; à l'inverse, la majeure partie des éditeurs britanniques possédaient au maximum une personne bilingue dans leur département commercial. En bref, DK forma une équipe de six représentants qui voyageaient à travers le monde pour finaliser les contrats.

Peter explique qu'il était essentiel de faire confiance à quelques employés capables de parler des langues étrangères pour mener à terme les négociations. C'était une excellente démarche, parce qu'elle aidait la négociation avec les maisons d'édition étrangères.

Tout part en fumée

L'entreprise fit son maximum pour terminer les publications dans les délais prévus. Mais, cependant, le désastre allait surgir. Les typographes hollandais avaient à peine commencé à travailler qu'un violent incendie dans l'imprimerie détruisit tout le matériel de DK. L'accident coûta à l'entreprise des milliers de livres sterling, sans compter que tous ses efforts étaient partis en fumée. Heureusement, les photographies avaient été sauvées, mais tout le reste était à refaire. Chaque employé utilisa tous les moyens mis à sa disposition et, de façon extraordinaire et en dépit de ce gros obstacle, Peter raconte qu'ils réussirent à livrer les livres en Amérique dans les temps.

Une fois publiés, les trois premiers titres connurent des destins différents. *The Origin of Johnny* fut vendu à de nombreux éditeurs à travers le monde, mais au final, Peter se souvient qu' « il ne marcha pas bien » ; *The Taste of Wine* fut surnommé par les rédacteurs « *The Waste of Time* », référence explicite à la perte de temps qu'il avait représenté pour l'entreprise ; on ne peut pas dire la même chose en revanche de *The Book of Photography*. Il fut publié juste au moment où les appareils photos reflex à objectif simple faisaient leur entrée sur le marché, et « ce dont on avait besoin était un bon livre qui enseignait comment les utiliser ». Cet ouvrage fut pour son auteur, John Hedgecoe, une mine d'or. Les éditions DK furent les premières à réaliser un manuel pratique aussi abondamment illustré et riche en conseils sur la photographie. Le livre dépassa le million d'exemplaires vendus et Peter pensa que publier ce livre avait été la meilleure décision de sa vie.

En développant les éditions DK

Un an après sa création, DK transféra ses bureaux à Covent Garden, dans le centre de Londres, où elle resta vingt-six ans. Ses apparitions à la foire internationale du livre de Frankfort les années suivantes furent résolument différentes du début. Agacé par les autres éditeurs qui essayaient de lui voler ses idées, DK fit élever un mur autour de son stand et les clients ne pouvaient entrer que s'ils y étaient invités. Peter se souvient que « les gens l'adoraient. Il les faisait se sentir supérieurs ». Encore une fois, l'entreprise s'appliqua à ce que toutes les nationalités soient bien accueillies, prévoyant pour chaque pays une table avec un représentant de langue maternelle.

En trois ans, la maison d'édition produisit huit titres, trois d'entre eux seront vendus à des millions d'exemplaires.

1982 marqua une étape historique pour l'entreprise puisqu'elle devint une maison d'édition indépendante au Royaume-Uni. La première publication faite sous la marque DK était un livre de premiers secours intitulé *The Red Cross First Aid*, qui fut traduit en plus de vingt langues et vendu à des milliers d'exemplaires. En 1987, après une carrière constellée de succès, Christopher décida de quitter l'entreprise pour poursuivre d'autres affaires. L'année suivante, Peter se rendit compte qu'il y avait un vide dans le marché de l'édition pour les enfants : il n'y avait pas de livres qui racontaient la vraie vie, mais de manière passionnante. De cette observation naquit une collection, Eyewitness Guides, qui compte actuellement plus de cent cinquante titres et qui a vendu plus de cinquante millions d'exemplaires dans le monde entier, ce qui transforma DK en une des entreprises leader de l'édition pour les enfants.

Le siège de DK à Strand, dans le centre de Londres.

De nouveaux horizons

En 1990 après une collaboration avec la revue du « Reader's Gigest », la maison d'édition britannique décida de se lancer sur le marché de l'édition multimédia, et se tourna pour ce faire vers Microsoft. DK devrait fournir les contenus et la grande compagnie nord-américaine ferait le nécessaire concernant le logiciel. Microsoft acheta une part de vingt-six pour cent de DK pour quatre millions de dollars et prêta à l'entreprise deux millions de livres sterling pour créer DK Multimédia, qui lança en 1991 son premier CD-ROM, *Musical Instruments*. Le département multimédia se révèlera essentiel dans le développement de l'entreprise. Bien que ce soit un département très compétitif, il rapporta, en 1996, 31,5 millions de dollars à la société, soit douze pour cent du volume des ventes.

En 1992, DK fut cotée en bourse, vendant dix-neuf millions d'actions pour 23,5 millions de livres sterling (Peter conserva environ cinquante et un pour cent de l'entreprise). À cette période, il lança de nouvelles entreprises parmi lesquelles DK Publishing Inc., qui fonda une maison d'édition en Amérique. Au lieu de vendre les droits à d'autres sociétés, l'entreprise entendait devenir une maison d'édition indépendante à tous les égards. Après des années de *book packaging*, en 1991 DK commença à publier des livres de sa marque, y compris aux États-Unis. Au milieu des années quatre-vingt-dix, elle racheta trois maisons d'éditions : Henderson Publishing, Hugo Language Books Ltd et Acacia, grâce auxquelles elle put être présente dans tous les domaines de l'édition spécialisée. En 1996 son volume d'affaires atteignit quasiment deux cent quatre vingt millions de dollars et c'est à ce moment-là que, selon les actionnaires, Peter annonça que l'entreprise était « sur le point de s'élever au rang de marque ».

Une décision mémorable

Les trois premiers épisodes de la saga de *La Guerre des étoiles* comptent parmi les films les plus populaires de l'histoire du cinéma : de ce fait, quand le lancement d'une seconde trilogie fut annoncé, le public se mit à attendre avec impatience le premier *prequel*, tandis que les entreprises concentraient tous leurs efforts à vendre les produits dérivés du film, parmi lesquels les livres. DK s'octroya le contrat pour la vente des livres officiels de la saga. Il faut faire ici deux remarques préliminaires : avant tout, faire une estimation des ventes pour un nouveau produit n'est pas simple, et en second lieu, les livres illustrés sont généralement imprimés dans le Sud-est asiatique, ce qui induit, après la commande, un délai de trois ou quatre mois avant qu'ils soient prêts. DK avait conscience qu'il s'agissait, dans le domaine cinématographique, du lancement commercial le plus colossal de tous les temps, et de ce fait elle voulait s'assurer de ne pas être à court d'exemplaires une fois donné le départ des ventes. En considérant cela, combien devait-elle en imprimer ? Comme nous le savons, en 1999 DK, prévoyant que les livres seraient véritablement pris d'assaut, décida d'en faire imprimer le nombre colossal de treize millions ; cependant, elle ne réussit à en vendre que trois. Dix millions de copies invendues d'un livre illustré serait un problème pour n'importe quel éditeur ; pour DK, cela fut donc un coup dur. En mars 2000, l'entreprise fut rachetée par Pearson pour presque quatre cent soixante dix millions de dollars. Elle continue à présent de vivre sous l'aile protectrice du Groupe Penguin. La même année, Peter Kindersley se retira,

Quelques livres de DK dédiés à la santé.

après presque quarante ans passés dans l'édition ; aujourd'hui, il s'occupe d'une ferme biologique dans le Berkshire, en Angleterre.

Où en sont-ils maintenant ?

Sous la direction d'Andrew Welham, administrateur général, et avec le soutien de la division des ventes et du marketing de Penguin, DK a réussi à se reprendre après la « catastrophe de *La Guerre des étoiles* ». En plus d'avoir renfloué sa liste des ouvrages de référence publiés, elle a présenté une série de livres d'auteurs parmi lesquels *Rolling with the Stones* de Bill Wyman, le bassiste du fameux groupe de rock britannique. En juillet 2005, Gary June, éditeur possédant une solide expérience dans la vente, le marketing et la création de nouvelles entreprises s'est associé à DK en qualité d'administrateur général. L'entreprise continue à dominer le marché des livres pour les enfants et des ouvrages de référence illustrés pour la famille : parallèlement, elle investit dans d'ambitieux projets internationaux, comme par exemple des volumes de six cents pages sur l'histoire ou l'art.

Actuellement, ses œuvres sont traduites en quarante-quatre langues et elles sont distribuées dans soixante pays, alors que ses Eyewitness sont les guides de voyage les plus vendus au monde. De plus, DK fournit aux jeunes lecteurs des sources mises à jour et innovantes, avec la publication de livres comme *Pick Me Up*, un livre riche en illustrations et aux informations mises en page dans une structure semblable à celle des sites Web, qui rentrent dans la liste des best seller du « New York Times ».

L'innovation est encore au cœur de l'entreprise : les contenus sont disponibles en format numérique sur de nombreuses plateformes, y compris les téléphones portables, le Web et les *eBooks*. De plus DK s'est occupée de réaliser les contenus pour des sujets comme Visa, MSN Latino, Net Trav et même pour le gouvernement danois. Son nom est devenu synonyme de publications illustrées de grande qualité, grâce à l'esprit d'initiative qui anime l'entreprise dans la création de ses produits.

Lonely Planet

UNE FOIS, ALORS QUE JE VOYAGEAIS…

Fondateurs : Maureen et Tony Wheeler

Âge au moment de la création : 22 ans et 26 ans

Expériences précédentes : secrétaire et étudiant à la London Business School

Année de la création : 1972

Type d'activité : édition touristique

Pays actuellement concernés : le monde entier

Ventes et bénéfices : 40 millions de dollars et 75 millions de dollars

LONELY PLANET

Fondée par un couple de jeunes mariés, Maureen et Tony Wheeler, à la suite d'un voyage épique à travers l'Europe et l'Asie, Lonely Planet est l'une des innombrables maisons d'édition indépendantes nées dans les années soixante-dix en réponse au phénomène naissant des étudiants qui faisaient le tour du monde avec un sac à dos. Depuis lors, l'entreprise s'est développée jusqu'à devenir l'une des deux plus grandes maisons d'édition spécialisées dans les guides touristiques ; aujourd'hui il n'y a pas un endroit, y compris ceux dits « difficiles », comme la Birmanie, sur lequel elle n'ait pas publié un ouvrage. Lonely Planet a été reconnue par le quotidien « The Times » comme « la seule et unique créatrice de guides de voyages indépendants », et ses célèbres textes, auxquels se sont ajoutés les programmes télévisés, continuent d'accompagner les gens partout.

En se mettant en route

Comme cela se produit toujours, Maureen et Tony Wheeler tombèrent dans le monde du papier imprimé par pur hasard. De fait, l'idée leur était venue après leur premier voyage : ayant obtenu son diplôme à la London Business School en 1972, Tony décida de goûter, avec sa femme, à un dernier moment d'insouciance avant d'accepter une offre de travail chez Ford Motor Company.

Le couple partit d'Angleterre début 1972 pour vivre l'aventure d'une vie dans un voyage qui devait les emmener en Europe, en Asie et enfin en Australie. Contrairement à aujourd'hui, traverser l'Asie avec un sac à dos et un sac de couchage était quelque chose d'hors du commun.

« Je crois que nous ne connaissions personne qui soit déjà allé en Asie », raconte Tony dans *Once While Travelling: The Lonely Planet Story* (Crimson Publishing, 2008). « Même si je me rappelle un ingénieur de chez Chrysler qui m'avait dit une fois avoir traversé la Turquie au volant de sa voiture de sport, une Triumph Spitfire ».

Nouveaux débuts

C'est à bord d'un yacht que les deux jeunes mariés arrivèrent en Australie en juin 1972 et ils s'y plurent très vite, trouvant un travail et un petit appartement à Sidney. Tony raconte que dès les premiers mois, ils sentaient que leur voyage durerait plus d'un an. « Même maintenant, presque quarante ans plus tard, je peux raconter jour par jour ce que nous avons fait les six derniers mois de 1972. Combien de fois dans la vie vous arrive-t-il de vivre chaque jour aussi intensément ? ».

C'est à ce moment-là que les gens commencèrent à s'intéresser à leur expérience. « Chaque fois que nous allions à une fête ou à un rendez-vous de travail, on nous bombardait de questions à propos de notre voyage : on nous demandait comment nous avions fait, combien ça nous avait coûté, à quoi ressemblait Bali et si l'Afghanistan était un pays dangereux », raconte Tony. Il s'écoula bien peu de temps avant qu'ils ne rassemblent ces informations et qu'ils n'envisagent l'idée de les commercialiser. Le seul problème était de trouver un éditeur, mais Tony avait une solution. « Nous n'en avions pas besoin. Je savais comment faire un livre : nous pouvions le publier par nous-même ».

Tony et Maureen sur la plage d'Exmouth, en Australie occidentale, quelques minutes après leur arrivée sur place.

« Même maintenant, presque quarante ans plus tard, je peux raconter jour par jour ce que nous avons fait les six derniers mois de 1972. Combien de fois dans la vie vous arrive-t-il de vivre chaque jour aussi intensément ? »

Trouver un typographe qui imprime seulement mille cinq cents exemplaires n'était pas chose aisée, mais une rencontre fortuite avec Bill Dalton, propriétaire de Moon Publications, changea radicalement la donne : Bill présenta un ami aux Wheeler, David Bisset, qui possédait une presse typographique dans son sous-sol.

Le premier guide, *Across Asia on the Cheap*, était déjà prêt à être imprimé, mais quel nom donner à la maison d'édition ? Tony se rappelle que « des centaines d'idées » fusèrent, mais LA bonne idée lui vint à l'esprit en chantant un morceau de Matthew Moore, « Space Captain » : « Once while travelling across the sky, this lonely planet caught my eye/Une fois, alors que je voyageais à travers le ciel, une planète solitaire captura mon regard ». En réalité, les vraies paroles disaient « lovely planet », c'est-à-dire « une charmante planète », mais sa mauvaise traduction suggéra aux Wheeler le nom de leur nouvelle maison d'édition : Lonely Planet.

En route vers le succés

Le premier livre obtint un succès immédiat. Après avoir relié les volumes, les deux auteurs/éditeurs convainquirent Angus & Robertson, la plus grande librairie de Sidney de l'époque, d'en prendre cinquante exemplaires, puis ils rendirent visite aux autres librairies du coin. À la fin de la journée, ils avaient vendu plusieurs centaines d'exemplaires, mais surtout ils avaient attiré l'attention de la presse ; de fait, une journaliste de Sidney, fiancée à l'un des libraires, eut connaissance du livre et écrivit une critique à son sujet : c'était exactement la publicité dont ils avaient besoin. « Peu de temps après, suivit une autre critique et nous fûmes invités à une émission de télévision du matin », se souvient Tony. « Ce fut notre première grande leçon sur le pouvoir de la publicité. Bien vite, notre guide ne fut plus seulement dans les rayons, mais également à côté des caisses et dans les vitrines des librairies ».

Dix jours avant la sortie de la première critique, le couple remettait à des clients le dernier exemplaire d'*Asia on the Cheap* et faisait une demande d'impression pour trois mille cinq cents autres. Lonely Planet faisait ses premiers pas hésitants dans le monde.

En voyant les bons résultats de leur premier titre, le couple s'investit dans un nouveau projet, consacré cette fois-ci au Sud-est asiatique. Le livre, *South-East Asia on a Shoestring*, devait raconter l'année de voyage dans cette région sur une moto tout-terrain, une Yamaha DT2 250.

Leur second livre terminé, les Wheeler se trouvèrent confrontés à un problème typique des petites entreprises : les mauvais payeurs. Les taux d'intérêts étaient très élevés et un distributeur en Nouvelle-Zélande leur devait encore de l'argent sur leur premier guide.

Alistair Taylor avait vendu de nombreux exemplaires du livre, mais il ne les avait pas encore payés et la question devenait vraiment problématique, se souvient Tony. « Les avertissements courtois n'avaient rien donné, pas plus que l'intervention des avocats. À la fin, Alistair avait simplement déclaré qu'il n'avait pas l'argent ». Ne s'avouant pas vaincu, le libraire néo-zélandais leur proposa une sorte d'échange, qui prenait modèle sur l'esprit hippy typique des années soixante-dix, et qui à partir de là inspirerait les Wheeler dans la conduite de leur entreprise. « Il nous a demandé si nous étions intéressés par quelques titres qu'il n'avait pas réussi à vendre en Nouvelle-Zélande ».

Ainsi, en mai 1974, « l'affaire aboutit », continue Tony. Le couple reçut quatre cents exemplaires sur comment construire un dôme géodésique, intitulé « Great Circles », et trois cents exemplaires d'un livre sur Jimi Hendrix. Tous furent vendus. « Des mois plus tard, les magasins de Melbourne continuaient de nous demander d'autres exemplaires du livre sur Hendrix ». dit Tony qui s'en amuse.

À la fin de l'année 1975, Lonely Planet était prête à réimprimer *Across Asia* et *South-East Asia* avec un tirage de dix mille exemplaires par titres. Comme leur demande de prêt avait été refusée, les Wheeler se tournèrent vers les parents de Tony, qui acceptèrent de leur prêter quatre mille livres sterling et se portèrent garants pour leur crédit bancaire. « Pendant des années, cela a constitué la somme totale de nos prêts bancaires ».

Difficultés croissantes

En 1979, les Wheeler se rendirent compte que, vu l'ampleur prise par l'entreprise, leur appartement n'en était plus le siège adéquat, et de ce fait, ils transférèrent Lonely Planet dans un bureau à Melbourne. À ce moment-là, ils comprirent que la marque commençait à prendre de la valeur.

C'est justement à cette époque qu'ils décidèrent d'accueillir une nouvelle personne dans leur équipe : Jim Hart s'associa avec eux juste au moment où sa maison d'édition d'origine, Rigby Books, une des plus influentes sur le marché australien, coulait à pic. « À un moment, en 1979, il fut conclu que Jim achèterait vingt-cinq pour cent des publications de Lonely Planet, pour une somme non précisée, à lui communiquer dans un laps de temps indéterminé », explique Tony. Le vrai problème, ajoute-t-il, était de fixer le montant de son salaire. À l'époque, même si l'entreprise avait un chiffre d'affaires d'environ cent vingt mille dollars, elle connaissait encore bien des préoccupations financières. « Cette somme suffisait pour les factures, les droits d'auteurs et les salaires, et pour nous permettre une vie aisée, mais payer Jim n'allait pas être facile », continue Tony.

Le problème s'aggrava quand « Jim arriva au travail en se plaignant de voir double : il alla chez un oculiste, qui l'envoya chez un généraliste, qui l'envoya chez un spécialiste. Un scanner du cerveau révéla la présence d'un anévrisme cérébral, une veine dilatée qui pouvait facilement se rompre et engendrer un infarctus ou pire, et Jim fut hospitalisé ». D'autres difficultés naquirent avec l'arrivée de la première fille des Wheeler, Tashi.

Début 1981, avec Jim hors de combat et «l'arrivée d'une fille qui ne dormait jamais », Tony se retrouva non seulement avec une double charge de travail, mais également avec une myriade de nouveaux projets à mener pour augmenter les recettes et garantir à tous de quoi vivre convenablement. « Lonely Planet était encore au bord du désastre », se souvient Tony. J'essayais d'être partout en même temps et pour tout résultat, j'avais l'impression d'être une loque ».

« Heureusement, après la publication de notre premier guide consacré à l'Inde, les choses commencèrent à aller dans le bon sens », poursuit-il. « Nous avions tout parié sur ce seul titre, un guide beaucoup plus riche et plus complexe que tous ceux publiés jusqu'alors. Par chance, ce fut un énorme succès qui se vendit à bien plus d'exemplaires que n'importe quel autre titre et à un prix résolument plus élevé ».

De nouveau sur le droit chemin

L'entreprise reprit sa course, qui l'amena en 1982 à publier une nouvelle version haute en couleurs de son guide sur l'Australie : les « misérables » cent quatre-vingt-douze pages de l'édition originale s'étaient transformées en cinq cent soixante-seize pages revues et corrigées. Le livre fut lancé avec l'à-propos caractéristique de Lonely Planet : peu de temps après, la sortie du film *Crocodile Dundee* donnera une grosse impulsion au tourisme en Australie et génèrera la vente de soixante mille exemplaires.

Ce fut plus ou moins à cette époque que la maison d'édition décida de faire son

L'équipe toujours plus nombreuse de lonely Planet devant ses bureaux de Richmond, à Melbourne, en 1981.Tony est agenouillé au centre tandis que Maureen tient dans ses bras la petite Tashi.

entrée dans l'ère numérique, en achetant quelques ordinateurs. Au début, l'arrivée de ces instruments causa quelques soucis : les employés devaient réorganiser leur travail et prendre l'habitude de travailler différemment. « Avant, il y avait une plus nette séparation entre le travail rédactionnel et le travail graphique : les rédacteurs s'occupaient des contenus, les graphistes s'occupaient de leur bonne mise en page », observe Tony. « De manière inattendue, toutes les décisions dépendaient à présent des ordinateurs, mais qui les contrôlait ? ».

Une fois cette période de stabilisation passée, les Wheeler fixèrent leur attention sur le marché américain, et en 1984, ils déménagèrent pour San Francisco. « Si on regarde en arrière, la décision d'ouvrir un bureau aux États-Unis pour se développer outre-Atlantique était très courageuse, mais aussi risquée, parce qu'à l'époque, le personnel de Lonely Planet se résumait à moins de douze personnes, une base bien faible pour une opération multinationale », se souvient Tony.

« Si on regarde en arrière, la décision d'ouvrir un bureau aux États-Unis pour se développer outre-Atlantique était très courageuse, mais aussi risquée. »

Risquée ou pas, la flotte des Wheeler, avec un nouveau passager à son bord, la petite Kieran (née depuis moins d'un an) appareilla à Berkeley, en Californie, en 1984 ; ils étaient convaincus qu'ils ne pourraient pas développer un vrai marché sans s'imposer d'abord aux États-Unis. « Notre plan était simple : Maureen et moi nous irions à San Francisco afin d'ouvrit un bureau et de trouver le personnel pour le gérer, puis nous rentrerions en Australie et nos ventes se seraient multipliées », explique Tony.

Naturellement, c'était plus facile à dire qu'à faire. Le premier obstacle fut d'obtenir les autorisations : à la fin, une fonctionnaire de l'ambassade américaine leur conseilla, officieusement, d'aller aux États-Unis avec un visa de six mois, plutôt que de suivre la procédure officielle. « Oubliez de le faire légalement », dit-elle à Tony. « Sinon vous vous ferez piéger par la bureaucratie sans pouvoir obtenir vos visas ».

Les ventes n'augmentèrent pas comme ils l'avaient espéré, et le couple comprit qu'il devait mettre en place un vrai réseau de distribution. Ils embauchèrent Robert Sheldon, « un personnage qu'on n'oublie pas facilement », pour s'en occuper. « Ce n'était un secret pour personne que sa carrière avait été, pour ainsi dire, mouvementée. Je ne me souviens pas exactement comment il est entré chez Lonely Planet, mais ce qui est sûr c'est que très vite il se retrouva en travailleur indépendant comme consultant à mi-temps », se souvient Tony.

Début mars de l'année suivante, le siège nord-américain commença à voir son marché augmenter progressivement, mais il était encore, selon Tony, « un gouffre financier ». La famille dut également faire face à un autre problème : les visas étaient sur le point d'expirer. « Nous avons imaginé un moyen simple pour contourner l'obstacle : nous quitterions le pays pour quelques mois et nous reviendrions avec un nouveau permis de six mois sur nos passeports ».

Sur le chemin du retour

En juin 1985, les Wheeler rentrèrent en Australie, où ils trouvèrent leur entreprise transformée. Leur collaborateur, Jim Hart, « avait fait un travail génial, non seulement en faisant avancer l'entreprise mais surtout en l'agrandissant », dit Tony. Et il continue : « Je me suis comporté avec insouciance, comme si nous étions revenus aux commandes ». Attitude qui aboutit à quelques disputes avec Jim.

Toutefois, en peu de temps, les choses rentrèrent dans l'ordre, après s'être occupé de quelques petits tracas concernant le bureau des États-Unis, Tony décida qu'il avait besoin d' « un voyage ressourçant ». Quel meilleur endroit pour le faire que l'Inde, ce qui offrait en plus l'occasion rêvée pour mettre à jour un de leurs guides les plus connus ?

Ce fut une expérience étrange pour Tony : non seulement il fut attaqué par une vache aussi « sacrée » que féroce qui lui cassa deux côtes mais ce fut également la première fois que quelqu'un lui disait avoir entendu parler de sa mort. Un épisode qui devait se répéter à partir de là à chacun de ses voyages, comme une sorte de sortilège.

« Un après-midi, j'étais assis au restaurant de l'hôtel avec un groupe de gens, quand un couple me dit que, une semaine avant, dans le sud de l'Inde, il avait entendu dire que j'avais été tué. Je ne me souviens plus comment, mais je crois qu'ils parlaient d'un accident de train. Nous en avons plaisanté, mais deux semaine après, dans un restaurant au bord du lac à Pushcar, un autre couple me raconta une histoire semblable, à part que la raison de ma mort était totalement différente. On a ri de nouveau mais, si m'entendre dire que j'étais mort une fois me sembla étrange, la seconde fois me sembla être une coïncidence vraiment absurde ».

L'année suivante, le difficile travail entrepris pour s'implanter dans le marché américain commença à porter ses fruits. « La liste s'était allongée d'un tiers, mais les ventes, elles, avaient augmenté de cent pour cent, et pour la première fois, nous avions fait un bénéfice considérable », explique Tony.

Il n'y avait pas de doute : la maison d'édition avait capturée l'imagination des voyageurs du monde entier. En 1991, ils décidèrent de débarquer aussi en Europe. En fait, observe Tony, « nous avons ouvert un bureau en Europe bien avant d'y arriver avec nos guides ».

Il n'y avait pas de doute : la maison d'édition avait capturée l'imagination des voyageurs du monde entier.

Lonely Planet aura vite fait de combler ce vide : l'idée de faire des guides sur le vieux continent remonte à 1987, et en 1993, les premiers sur l'Europe scandinave, occidentale orientale et méditerranéenne furent lancés et bientôt tous disponibles en librairies.

En réalité, si d'un côté les ventes dépassèrent leurs attentes et que le lancement se déroula « plutôt comme prévu », de l'autre la publication des guides n'eut pas un grand écho. L'effet produit par le guide sur la Grande-Bretagne, lancé deux ans plus tard, fut bien différent : le « Sunday Times » publia un article dans lequel il reprenait en détails toutes les critiques faites sur le Royaume-Uni, du mauvais goût de la Reine en matière de décoration d'intérieur au retard de croissance du Land's End, en Cornouailles. La publicité qui s'ensuivit ne vint pas seulement du Royaume-Uni, mais aussi d'Australie et du Canada : la première attribua la susceptibilité des Britanniques à un comportement colonialiste pas du tout éteint ; la seconde trouvait la dispute entre les deux pays intéressante. Même l'écrivain Germaine Greer « avança l'hypothèse selon laquelle l'auteur de la partie sur Cardiff en avait loué les beautés parce qu'il avait dû rencontrer un bon plan cul dans cette ville, alors que l'auteur de la partie sur Coventry, c'est-à-dire moi, « n'avait assurément pas eu la même chance ». Le fait que Germaine Greer fasse des commentaires sur ta vie sexuelle est un bel hommage », plaisante Tony.

La crainte de la concurrence était une des raisons pour lesquelles Lonely Planet s'était déplacé en Europe. Penguin Books avait une part majoritaire de Rough Guides : « notre concurrent principal sur le marché britannique avait maintenant une mère bien riche », se souvient Tony. Penguin semblait défier leur marché, en réduisant de façon drastique les prix de ses produits : il fallait faire quelque chose. « Nous avons décidé d'affronter la situation de face. Nous avons fait la liste de leurs publications déjà en vente, et nous avons décidé de produire un titre pour chacune d'entre elles, en commençant par les premières de la liste pour finir par les dernières ». Le résultat fut que, en 2000, Lonely Planet avait plus de titres sur l'Europe que ses rivaux.

Un taxi customisé pour marquer le lancement du nouveau guide de Lonely Planet sur Londres, en 1998.

Une nécessaire vertu

À cette époque, l'entreprise arriva au stade où, comme le dit Maureen, « les élèves dans les écoles de management utilisent ton entreprise comme objet d'étude ». Steve Hibbard, justement élève, se proposa pour une collaboration de six mois pendant lesquels il aurait analysé les moyens de rendre l'entreprise plus performante. Il finit par rester avec eux dix ans en tant qu'administrateur.

Steve était déjà dans l'équipe quand Lonely Planet fit une erreur qui aurait pu ruiner sa réputation. Les fautes d'orthographe sont une plaie banale pour les maisons d'édition mais quand l'entreprise se rendit compte de cela sur la couverture de Western Europe, elle se trouva face à un dilemme. « Nous imprimions quarante mille exemplaires de ce volume de presque mille quatre cent pages, quand nous avons découvert que la quatrième de couverture qui en annonçait orgueilleusement le contenu disait « Westen Europe » au lieu de « Western Europe ».

Il fallait décider soit d'envoyer à la benne tous les exemplaires imprimés, soit de coller un adhésif pour cacher la coquille ou tout simplement admettre l'erreur, mais Lonely Planet fit encore mieux : elle retourna la situation à son avantage.

Sur une idée de Tony, on inséra un marque-page qui représentait une vignette dans laquelle deux jeunes magasiniers discutaient à propos de la graphie de « western » : « Il semble que quelqu'un ait fait une co***erie », disait l'un des deux. La vignette suivante représentait une scène imaginaire de réunion éditoriale. Un mystérieux administrateur appelé Steve suggérait : « On pourrait tout simplement avouer, insérer un erratum et plaisanter un peu dessus ». Cette initiative eut un retour publicitaire formidable et en peu de temps, les exemplaires du guide furent épuisés. « Quelques articles de journaux envisagèrent même l'hypothèse selon laquelle ce volume pouvait devenir un objet de collection », dit Tony.

Ce fut probablement cette attitude téméraire qui conduisit la marque à devenir une des pionnières dans le domaine de la technologie. En octobre 1994, pendant la semaine de réjouissance organisée pour son vingt deuxième anniversaire, Lonely Planet lança son site Web. Mis en ligne un mois avant Yahoo ! il fut parmi les premiers à exposer des annonces publicitaires et peu de temps après ses débuts, il remporta le prix « Webby ».

Depuis lors, la technologie a joué un rôle primordial dans la diffusion de son nom. Le forum du site, appelé « Thorn Tree », est devenu une étape fondamentale pour les voyageurs du monde entier qui cherchent et partagent des informations. Tony devint aussi un des premiers *bloggers* quand, au cours d'une virée en Amérique, il prit son ordinateur portable avec lui et qu'il commença à publier un journal en ligne.

La technologie a joué un rôle primordial dans la diffusion de son nom.

En 1992, les Wheeler furent contactés par une maison de production audiovisuelle, Pilot Productions, afin de réaliser une émission sous le label Lonely Planet. Une fois les financements nécessaires obtenus, la série fut lancée sur Channel 4 et même si, comme le souligne Tony, « elle ne fut pas très rentable », elle donna un relief par la suite à ce qui était en train de devenir un label populaire sur le terrain du multimédia.

Un autre coup dur

Les derniers mois de 2001 furent sans l'ombre d'un doute la période la plus critique de l'histoire de Lonely Planet. Il y avait eu bien du chahut à la suite de la décision de Jim Hart de quitter la société fin 1998, mais les choses étaient rentrées dans l'ordre quand l'entreprise avait accueilli John Singleton, connu sous le nom de Singo, un intrépide entrepreneur publicitaire d'origine australienne. Toutefois, quand les Tours Jumelles tombèrent, entraînant avec elles un nuage de poussière et un vent de panique, bien des espérances de l'entreprise s'effondrèrent avec elles.

Le 11 septembre apporta avec lui de nouveaux défis : les gens étaient terrorisés à l'idée de prendre l'avion ou d'abandonner la relative sécurité de leur domicile. Après cette date, s'ouvrit une période d'incertitudes. Le tourisme était au point mort et Lonely Planet prit immédiatement des mesures. « Le matin du 12 septembre, alors qu'aux États-Unis c'était encore le début de l'après-midi, on s'est mis d'accord pour faire une réunion d'urgence », se souvient Tony. Il était sûr que le secteur des voyages serait durablement affecté et nous avons immédiatement commencé à imaginer comment limiter les frais. Nous avons arrêté la newsletter trimestrielle gratuite, nous avons remis à plus tard la réalisation des guides dédiés à des régions plus « problématiques », ainsi que la réédition des vieux titres, nous avons suspendu les embauches et nous avons commencé à réfléchir à comment réduire les coûts par la suite ».

Après la tragédie des États-Unis, il y eut le bombardement de Bali et l'invasion de l'Iraq, l'attaque terroriste de Madrid et l'épidémie de SARS qui infligèrent d'autres coups durs à la maison d'édition, la contraignant à des coupes significatives du personnel aux États-Unis, au Royaume-Uni et même en Australie en 2003.

Il devait y avoir, par la suite, d'autres changements pour Lonely Planet. En octobre 2007, les Wheeler vendirent leur label à la BBC Worldwide pour soixante-quatorze millions de dollars, tout en gardant une participation de vingt-cinq pour cent. L'initiative de la BBC fut un objet de controverse : le public, comme il payait sa redevance, se demandait si c'était avec son argent que la BBC finançait l'entreprise privée.

À l'inverse, les deux fondateurs se dirent qu'il s'était agi là du meilleur choix. Dans une interview pour le quotidien « The Times », ils dirent : « Nous vieillissons. La transaction nous permettra d'assurer un long avenir à notre entreprise au sein d'un groupe médiatique connu dans le monde entier. Nous avons le sentiment que la BBC Worldwide peut être pour nous une plateforme cohérente avec nos valeurs et nos objectifs, ce qui nous permettra d'emmener l'entreprise à un niveau supérieur.

Où en sont-ils maintenant?

Même si les Wheeler ont vendu la majorité de leurs actions, Lonely Planet continue d'être une référence pour les voyageurs du monde entier. Début 2008, l'entreprise a dû résoudre un petit problème quand un auteur malhonnête a déclaré qu'il « n'avait même pas visité » les pays sur lesquels il écrivait, affirmant qu'il avait « pris ses informations

Maureen et Tony célébrant le treizième anniversaire de Lonely Planet avec la réédition de leur premier guide South-East Asia on a Shoestring (avec l'aimable autorisation de Fairfaxphotos).

d'une fille » qu'il fréquentait. En réalité, il avait été chargé de s'occuper de la partie historique du guide, travail pour lequel il n'était effectivement pas nécessaire de faire des recherches sur place. Un couac ridicule qui n'a pas ralenti le développement de l'entreprise, laquelle a continué à publier des guides, des guides de conversation et des cartes en huit langues, s'appuyant sur cinq cents salariés au sein des trois sièges et sur plus de trois cents auteurs. Tony et Maureen affirment que Lonely Planet s'inspire encore de la philosophie de leur premier guide, *Across Asia on the Cheap* : « La seule chose qui compte c'est de décider de partir, parce qu'alors, le plus gros est fait. Alors, mettez-vous en route ! ».

Néanmoins, ses performances financières auraient dernièrement souffert de l'appréciation du dollar australien, des regroupements au sein du monde de l'édition et de la récession mondiale ayant affecté le secteur du tourisme. En 2013, la BBC Worldwide a donc décidé de se séparer de l'entreprise et c'est la société américaine NC2 Media qui l'a racheté. La cession s'est effectuée à perte, contre 51,5 millions de livres, soit 60 % de moins que la somme déboursée au moment de l'acquisition par la filiale internationale.

Le nouveau propriétaire de Lonely Planet a immédiatement annoncé à ses salariés une vaste réorganisation qui devrait se traduire par le licenciement d'environ 80 personnes sur 400. NC2 indique vouloir se concentrer sur le développement digital de l'entreprise et sur la construction d'un nouveau *business model*. De nouvelles sources de contenus, comme la communauté des internautes, contribueront avec les auteurs à la fabrication de Lonely Planet.

Hilton Hotels

VENEZ CHEZ NOUS

Fondateur : Conrad Hilton

Âge au moment de la création : 32 ans

Expériences précédentes : directeur d'une pension, secteur bancaire

Année de la création : 1919

Type d'activité : hébergement hôtelier

Pays actuellement concernés : soixante-dix-sept pays et territoires

Chiffre d'affaires : 9,4 milliards de dollars (2012)

HILTON HOTELS

Conrad Hilton avait le projet d'acheter une banque quand il acheta son premier hôtel en 1919. Aujourd'hui, quasiment un siècle plus tard, Hilton Hotels Corporation est synonyme d'hôtellerie de luxe, d'accueil et d'assistance pour les clients, avec ses plus de trois mille hôtels et ses cinq cent mille chambres distribuées dans soixante-quatorze pays et territoires du monde entier. L'entreprise a été à l'initiative de bien des innovations dans le domaine de l'industrie hôtelière, et la motivation de Conrad « qui a été et est toujours de remplir le monde de la lumière et de la chaleur de l'hospitalité » est toujours présente.

Tout commença avec le Mobley…

Les débuts de Conrad dans l'industrie hôtelière furent pour le moins modestes : il aidait son père à gérer une auberge avant que la guerre n'éclate et qu'il ne soit appelé aux armes. La pension était une trouvaille de son père qui pensait résoudre les problèmes financiers de la famille en louant les chambres que ses sept enfants avaient libérées en quittant la maison.

En 1919, Conrad acheta un hôtel, le Mobley, à Cisco, au Texas. Sa première intention était d'acheter une banque et il avait déjà rassemblé une partie de la somme conclue avec le directeur et la part restante devait provenir de quelques amis. Cependant, le directeur augmenta son prix et Conrad se retira de l'affaire. Cette nuit-là, il décida de s'arrêter au Mobley, mais les chambres étaient toutes occupées ; c'était l'époque du boom pétrolier et, vu la forte demande d'hébergement, l'hôtel louait les chambres avec un roulement toutes les huit heures. Conrad se rendit compte que louer une chambre trois fois dans la journée était bien mieux que de diriger une banque, et il chercha donc le propriétaire pour lui proposer l'affaire. Monsieur Mobley accepta volontiers de vendre son hôtel puisqu'il avait l'intention de se consacrer au florissant secteur pétrolier, et Conrad utilisa le capital qu'il avait économisé pour la banque (trente-cinq mille dollars).

Conrad se rendit compte que louer une chambre trois fois dans la journée était bien mieux que de diriger une banque.

Conrad se mit immédiatement au travail pour faire des améliorations dans l'hôtel. En prêtant attention aux exigences des clients, il se rendit compte que la plupart d'entre eux avait besoin de manger rapidement pour retourner au plus vite sur les gisements de pétrole ; il substitua donc au restaurant un service de fast-food et il transforma la salle en nouvelles chambres pour l'hôtel.

Un an plus tard, Conrad avait déjà atteint le point d'équilibre, il pouvait donc s'occuper d'investir pour accroître son entreprise. Il aspirait à une chaîne d'hôtels au Texas, qu'il voyait comme un marché potentiellement rentable, mais il n'avait pas encore l'idée d'un développement plus généralisé.

C'est en 1923 qu'il développa pour la première fois l'idée des hôtels Minimax. Après avoir attentivement analysé les infrastructures présentes dans tout le sud-ouest des

États-Unis et au Texas en particulier, il fut convaincu que le marché avait besoin d'une chaîne d'hôtels de luxe, qui offrirait au public un service impeccable et un accueil incomparable à moindre coût.

Avec ce concept bien défini dans son esprit, en 1924, Conrad démarra la construction du premier hôtel de la chaîne, l'hôtel Hilton de Dallas. Ouvert en 1925, il connut un succès immédiat, au point que Conrad commença sur le champ à chercher un endroit pour une nouvelle structure.

Il se concentra sur la région occidentale du Texas, une zone en pleine expansion, et il fut impressionné par la ville d'Abilene qui fut choisi, après une soigneuse analyse de la situation, comme siège du second hôtel de la série. Cette infrastructure moderne, qui comptait deux cent soixante-quinze chambres, ouvrit ses portes en septembre 1927. Conrad continua en rachetant l'hôtel Melba à Fort Worth et le Waldorf de Dallas. Il restaura ces vieux hôtels qu'il appelait ses « vieilles veuves » pour remettre en lumière leur beauté originelle.

Son succès fut le résultat de sa vision novatrice. Il se dit que dans les premiers temps, il ne rachèterait que des hôtels qui avaient acquis une certaine réputation, affirmant : « j'achète de la tradition et j'en tire le maximum ».

La Grande dépression

La Grande dépression frappa aussi l'industrie hôtelière et eut de graves conséquences sur l'entreprise de Conrad. Il avait programmé d'ouvrir un nouvel hôtel par an. Il avait depuis peu annoncé le projet de construire un hôtel de 1,75 millions de dollars à El Paso quand le marché des actions s'effondra. Il perdit presque tout : avec une dette de cinq cent mille dollars sur les épaules, il fut contraint de se séparer de bon nombre de ses propriétés. À la même époque, Conrad dut affronter un autre coup dur, puisque sa dévotion totale à son entreprise lui coûta son mariage. Mary Hilton et lui divorcèrent en 1934.

N'ayant pas pu éponger ses dettes, Conrad dut céder ses hôtels à la famille Moody, propriétaire d'une chaîne concurrente, afin d'en empêcher la saisie. L'accord avec ces nouveaux associés fixa la naissance de la National Hotel Company, résultat de la fusion des chaînes Hilton et Moody. La gestion du portefeuille et la propriété d'un tiers de la NHC fut confiée à Conrad, mais les relations conflictuelles avec les Moody conduisirent à la dissolution de l'entreprise en 1934. Une petite somme d'argent et trois hôtels de la chaîne lui revinrent, grâce auxquels il repartit pour contribuer une fois encore au développement et à la croissance de la société Hilton, soutenue cette fois par une forte reprise de l'économie.

Il perdit presque tout : avec une dette de cinq cent mille dollars sur les épaules, il fut contraint de se séparer de bon nombre de ses propriétés.

En 1937, il avait réussi à relever l'entreprise, en payant ses dettes grâce aux revenus de quelques investissements qu'il avait fait quelques années plus tôt dans le pétrole et en achetant huit nouveaux hôtels.

Un groupe de managers était resté à ses côtés pendant la Dépression, gérant ses propriétés contre le gîte et le couvert, sans percevoir de salaire pendant une longue période. Avant et après la Dépression, il leur conseilla de chercher des investisseurs, de nouvelles propriétés et de nouveaux marchés pour développer l'entreprise, alors que pendant la crise économique, il compta sur son équipe pour maintenir les standards qualitatifs de la société malgré les importants coûts de fonctionnement.

Retour en selle

En 1938, Conrad racheta un hôtel de San Francisco, le Francis Drake : premier de la chaîne qui n'appartenait pas à l'État du Texas, il inaugura une période d'expansion internationale puis mondiale qui s'est prolongée jusqu'à nos jours. Il ne fut pas question d'une stratégie de croissance mais avant tout d'une affaire en or : la construction de l'hôtel avait coûté quatre millions de dollars et on le lui offrit pour deux cent soixante-quinze mille. Ce fut également la consécration définitive des hôtels Hilton comme hébergements de luxe, destinations idéales pour les voyages d'affaires.

L'entreprise s'enracina sur tout le territoire des États-Unis, devenant la première chaîne d'hôtels à être présente « d'un bout à l'autre » ; en 1943, elle établit son siège central à Los Angeles et elle ouvrit différents hôtels à New York, achetant entre autres le Roosevelt et le Plaza.

En 1938, Conrad racheta le Francis Drake : ce fut la consécration définitive des hôtels Hilton comme hébergements de luxe.

En 1946, Hilton Hotels Corporation fut enregistrée et l'année suivante elle devint la première entreprise hôtelière cotée à la bourse de New York ; Conrad en détenait une part majoritaire pour une valeur de plus de neuf millions de dollars.

En 1949 il réalisa un de ses plus vieux rêves en achetant l'hôtel Waldorf Astoria de New York, « le plus grand de tous » : il avait gardé longtemps la photo de l'imposant bâtiment dans son portefeuille.

Offrir l'hospitalité dans le monde entier

1949 vit l'entrée de l'entreprise dans l'arène internationale avec l'ouverture du Caribe Hilton à Porto Rico ; ce tournant conduisit aussi à la constitution d'une société indépendante, la Hilton International avec à sa tête toujours le même Conrad.

En 1953 fut inauguré le premier hôtel européen de la chaîne, mais cela ne détourna pas l'attention de Conrad du marché des États-Unis ; l'année suivante, l'entrepreneur texan acheta la Statler Hotel Company pour cent onze millions de dollars : ce fut la transaction immobilière la plus coûteuse de l'histoire, en tout cas jusqu'à présent. Avec une telle acquisition le nombre des hôtels du patrimoine Hilton monta à vingt-huit.

Le Waldorf Astoria, « le plus grand de tous », fut acheté par Conrad en 1949.

L'ouverture du premier hôtel en Afrique en 1959 et la construction de l'hôtel le plus haut du monde à Londres, le London Hilton de Park Lane, en 1963 furent d'autres étapes historiques dans l'ascension Hilton. En 1966 la presse dit que Conrad avait l'intention de construire des hôtels dans toutes les grandes villes du monde.

En 1964, Hilton international se sépara de la société-mère, Hilton Hotels Corporation, qui resta sous la présidence de Conrad Hilton. D'après l'accord conclu, HHC devait avoir l'exclusivité sur la marque aux États-Unis tandis que Hilton International devait pouvoir l'utiliser dans tout le reste du monde. Aussi bien l'entreprise nationale que l'entreprise internationale continuèrent à contribuer à la progression du secteur d'activité, dans la droite ligne de la philosophie de son fondateur, en obtenant toutes les deux d'excellents résultats.

La fin d'une époque

Barron Hilton prit le contrôle de Hilton Hotels Corporation en qualité de président et administrateur général en 1966. L'année suivante, il convint son père, actionnaire majoritaire de Hilton International, de vendre ses parts à Trans World Airlines (TWA) en échange d'une participation dans TWA. Barron, passionné d'aviation, croyait que la valeur des titres de TWA augmenterait, elle s'effondra au contraire.

Parti d'un modeste hôtel au Texas, Conrad Hilton avait travaillé dur, six jours sur sept, pour construire un empire qui, quand il mourut en 1979 à l'âge de quatre vingt onze ans, comprenait bien cent quatre vingt cinq hôtels aux États-Unis et soixante quinze autres éparpillés dans le monde. « Je suis convaincu que, pour faire de grandes choses il faut avoir de grands rêves. Certes ils doivent s'inscrire dans le progrès, qu'il soit humain ou divin, sinon tu gaspilles tes prières. De plus, ils doivent être soutenus par un dur labeur et par la foi. Peut-être faut-il aussi une pointe de chance. Mais je suis sûr que, sans une vision d'ensemble, on ne va pas bien loin. »

Hilton International et l'expansion mondiale

Hilton International, après qu'elle eut survécu à son passage de TWA à UAL Corporation, fut finalement vendue à une compagnie britannique, le Ladbroke Group, en 1987. En 1999, ce groupe en changea le nom pour Hilton Group plc.

En 1987, le Hilton Group avait acquis un rythme de croissance suffisamment élevé pour dépasser n'importe quelle autre chaîne d'hôtels au Royaume-Uni.

Après s'être séparé de la société-mère, Hilton International continua son expansion mondiale, ouvrant des hôtels en Australie en 1969, à Singapour en 1970 et au Japon en 1984. En 1972, l'entreprise allongea sa liste d'infrastructures de luxe avec l'ouverture d'un « hôtel safari » au Kenya. Mais ce qui servit le plus à l'image de la marque fut le choix de John Lennon et Yoko Ono de loger à l'Hilton d'Amsterdam pour leur fameux « bed-in for peace » en 1967.

En 1987, Hilton Group avait acquis un rythme de croissance suffisamment élevé pour dépasser n'importe quelle autre chaîne d'hôtels au Royaume-Uni, succès qui alimenta son développement sur le plan international, conduisant à l'ouverture du premier hôtel chinois inauguré en 1988 à Shanghai.

En 1994, la société annonça ses plans pour le futur : elle ajouterait quarante nouvelles structures aux deux cents déjà existantes, en se focalisant la plupart du temps sur la réalisation d'hôtels de luxe situés dans les grandes villes, dans les aéroports internationaux et dans les villages touristiques de haut niveau.

En continuant à innover

Pendant que Hilton international, plus tard connu sous le nom de Hilton Group, augmentait son rayon d'influence, Hilton Hotel Corporation poursuivait son rôle de promoteur de l'innovation dans le secteur hôtelier, fidèle aux objectifs de Conrad.

Barron Hilton fut un pionnier de la finance et du développement : il conçut de nouveaux moyens de gestion d'accords qui deviendront progressivement très connus dans le système, et il introduisit des innovations relatives à tous les aspects de l'entreprise, du produit au service client, de la logistique au financement et à la gestion des hôtels. De plus, à la différence de nombreux de ses contemporains et concurrents, il ne recula pas devant des affaires apparemment impossibles.

Sa stratégie de gérer des hôtels pour le compte de tiers accéléra la croissance de l'empire.

En 1970, HHC fut la première société cotée à la bourse de New York à entrer sur le marché nord-américain des jeux, en achetant le Las Vegas Hilton et le Flamingo Hilton pour cent douze millions de dollars.

Sa stratégie de gérer des hôtels pour le compte de tiers accéléra la croissance de l'empire.

Hilton lança également une nouvelle chaîne appelée « CrestHil by Hilton », destinée exclusivement aux zones suburbaines des États-Unis. CrestHil jeta les fondations de la création de la Hilton Garden Inn, autre nouveauté de l'enseigne.

Hilton Hotels corporation fut aussi l'artisan de bon nombre d'innovations technologiques, parmi lesquelles l'introduction de HILTRON en 1977 et Hilton*Net en 1985, deux systèmes capables de coordonner les hôtels, les services des ventes et les centres de réservations. En 1995, l'entreprise fut la première des compagnies hôtelières à lancer son site Internet ; celui-ci permettait aux clients d'effectuer leurs réservations vingt quatre heures sur vingt quatre. Hilton, qui ne se reposait pas sur ses lauriers, continua son chemin sur la route du progrès technologique, mais pas uniquement, et ce en signant un accord avec l'American Express Financial Services pour créer une carte de crédit innovante, la Hilton Optima Card, qui permettait de cumuler des points et de gagner des cadeaux, sans frais supplémentaires. L'opération reprenait une idée de Conrad Hilton qui, déjà dans les années cinquante, avait lancé une carte de crédit appelée « Carte Blanche ».

À partir de 1982, la société-mère décida d'aller au-delà des frontières des États-Unis se projetant sur le marché international avec le lancement de la chaîne Conrad International Hotel. En 1996, s'ensuivit un plan de développement mondial qui conduisit à la réalisation de plus de deux cents hôtels dans la lignée de la chaîne Hilton Garden Inn, destinés à une clientèle moyen de gamme. L'entreprise agrandit sa sphère d'influence dans le secteur du jeu en achetant Bally's Entertainment Corporation, toujours en 1996 : cet achat sacra Hilton comme la plus grosse société de casino du monde et elle fixa son entrée dans le lucratif marché d'Atlantic City. Cela se révéla être une démarche victorieuse à tel point qu'en 1998, la société créa une agence destinée exclusivement à la gestion de cette branche d'activité, la Park Place Entertainment, renommée plus tard Caesar's Entertainment. Cette entreprise indépendante acquit le contrôle de tous les hôtels-casino possédés par le groupe.

Deux entreprises, une seule enseigne

Du fait que HHC détenait encore l'exclusivité sur l'enseigne Hilton, Hilton International se partageait avec la société-mère une série de systèmes et de méthodes, y compris les plus innovants. Au-delà des plates-formes technologiques sophistiquées, les structures Hilton et Hilton International fournissaient à leurs hôtes les mêmes services supplémentaires, à l'image de l'HHonors Reward Exchange, le premier programme au monde qui offrait non seulement la possibilité d'accumuler des points-fidélité, mais aussi de les convertir en trajets en avion. Lancé pour la première fois en 1987 aux États-Unis, le programme renforça le pouvoir de l'enseigne ainsi que sa position dans le secteur.

En 1997, Hilton Hotels Corporation et Hilton Group plc décidèrent d'une alliance qui, pour la première fois depuis plus de trente-deux ans, réunissait les deux sociétés sous une seule enseigne. Cette nouvelle identité fut scellée par un nouveau logo en 1998 ; de plus, pour mettre par la suite en évidence l'unicité de l'enseigne Hilton, les deux entreprises commencèrent à jouir d'un unique système de réservation.

Poussée par la volonté de grandir encore, en 1999, HHC acheta Promus Hotel Corporation avec une transaction d'une valeur de 3,7 milliards de dollars, étendant ainsi son patrimoine à mille huit cents hôtels distribués dans tous les États-Unis. Peu après cette acquisition, Hilton annonça le lancement d'une nouvelle plate-forme de réservations, Hilstar, qui succédait à HILTRON.

En 2005, après sept ans de travail en collaboration, Hilton Hotels Corporation racheta la participation financière de l'Hilton Group plc pour 3,3 milliards de dollars, reformant le groupe que Conrad Hilton avait créé en 1953 et le faisant devenir un des cinq groupes hôteliers les plus importants au monde.

Après ce rachat, le patrimoine hôtelier de Hilton Hotels Corporation s'éleva à presque à deux mille huit cents hôtels et quatre cent soixante seize mille chambres ; l'offre proposée par la compagnie n'était pas seulement grande, elle jouissait également d'une diversité et d'une richesse géographique extraordinaires, puisque ses hôtels étaient distribués dans presque quatre vingt pays. De plus, Hilton pouvait compter sur un éventail de noms d'enseignes très connus : Hilton bien sûr, mais aussi Waldorf Astoria, Conrad, Doubletree, Embassy Suites, Hilton Garden Inn, Homewood Suites, Hamton Inn et Hilton Grand Vacations Club.

Le patrimoine hôtelier de Hilton Hotels Corporation s'éleva à presque à deux mille huit cents hôtels et quatre cent soixante seize mille chambres distribuées dans presque quatre vingt pays, ce qui donnait à l'entreprise une variété et une richesse d'offre extraordinaires d'un point de vue géographique.

Un hôtel Hilton moderne, à Manchester.

Tout de suite après avoir finalisé le rachat, en février 2006, Stephen Bollenbach (président et administrateur général depuis 1996) déclara : « C'est un des jours les plus importants dans l'histoire de notre groupe puisque Hilton est redevenue une seule et unique entreprise, pour la première fois depuis plus de quarante ans.

L'intervention de Blackstone

À ce moment de son histoire, Hilton Hotels Corporation avait non seulement conquis la fidélité et l'admiration des consommateurs, mais elle avait également attiré l'attention des sociétés d'investissement les plus puissantes. En juin 2007, Blackstone Group annonça qu'il achèterait HHC avec une opération d'une valeur de vingt-six milliards de dollars, payant 47,50 dollars pour les actions. Le groupe, qui possède un important portefeuille d'enseignes dans différents secteurs, œuvre dans le domaine de l'*alternative asset management* et est une des principales sociétés au monde de *private equity*.

À l'annonce de la fusion, la valeur des actions de HHC monta de vingt-six pour cent et le 24 octobre 2007 les titres furent retirés de la bourse de New York. En faisant référence au futur de l'entreprise, Jonathan Gray, administrateur général de Blackstone, annonça que la société s'était « engagée à investir dans la compagnie et à travailler avec les exceptionnels propriétaires et employés de Hilton en vue d'une nouvelle croissance et d'une amélioration de l'entreprise ». Ces objectifs étaient identiques à ceux qui avaient accompagnés l'entreprise à ses débuts.

Où en sont-ils ?

En 2008, la société a annoncé la nomination d'un nouveau cadre de direction, destiné à faciliter l'ascension qui devrait « placer Hilton à la première place des groupes hôteliers ». La société a, en outre, montré son engagement en terme de développement durable : avec plus de deux cent cinquante millions de clients par an et des hôtels dans le monde entier, l'entreprise est en mesure d'avoir un fort impact sur les entreprises mondiales en matière de durabilité.

En 2013, le groupe se place au deuxième rang mondial derrière InterContinental Hotels Group, et Blackstone a prévu la mise en bourse d'Hilton afin de récupérer une partie de son colossal investissement. L'entreprise a toujours le même désir de croissance et d'innovation, objectifs qui montrent sa fidélité au principe d'entreprise de « devenir le premier choix des voyageurs », et sa volonté de poursuivre l'ambition de Conrad de « remplir le monde de la lumière et de la chaleur de l'hospitalité ».

IKEA

UN EMPIRE CONSTRUIT SUR LES MEUBLES

Fondateur : Ingvar Kamprad

Âge au moment de la création : 17 ans

Expériences précédentes : entrepreneur de génie, il vendait des allumettes

Année de la création : 1943

Type d'activité : vente de meubles aux particuliers

Pays actuellement concernés : 38

Volume d'affaires : 27,9 milliards d'euros (2012)

IKEA

Vous vous êtes sans aucun doute déjà fait votre idée du monde IKEA ; après un tour dans un magasin, vous êtes probablement rentré chez vous avec un de ses typiques « colis plats » et vous avez passé des heures à tenter d'assembler convenablement un meuble. Et pourtant, vous n'imagineriez jamais que cette énorme entreprise à succès a été fondée, à seulement dix sept ans, par un jeune garçon qui a transmis à son entreprise une philosophie si décalée et passionnée qu'elle en deviendrait presque mystique.

On naît entrepreneur

Ingvar Kamprad naquit à Agunnaryd, un village de la Suède méridionale, en 1926, peu avant la Grande Dépression, ce qui conditionnera largement sa vie et sa philosophie commerciale. Élevé dans une ferme appelée « Elmtaryd » dans une période de grande incertitude pour l'économie mondiale, il apprit très vite le sens du mot « économie » et il montra des prédispositions précoces d'entrepreneur.

À seulement cinq ans, Ingvar acheta une grande quantité d'allumettes et il commença à tourner à bicyclette pour les vendre avec un petit bénéfice. Très vite grisé par le frisson du commerce, il étendit son activité aux stylos billes et crayons, aux cartes de Noël, aux poissons, aux céréales et aux myrtilles (la prochaine fois que vous allez dans un magasin IKEA, vous pourrez chercher la confiture de myrtilles au rayon des spécialités alimentaires).

« Je suppose que ma passion prématurée pour les affaires est une chose assez particulière. Mon oncle m'a aidé à acheter mon premier paquet d'allumettes pour quatre-vingts couronnes dans un bazar de Stockholm. Le paquet contenait cent boîtes et je vendais chacune à deux, trois et quelques fois cinq couronnes, et j'en gagnais une ou deux par boîte. Nous parlons de marges de bénéfices et je ne pourrais jamais oublier cette sensation si agréable. Je n'avais pas plus de cinq ans à l'époque », se souvient Ingvar dans *Leading by Design: the IKEA Story* (Bertil Torekull Harper Business, 1999).

Le fait qu'Ingvar ait réussi à se réaliser malgré sa triste histoire familiale est encore plus surprenant : d'abord le suicide de l'oncle aimé, Erich, frère du père, puis celui du grand-père paternel ; ensuite la perte de son « héroïne silencieuse », sa mère, morte d'un cancer à seulement cinquante ans, et enfin la main de fer de la grand-mère paternel. En plus de tout ça, Ingvar était dyslexique.

Mais il avait le commerce dans le sang, comme il l'admet sans aucune réserve. Sa mère appartenait à une importante famille de commerçants d'Almhult : son père, le grand-père chéri d'Ingvar, était Carl Bernard Nilsson, propriétaire du plus grand bazar du pays, et il aura sur son petit-fils une influence cruciale.

Dans *Leading by Design*, Kamprad le décrit comme « ...un bazar façon vieille école, avec quatre ou cinq vendeurs, l'odeur des harengs, des bonbons et du cuir... tout ce qui s'y trouvait, du sol au plafond, vous pouviez l'acheter, même de la dynamite. Mon grand-père ne me demandait jamais rien. Je pouvais rester dans son magasin des journées entières... Malheureusement, il était aussi généreux en affaires que dans mon monde imaginaire. Il trouvait tout simplement difficile d'accepter les paiements. L'activité de Carl Bernard Nilsson n'existe plus, mais d'une certaine manière, c'est comme si IKEA avait pris la relève ».

IKEA

Le créateur d'IKEA, Ingvar Kamprad.

Les débuts

Quand Ingvar avait dix sept ans, son père lui donna un peu d'argent pour le récompenser des excellents résultats scolaires qu'il avait obtenu à l'école, et il l'utilisa pour le mettre dans ce qui allait devenir IKEA. Ce nom particulier vient des initiales de son nom et des lieux qui lui tenaient le plus à cœur : "I" pour Ingvar, "K" pour Kamprad, "E" pour Elmtaryd et "A" pour Agunnaryd.

Ingvar fonda IKEA en 1943, dans le but de vendre des produits par correspondance. Il voyagea dans le sud de la Suède à la recherche d'articles à commercialiser (il n'était pas encore question de meubles) et il commença à faire de la publicité pour sa marchandise sur commande, semant ainsi les graines des futurs catalogues IKEA. Il continua à diriger son activité même pendant son service militaire, recevant plus de courrier que son colonel.

1948 fut une année clé pour l'entreprise : Ingvar commença à vendre des meubles réalisés par des fabricants de la région. De plus, il créa une petite brochure, IKEA News, pour sponsoriser des produits comme des canapés lits et des lustres en verre taillé. À cause de sa dyslexie, Ingvar avait des difficultés à mémoriser les numéros de tous les produits, alors il décida d'attribuer à chaque article un nom pour se faciliter la tâche (c'est ce qui explique l'existence d'une bibliothèque du nom de Billy !). Les noms des lits, des penderies et des meubles d'entrée sont des toponymes norvégiens ; les chaises et les bureaux ont des noms masculins alors que les tissus et les rideaux portent des noms féminins ; pour finir, les meubles de jardin évoquent les îles suédoises.

À cause de sa dyslexie, Ingvar avait des difficultés à mémoriser les numéros de tous les produits, alors il décida d'attribuer à chaque article un nom pour se faciliter la tâche.

L'enseigne d'un vieux magasin IKEA.

L'entreprise grandit et, à la fin de cette même année, Ingvar embaucha son premier employé ; deux ans plus tard, il en avait huit. En 1951, l'entreprise publia le premier catalogue IKEA en se focalisant exclusivement sur l'ameublement de la maison. La stratégie porta ses fruits, participant au développement de l'entreprise qui, en 1959, avait déjà cent employés.

Dans *Leading by Design*, Ingvar explique ainsi son choix de se consacrer à l'ameublement : « Ça a été presque un hasard, dicté par le désir d'imiter mes concurrents… et puis cela a décidé de mon destin. Rentrer dans ce secteur d'activité a été la meilleure chose qui me soit arrivée dans la vie. Au début, mon intérêt était purement commercial : je voulais vendre des meubles modestes au plus petit prix possible. C'est quand j'ai commencé à recevoir des plaintes que j'ai compris que ce qui comptait pour les clients, c'était la qualité. Plus tard, cette prise de conscience me fera changer radicalement ma façon de gérer l'entreprise ».

Une nouvelle direction

Au cours des années cinquante, la concurrence croissante dans le secteur de la vente par correspondance causa une baisse des prix, ce qui eut parfois des répercussions sur la qualité des produits : une situation négative tant pour les dirigeants d'entreprise que pour les clients. Cependant, ce fut justement le stimulus dont IKEA avait besoin pour prendre un chemin innovant : l'entreprise mit à disposition un espace permanent dédié aux clients, de façon à ce qu'ils puissent toucher les articles avant de les acheter, une démarche bien différente de la vente par correspondance.

Le premier magasin fut ouvert à Almhult en 1953. L'idée de base consistait à reproduire des pièces meublées et décorées afin que les clients puissent regarder et voir en situation une vaste gamme d'articles de bonne qualité, mais à des prix abordables. « Entreprise de vente par correspondance et dans le même temps magasin de meubles. À ce que je savais, personne au monde n'avait encore réalisé une telle entreprise. Nous étions les premiers », affirme Ingvar, légitimement fier de son résultat.

L'impact fut immédiat et important. L'idée d'offrir un café et des gâteaux aux clients pour l'inauguration se montra judicieuse : ce buffet fut le précurseur des restaurants IKEA si appréciés (le premier d'entre eux fut ouvert en 1960 dans le magasin d'Almhult).

L'idée de base consistait à reproduire des pièces meublées et décorées afin que les clients puissent regarder et voir en situation une vaste gamme d'articles de bonne qualité mais à des prix abordables.

Une autre décision significative vint de la volonté de résister à la menace de la concurrence : en 1965, les rivaux, furieux de la baisse des prix effectuée par IKEA, contactèrent les fournisseurs pour boycotter l'entreprise, mais Ingvar, par un coup de maître, retourna la situation à son avantage en faisant faire les meubles en interne.

Le révolutionnaire « colis plat »

L'idée des colis plats, devenue légendaire pour l'entreprise, a jailli d'une sorte d'illumination. Le designer Gillis Lundgren rencontrait de sérieuses difficultés alors qu'il tentait de faire rentrer une table en bois dans sa voiture quand, résigné, il s'exclama : « Oh mon Dieu, ça serait plus simple de retirer les pieds et de les poser sur le plateau ».

Même si elle ne peut rivaliser avec la théorie de la relativité d'Einstein, l'idée s'est transformée en un des principaux points de force de la marque ; les meubles sont créés et développés pour être démontés et emballés. Cette pratique réduit les coûts de main d'œuvre, de transports et de stockage, permettant à l'entreprise de vendre ses meubles à des très bons prix. L'invention des paquets plats est avantageuse non seulement d'un point de vue financier, mais aussi d'un point de vue environnemental : moins de colis signifie moins de camions, et donc moins d'émissions nocives. Il ne fait aucun doute que leur projet, qui a fêté son cinquantième anniversaire en 2006, a représenté une véritable révolution pour les entreprises du secteur, qui l'utilisent beaucoup.

Dans les années qui suivirent, l'entreprise continua toutes voiles dehors, grâce à son *packaging* d'avant-garde qui permettait non seulement d'optimiser le transport mais qui raccourcissait aussi la filière de production, en impliquant aussi les clients auxquels était donnée la possibilité de monter eux-mêmes leurs meubles. Le fait que les consommateurs européens aient des goûts très semblables fut essentiel au développement de l'entreprise qui grandit au rythme d'un nouveau pays par an : le Danemark en 1969, la Suisse en 1973, l'Allemagne en 1974, l'Australie en 1975, le Canada en 1976, l'Autriche en 1977 et les Pays-Bas en 1979. La méthode était simple mais efficace : en premier lieu,

Les meubles qu'IKEA proposait à ses débuts, disposés de façon à recréer une vraie pièce.

IKEA établissait et développait un contact avec un fournisseur sur place ; puis après s'être assuré un soutien et avoir mis en place les dispositions nécessaires sur le plan légal, culturel, financier et politique, le magasin était prêt à être lancé. En 1965, il ouvrit son plus grand magasin, du moins jusqu'à présent, à Stockholm, en Suède. Le magasin, de trente et un mille mètres carrés, avait une allure futuriste, conçu sur les bases du musée Guggenheim de New York. Son ouverture fut un véritable événement qui attira des milliers de visiteurs. Son énorme succès amena la société à inventer un système qui permettait aux clients de se servir : c'est ainsi que naquit le magasin self-service, une autre part importante du monde IKEA.

« Entreprise de vente par correspondance et dans le même temps magasin de meubles. À ce que je savais, personne au monde n'avait encore réalisé une telle entreprise. Nous étions les premiers ».

L'entreprise avance

En 1981, l'entreprise ouvrit son premier magasin français à Paris, et l'année suivante, Ingvar décida de changer la structure de l'entreprise, en créant IKEA Group : cela lui permit de rester privée, un facteur qu'Ingvar considère comme fondamental pour son développement, parce que cela permet de prendre des décisions beaucoup plus rapidement, ce qui ne serait pas possible dans une structure gérée par de nombreux actionnaires.

C'est à cette même période que remonte la création de certains meubles IKEA parmi les plus connus, du fauteuil POEM (par la suite POENG) en 1976 à la bibliothèque BILLY en 1978, baptisés selon la tradition inventée par Ingvar.

Au même rythme que le développement d'IKEA, s'affirmait la conviction quasi mystique d'Ingvar : l'entreprise devait avoir un but précis dans la vie des gens. En 1976, il décida d'exposer son idée de l'entreprise dans un livre, *The Testament of a Furniture Dealer*, qui fut offert à tous les salariés comme cadeau de Noël et qui, encore aujourd'hui, est religieusement remis à tout nouveau membre du staff au moment de son embauche. Ingvar y donne des indications précises, par exemple sur comment exploiter au mieux sa journée : « On peut faire tant de choses en dix minutes. Les dix minutes, une fois qu'elles sont passées, elles sont passées pour toujours. Divisez votre vie en intervalles de dix minutes et essayez d'en sacrifier le moins possible en activités futiles ».

En 1984, le tirage des catalogues IKEA atteignait le chiffre astronomique de quarante-cinq millions d'exemplaires. Actuellement, selon les informations fournies par l'entreprise, le tirage est de cent quatre-vingt-dix millions, alors que la gamme de produits comprend environ neuf mille cinq cents références.

Il est facile d'imaginer une visite type dans un magasin IKEA : on part avec l'intention de dépenser une certaine somme, mais on finit par acheter bien plus en bibliothèques, seaux à glace et cadres photos, après avoir tourné comme des insectes attirés par la lumière, armés de crayons et de papiers pour les commandes gentiment fournis par le magasin.

IKEA a travaillé dur pour que l'enseigne ne soit pas seulement associée à des produits de qualité, des prix accessibles et une atmosphère sereine, mais qu'elle soit aussi reconnue pour son activisme dans le domaine social, environnemental et philanthrope. Ces quinze dernières années, de nombreuses initiatives ont été lancées, en collaboration avec des organismes humanitaires, comme Save the Children, l'UNICEF et WWF, afin de développer une sylviculture responsable, de prévenir la déforestation illégale et de réduire les gaz à effet de serre.

En 1986, Ingvar se retira pour laisser la place au nouveau président et administrateur général, Anders Moberg, qui restera en poste jusqu'en 1999. Appartenant au cercle le plus proche de la famille IKEA, il avait travaillé avec Ingvar pendant trente ans ; sous son règne, l'entreprise connut une période de fort développement, qui la vit s'imposer dans de nombreux pays : le Royaume-Uni, l'Italie, l'Angleterre, la Tchéquie, la Pologne, l'Espagne, et la Chine. Quand il quitta l'entreprise, Moberg céda sa place à l'actuel administrateur général, Anders Dahlvig.

Mais l'histoire d'IKEA n'est pas exempte de polémiques. En 1994, le journal suédois « Expressen », révéla qu'Ingvar s'était lié d'une profonde amitié avec Per Engdahl, le leader d'un parti suédois d'extrême droite ouvertement néonazi ; un rapport si intime qu'en 1950, Ingvar invita Engdahl à son mariage avec Kerstin, sa première femme. Ingvar admit que son amitié avec Per était le fruit de son mal-être de jeunesse.

Dans une lettre à ses employés intitulée « La plus grande erreur de toute ma vie », il demanda pardon, expliquant qu'il s'agissait là d'une partie de son passé qu'il avait profondément regrettée et qu'il avait quitté le parti après quelques réunions. Il consacra deux chapitres à ce propos dans son livre *The History of IKEA*, édité en 1998.

Où en sont-ils maintenant ?

L'empire construit par Ingvar Kamprad, qui trouve ses racines dans quelques boîtes d'allumettes vendues aux voisins et aux proches, peut se vanter de compter actuellement plus de deux cent cinquante magasins dans vingt-quatre pays et trente-deux franchisés dans douze nations, avec une gamme de produits qui compte environ neuf mille cinq cents références. Plus de six cent quatre-vingt-dix millions de clients ont visité un magasin IKEA en 2012, et l'entreprise a mille trois cent quatre-vingts fournisseurs dans cinquante-quatre pays. Chaque année cent quatre-vingt-dix millions d'exemplaires de son catalogue sont imprimés, dans vingt-sept langues et cinquante éditions (comment dire « colis plats» en suédois ?). Selon la liste des milliardaires communiquée par la revue « Forbes » en 2008, Ingvar est le septième homme le plus riche du monde avec un patrimoine de trente et un milliards de dollars. Malgré ses dimensions et le succès obtenu, IKEA continue d'obéir à une philosophie d'entreprise précise, fondée sur une confiance profonde en chacun de ses concepts, parmi lesquels l'égalitarisme. L'entreprise organise régulièrement les fameuses semaines « anti-bureaucrates », au cours desquelles les dirigeants travaillent comme ouvriers ou caissiers. Même l'administrateur général y prend part en chargeant et déchargeant les marchandises dans le magasin. Il ne s'agit pas seulement de l'histoire d'un simple succès d'entrepreneur : l'histoire d'IKEA est vraiment une légende.

Un article qui fait actuellement partie de l'offre IKEA, la cuisine familiale ÄDEL en blanc.

Apple

UNE POMME PAR JOUR…

Fondateurs : Steve Jobs et Steve Wozniak

Âge au moment de la création : 21 ans et 26 ans

Expériences précédentes : techniciens informatiques

Année de la création : 1976

Type d'activité : ordinateurs

Pays actuellement concernés : le monde entier

Chiffre d'affaires : 156,5 milliards de dollars

APPLE

Quand Bill Fernandez, jeune passionné d'ordinateurs originaire de Santa Clara (plus tard surnommée la « Silicon Valley »), présenta son ami Steve Jobs à Steve « Woz » Wozniak en 1971, il n'aurait jamais imaginé qu'ils deviendraient tous deux les artisans d'une des entreprises technologiques les plus novatrices du vingtième, et sans doute aussi du vingt-et-unième siècle.

Les débuts

Dès sa première rencontre avec Wozniak, Jobs fut fasciné, peut-être parce qu'il se rendit immédiatement compte que c'était le seul à mieux connaître l'électronique que lui. Il comprit que les compétences de son nouvel ami pouvaient être exploitées commercialement.

La première entreprise fondée par le binôme vendait ce que l'on appelle des *blue boxes* : des dispositifs électroniques qui reproduisaient le signal de ligne libre des compagnies de téléphones permettant de passer des communications gratuites. Le projet fut conçu par Wozniak, en s'inspirant d'un article du numéro d'octobre de la revue « Esquire » et les deux allèrent faire du porte-à-porte dans les cités de Berkeley pour le vendre, se partageant les bénéfices. Selon certains dires, durant une démonstration, Wozniak imita l'accent allemand, il se fit passer pour Henry Kissinger et il appela le Vatican, en demandant à parler au Pape. Quand la personne au bout du fil répondit qu'il dormait mais qu'il pouvait le réveiller, Wozniak raccrocha, terrorisé.

Bien que sa première entreprise avec Jobs marche bien, Wozniak, qui avait pris un travail chez Hewlett-Packard, voulait toujours construire son propre ordinateur. Début 1976, il avait déjà finalisé la conception de son premier appareil, fondé sur le microprocesseur 6502 avec une technologie MOS. Le processeur coûtait seulement vingt dollars (l'équivalent d'environ cent dollars d'aujourd'hui), ce qui était une affaire comparé à l'Intel 8080, qui avait une bonne cote de popularité parmi les amoureux d'ordinateurs, mais qui coûtait alors environ cent soixante dix neuf dollars.

La finalisation du projet coïncida avec l' « âge d'or » du Homebrew Computer Club, un groupe de passionnés qui comptait parmi ses membres des esprits informatiques de la trempe de Lee Felsenstein et Adam Osborn, tous deux artisans principaux de la mise au point du premier ordinateur portable produit en masse, l'Osborne1. Wozniak montra son projet, lequel était un peu mieux qu'un circuit imprimé, et c'est à ce moment-là que Jobs comprit qu'ils pouvaient gagner de l'argent.

L'ordinateur utilisait le BASIC (langage primitif de programmation), il n'avait pas d'écran parce qu'il avait été conçu pour être connecté à la télévision de l'utilisateur, et il pouvait être vendu au public au prix de six cent cinquante dollars. Jobs convainquit Woz de proposer à son patron de commercialiser le produit, mais le boss d'HP refusa cette proposition en lui disant que l'entreprise « n'était pas intéressée par ce genre de marché ». Jobs, inébranlable, décida qu'ils mèneraient le projet tous seuls.

Pour financer l'initiative, tous deux durent se séparer d'objets qui leur tenaient à cœur : Jobs vendit sa fourgonnette Volkswagen rouge et blanc pour mille cinq cents dollars tandis que Wozniak dit adieu à sa calculatrice programmable HP65 qu'il adorait, obtenant en échange deux cent cinquante dollars. Le nom de la société naquit peu de temps après, quand Jobs, au retour d'un voyage avec quelques amis, annonça que deux mots lui étaient soudainement venus en tête : Apple Computer.

Le binôme trouva bien vite un possible investisseur : Ron Wayne, chef de projet chez Atari, l'entreprise de jeux vidéo pour laquelle travaillait Jobs. Cependant, Wayne se retira deux semaines plus tard, invoquant comme motif le tempérament inconstant de Jobs.

Jobs, au retour d'un voyage avec quelques amis, annonça que deux mots lui étaient soudainement venus en tête : Apple Computer.

Sans trop se soucier des revers qu'il venait d'essuyer, Jobs commença à montrer le produit aux réunions du Homebrew Computer Club, et il obtint ainsi sa première commande, faite par Paul Jay Terrell, lequel possédait un magasin en Californie. La commande était de cinquante ordinateurs, à cinq cents dollars l'un, paiement à la livraison : le seul obstacle était que Terrell les voulait déjà entièrement assemblés.

Une fois de plus, Jobs fit appel à son calme légendaire : après avoir obtenu un prêt de cinq mille dollars, il acheta les pièces nécessaires à la finalisation de la commande et il convint les fournisseurs à lui accorder trente jours de délai pour le paiement de la somme négociée (quinze mille dollars). Ils firent un bénéfice de huit mille dollars et en plus ils attirèrent l'attention de Mike Markkula, un financier qui investit quatre-vingt-douze mille dollars dans l'entreprise. Ce soutien économique aida les fondateurs à obtenir un prêt bancaire de deux cent cinquante mille dollars contracté à la Bank of America.

Le second modèle

Les premières années, Jobs s'intéressait avant tout aux profits tandis que Wozniak était curieux de découvrir comment il pouvait se faire une place dans le progrès technologique. Quand le premier Apple fit son apparition sur le marché, il s'occupait déjà de perfectionner le prototype de son deuxième ordinateur, et après seulement un mois, en juin 1977, il l'avait terminé.

Les premières années, Jobs s'intéressait avant tout aux profits tandis que Wozniak était curieux de découvrir comment il pouvait se faire une place dans le progrès technologique.

Cependant, il y avait un problème : la production du second modèle, appelé « Apple II », coûtait des centaines de dollars ; pour la mener à bien, Jobs tenta de vendre la nouvelle entreprise à Commodore Business Machines, une solide entreprise de construction de l'époque, mais, au cours des négociations, il finit par demander une somme excessive et Commodore déclina l'offre. Par chance, Markkula intervint, et le 3 janvier 1977, l'entreprise fut enregistrée.

Le développement du produit fut rapide. Jobs était convaincu qu'un design raffiné était indispensable pour lui garantir une plus grande visibilité, il insista donc pour que le modèle soit conçu par des professionnels, et il embaucha Regis McKenna pour qu'il fasse le désormais célèbre logo. Il consistait en une pomme croquée, pour faire en sorte que l'image ressemble vraiment à une pomme et pas à une tomate. Les rayures horizontales présentes sur le logo devaient rendre hommage aux extraordinaires capacités graphiques des appareils. Elles auraient été plus faciles à réaliser s'il y avait eu entre elles des rayures noires. Michael Scott, alors administrateur général définit l'image comme « le logo le plus terriblement coûteux jamais dessiné ».

L'ordinateur fut commercialisé en mars 1977 au prix de mille trois cents dollars (l'équivalent aujourd'hui d'environ quatre mille sept cents dollars), et il obtint un succès retentissant. Des passionnés venant de tous les coins des États-Unis furent séduits par l'aspect attractif de la machine, du clavier incorporé et de ses capacités graphiques. La campagne publicitaire qui accompagna le lancement vendit le produit comme « une machine pour toute la famille », qui permettait de faire des tableaux de comptabilité, mais aussi de jouer ou d'apprendre les mathématiques.

En 1978, un an après le lancement, Apple créa deux produits qui catapultèrent l'entreprise tout juste née au milieu des grands de l'électronique : le Disk II, un lecteur de floppy disk qui possédait une capacité de mémoire supérieure à n'importe quel autre micro-ordinateur sur le marché, et un programme appelé « VisiCalc ».

VisiCalc, d'abord connu sous le nom de « Calculedger », fut le premier software à introduire, même chez les utilisateurs moins expérimentés, le concept de tableur. Le programme, développé par un étudiant d'Harvard et un du MIT (Massachusetts Institute of Technology), se vendit à deux cent mille exemplaires la première année et donna également un coup de fouet aux ventes de l'Apple II, acheté par les consommateurs pour pouvoir profiter de VisiCalc.

Des hauts et des bas

À cette époque, le marché naissant des ordinateurs familiaux était saturé d'entreprises débutantes ; certaines ne décolleront jamais, d'autres connaîtront un bref moment de gloire avant de péricliter, et peu d'entre elles réussiront à s'en sortir avec succès. 1978 et 1979 virent le démarrage de trois projets importants, dont deux qui conduiront presque l'entreprise à la faillite. En 1978, l'entreprise annonça la sortie de l'Apple III, un appareil avec lequel il voulait marquer son entrée dans le secteur des nouvelles technologies, mais qui en réalité cassa sa réputation.

L'année suivante, Steve Jobs fit sa première visite au Xerox PARC (Palo Alto Research Center). Le but du centre était de développer des nouvelles technologies sans devoir se préoccuper des financements.

Au cours d'une visite au PARC, Jobs, accompagné de Jef Raskin, un salarié d'Apple, se retrouva devant un ordinateur doté du premier prototype rudimentaire de souris, avec un système d'exploitation de type « point-and-click ». Il resta hébété devant cette idée qu'il jugea révolutionnaire, et il demanda à l'équipe qui était en train de développer Lisa, la seconde faillite technologique d'Apple, de se concentrer sur la réalisation d'une interface similaire.

Le troisième projet mis en chantier par Apple fut appelé « Macintosh ». Puisque les projets de Lisa et d'Apple III avaient été démarrés par des développeurs mécontents, fatigués de ne pas pouvoir prendre de décisions autonomes, Jobs décida de s'occuper lui-même de la réalisation du Mac, à la grande surprise et sous l'œil consterné du responsable d'alors, Jef Raskin.

Raskin et Jobs s'affrontèrent, mais au regard de sa position hiérarchique plus haute dans l'entreprise, ce dernier avait toute liberté de prendre une telle décision, et le projet prit alors une tournure anarchique. L'équipe responsable fut conduite hors du siège central d'Apple, et transférée dans un immeuble plus tard surnommé « Texaco Towers », sur la façade duquel fut hissé un drapeau pirate. En fait, Jobs aimait faire référence à l'équipe comme à « sa bande de pirates » et il commença à voler les nouvelles idées du projet Lisa. Comme résultat, quand le Mac fut lancé en 1984, il possédait la même technologie que Lisa, mais il était bien plus compact et bien plus économique.

Avec Jobs aux commandes, les éléments de base nécessaires à la réalisation du Mac allaient être complètement modifiées. Au départ du projet, Raskin avait en tête une idée précise de la machine qu'il entendait réaliser : un ordinateur économique, léger, facile d'utilisation ; cependant, une fois que Jobs lui succéda, il ajouta au projet une série de caractéristiques qui changèrent ses plans. En 1982, Raskin donna sa démission et Jobs devint l'unique superviseur. À l'approche de la date de lancement de l'appareil, les ingénieurs durent travailler des heures et des heures ; à la fin, les salariés revêtirent un tee-shirt sur lequel était écrit : « 90 heures par semaine, et on aime ça ! »

En novembre 1983, les spectateurs du Super Bowl, la finale du championnat de football américain, eurent un avant-goût de la grande campagne publicitaire qui accompagnerait la sortie du Macintosh par la suite. Une voix mélancolique disait : « le 24 janvier, Apple présentera son Macintosh et vous découvrirez pourquoi 1984 ne sera pas comme *1984* ». L'annonce signait un tournant irréversible dans les habitudes de toute une génération d'utilisateurs.

Pommes pourries

Le Mac fut lancé en 1984 et il fut accueilli avec une admiration et une fidélité obsessionnelle de la part de ses fans, particulièrement enthousiasmés par sa facilité d'utilisation. Le secteur des ordinateurs familiaux croissait très rapidement et, dans le même temps le nombre de concurrents capables d'offrir des produits alternatifs augmentait aussi. À ce moment-là, les principaux concurrents étaient IBM qui proposait aussi un modèle d'ordinateur, et une filière de maisons de production qui fabriquaient des modèles semblables, fonctionnant tous avec un système d'exploitation Microsoft. Comme si cela ne suffisait pas, même si les ventes du Mac continuaient à grimper, l'ambiance à l'intérieur de l'entreprise n'était pas exactement détendue.

Le Mac fut lancé en 1984 et il fut accueilli avec une admiration et une fidélité obsessionnelle de la part de ses fans, particulièrement enthousiasmés par sa facilité d'utilisation.

Après avoir proposé une première offre publique en 1980, l'entreprise avait vu naître des tensions croissantes entre les deux fondateurs. Jobs se réjouissait du fait que parmi les employés les plus influents, beaucoup possédaient encore des contrats à durée déterminée qui n'incluaient pas d'offre d'options de souscription ; Wozniak lui, croyait qu'il était juste de les récompenser pour leur travail. Alors, Woz donna une partie de ses actions à ceux qui, selon lui, « les méritaient », disant à ses amis qu'il avait déjà assez d'argent.

En 1981, à la suite de l'échec du projet Apple III, l'entreprise fut contrainte de licencier quarante employés. Wozniak, diminué par un accident d'avion qui lui avait laissé de sérieuses séquelles et l'avait obligé à réfléchir sur ses choix, décida de se mettre en disposition. Il comprit que les politiques de l'entreprise n'étaient pas faites pour lui et il commença à travailler sur de nouveaux projets, en particulier sur une série de festivals de musique auxquels il participa notamment en investissant son propre argent ; puis, il se consacra à l'enseignement. Wozniak garda un salaire nominal et, même s'il revint chez Apple en 1983, il le fit en qualité d'ingénieur, s'occupant du développement des produits, sans jouer aucun rôle de dirigeant.

Après que Wozniak et Raskin eurent abandonné, les membres du conseil d'administration, fatigués par l'attitude arrogante et le comportement imprévisible de Jobs, le forcèrent à démissionner. Il en fut ébranlé, mais il se reprit rapidement et il démarra, avec quelques membres importants du personnel Apple, une entreprise spécialisée dans le software scolaire, NeXT. Quand Apple racheta l'entreprise, Jobs s'éclipsa, se tournant vers la compagnie de production Lucasfilm, qui liquidait son département d'animation numérique, Pixar.

Dans les années qui suivirent la démission de Jobs, Apple se trouva en difficultés. Même si les ventes de Mac ne donnaient pas de signe de faiblesse, Microsoft lança son système d'exploitation, Windows, qui ressemblait suspicieusement à celui d'Apple : l'OS. Apple intenta un procès à l'encontre de la société, et, au final, elle signa un accord en privé quand elle se rendit compte que l'administrateur général de Microsoft, Bill Gates, avait fait partie de l'équipe des développeurs en charge d'un des systèmes d'exploitation d'Apple. Au cours de ses recherches, Gates avait réussi à souscrire un accord avec l'entreprise qui lui garantissait le droit d'élaborer un système d'exploitation concurrent.

En 1995, Microsoft lança Windows 95, qui réussit à se vendre à trois millions d'exemplaires en seulement un mois, en comparaison des quatre millions et demi de Mac qu'Apple avait vendu au cours de l'année. Les clients qui choisissaient les machines IBM, en pouvant compter sur le système d'exploitation Microsoft, avaient à leur disposition un large choix de software ; de plus, en dépit de leur supériorité technologique, les ordinateurs d'Apple étaient plus chers ; l'accumulation de ces deux facteurs fit perdre à l'entreprise une grande part du marché. Quand, en 1996, l'entreprise perdit sept cent quarante millions de dollars, obligeant un Gil Amelio embarrassé à renoncer à son rôle de président, il était clair qu'il fallait faire quelque chose pour changer le destin de l'entreprise. À un certain moment, Microsoft intervint directement puisqu'elle acheta une participation dans l'entreprise, justifiant sa motivation par le fait qu'elle voulait continuer à vendre ses programmes, parmi lesquels Office, également pour les Mac.

Le retour de Jobs

En 1996, l'entreprise décida de remettre Jobs aux commandes, en qualité d'administrateur par intérim. Durant les années passées à diriger NeXT et Pixar, il s'était calmé : il avait perdu en agressivité mais pas en passion pour les affaires. Jobs resserra immédiatement l'entreprise, retirant une série de projets infructueux. Les employés étaient terrorisés à l'idée de le rencontrer dans l'ascenseur, mais la réalité était qu'Apple se trouvait au bord du gouffre et qu'il faisait tout son possible pour la sauver.

Plus spécifiquement, Jobs embaucha Jonathan Ive, un designer londonien, afin qu'il revoie intégralement le projet du Mac. Le nouvel administrateur était retourné à sa première intuition : exactement comme pour l'Apple II en fait, il entendait se focaliser sur l'esthétique de l'ordinateur. Le résultat de la collaboration entre Jobs et Ive fut l'iMac, un ordinateur simple, élégant, coloré et d'une utilisation facile. À cette époque, un tel instrument représentait une révolution : de façon tout à fait inattendue, les clients pouvaient laisser leur ordinateur à la vue de tous comme s'il s'agissait d'un objet de décoration au lieu de le cacher dans un bureau ou dans un grenier. De nombreux fidèles de Windows se convertirent au Mac, et pour la première fois, la ressemblance entre les systèmes d'exploitation constituait un point en faveur d'Apple, du fait que les usagers n'avaient aucune difficulté à passer de Windows à Mac OS.

Simple, élégant, coloré et d'une utilisation facile. À cette époque, un tel instrument représentait une révolution.

Le lancement de l'iMac ouvrit la voie à une série de produits aussi faciles à utiliser qu'esthétiquement fascinants. Apple vit ses bénéfices s'envoler ce qui lui redonna toute sa splendeur d'antan, même s'il lui était désormais impossible de menacer le monopole de Microsoft, étant donné l'énorme diffusion du système d'exploitation Windows.

En 2001, l'entreprise lança l'iPod, un produit qui a radicalement révolutionné l'industrie musicale et qui représenta un échelon supplémentaire dans l'ascension d'Apple. Le produit était un appareil au look agréable et élégant, facile et amusant à utiliser, qui permettait aux gens d'écouter de la musique sous forme de fichiers électroniques (appelés fichiers MP3) sans avoir besoin d'aucun autre support, comme des Cd ou des cassettes. Au départ acheté seulement par les clients les plus avertis, le produit connut un boom des ventes après le lancement d'iTunes en 2003. Il s'agissait d'un site Web à partir duquel il était possible de télécharger des fichiers de musique directement sur l'iPod, en donnant la possibilité d'acheter seulement un morceau, sans avoir besoin d'acheter tout l'album. Le site était simple à utiliser, et les utilisateurs aimaient constituer leurs playlists, insérant les bonnes chansons dans l'ordre voulu, au lieu de les écouter dans un ordre préétabli, comme c'était le cas avec les CD. En juin 2008, Apple annonça que le nombre de morceaux téléchargés et achetés par le biais d'iTunes avait dépassé les cinq milliards.

Le retour de Jobs avait été providentiel : les ventes et les bénéfices de l'entreprise étaient remontés et Apple était redevenu un acteur central dans la nouvelle révolution de la consommation.

Où en sont-ils ?

À partir de 2003, Apple s'est appliqué à séduire les consommateurs avec des produits hautement novateurs, de taille toujours plus réduite et avec des fonctions et applications de plus en plus performantes (ipod, iPhone, iPad). L'entreprise investit largement dans toutes les catégories de produits et chaque nouveauté est une petite révolution pour le secteur. Steve Jobs a réussi à créer une véritable communauté Apple qui suscite l'engouement de millions de fans.

Jusqu'à sa mort en 2011, Steve Jobs persévéra dans sa recherche de perfection et d'innovation, et il conserva un rôle essentiel dans la société. Aujourd'hui, c'est Tim Cook qui a pris la relève, mais beaucoup critiquent le manque d'innovation depuis le décés de Jobs. Même si les bilans restent très bon, ils sont de manière générale en diminution. Que ce soit dans la manière de gérer l'entreprise en interne, dans les décisions prises et même dans la philosophie, son style est très différent de Jobs, trop différent peut-être.

BlackBerry
(RESEARCH IN MOTION)
SUCCÈS SANS FIL

Fondateurs : Mike Lazaridis et Doug Fregin

Âge au moment de la création : 23 ans

Expériences précédentes : étudiants en ingénierie

Année de la création : 1984

Type d'activité : communications sans fil

Pays actuellement concernés : 140

Bénéfices : 11 milliards de dollars (2012)

Mike Lazaridis est en tout et pour tout un inventeur. Depuis la création de Research in Motion (RIM), qui se définit comme l'entreprise productrice d'appareils la plus rentable au monde, il a gagné à juste titre une réputation de visionnaire de la communication sans fil. De fait, Mike commença à étudier la technologie *wireless* à la fin des années quatre-vingt, alors que beaucoup de gens ne possédaient même pas encore de PC. Le principal objet de sa recherche, le dispositif BlackBerry, permet aujourd'hui à des millions de personnes de contrôler et de recevoir du courrier électronique alors qu'ils sont en déplacement. Il est actuellement le chef d'une des entreprises de technologie les plus novatrices et les plus puissantes au monde.

Les premiers temps

Mike avait manifesté son talent créatif bien avant que le monde n'ait l'opportunité de pouvoir jouir de ses résultats. De fait, le créateur du premier dispositif portable pour la gestion de courrier électronique, construisit à quatre ans un tourne-disque avec des Lego ; quand il en eut douze, la bibliothèque publique de Windsor, au Canada, lui attribua un prix pour avoir lu l'intégralité des livres de sciences présents sur ses étagères. À ce moment-là, il parut évident que le jeune garçon était animé d'une vraie passion pour l'ingénierie et pour les spéculations en général.

Ses camarades de classe se souviennent de lui comme d'un adolescent capable de générer un nombre presque infini d'idées et d'inventions. En 1984, alors qu'il poursuivait des études d'ingénieur électronique à l'université de Waterloo, il créa une entreprise avec son ami d'enfance Doug Fregin, pour essayer de développer un de ses projets. L'entreprise fut financée d'une part grâce à un prêt d'honneur alloué par le gouvernement de l'Ontario, et d'autre part grâce à l'aide de ses parents. C'est ainsi que naquit Research in Motion (RIM).

Fondée en tant qu'entreprise d'électronique et d'informatique, RIM attira immédiatement l'attention de bien des gens et Mike, sûr de son potentiel et impatient de consacrer tout son temps et son énergie à l'entreprise, quitta l'université un mois à peine avant d'obtenir son diplôme, afin de s'occuper de son activité à temps plein. C'est à peu près à cette période-là que RIM signa un contrat d'une valeur de six cent mille dollars avec la General Motors, une des firmes automobiles les plus puissantes au monde, afin de créer un dispositif d'affichage électronique. La création des systèmes électroniques *user-friendly* s'est avéré être jusqu'à présent un des principaux points de force de Mike, et de BlackBerry.

RIM fut la première entreprise du Nord de l'Amérique à développer des technologies de transmission des données wireless.

Le cofondateur de RIM, Mike Lazaridis, à présent président et co-directeur général.

Après l'affaire conclue avec la General Motors, suivit une série de contrats qui garantirent à l'entreprise une source d'argent considérable : à la fin des années quatre-vingt, le volume d'affaires était d'environ un million de dollars et le nombre des employés était monté à douze. En 1987, un contrat avec Rogers Cantel Mobile Communications Inc, un opérateur de téléphonie mobile, signa le début du parcours de RIM dans la communication sans fil : elle fut la première entreprise du Nord de l'Amérique à développer des technologies de transmission de données sans fil. En charge de faire des recherches sur les dispositifs numériques *wireless*, RIM développa un modem radio sans fil, utilisé par la suite par les ordinateurs et les distributeurs automatiques ou dans la communication des entreprises, par exemple pour les transactions avec une carte de crédit.

Financer la croissance

Au cours des années quatre-vingt-dix, RIM concentra ses efforts pour tenter de rendre possible l'accès mobile et sans fil dans le domaine du courrier électronique ; pour atteindre ce but, l'entreprise se servit de la collaboration d'Ericsson et d'Anterior Technology. En 1992, Mike embaucha James Balsillie afin qu'il s'occupe des aspects relatifs à la direction, ce qui lui laissait le temps de se focaliser sur sa vraie vocation : l'ingénierie. Diplômé d'Harvard en gestion d'entreprise, James fut rapidement promu au rang de président et co-directeur général de RIM.

James investit de sa poche deux cent cinquante mille dollars dans la société, ce qui l'aida par la suite à s'assurer deux millions de dollars de COM DEV, une entreprise de technologie dont le siège était à Waterloo, au centre du Canada. En 1994, l'université de Waterloo lui accorda également une contribution de cent mille dollars dans le cadre du programme de soutien à la recherche industrielle. À partir de 1995, l'entreprise put faire confiance à l'intervention de divers investisseurs : la première injection de capitaux à risque provint de Working Ventures Canadian Fund Inc, qui investit cinq millions de dollars, utilisés pour finaliser le développement du hardware et du software sans fil. À cette époque, RIM reçut aussi des fonds de la part du gouvernement canadien sous forme de prêts et de subventions.

En 1996, RIM mit au point une carte plug-in pour les ordinateurs équipés d'une boîte de courrier électronique sans fil, et l'année suivante, elle conçut un assistant personnel, relativement petit, qui permettait pour la première fois d'envoyer et de recevoir des messages avec une messagerie (en s'appuyant sur le réseau sans fil de BellSouth, une entreprise de télécommunications américaine). Des firmes comme IBM et Panasonic s'accaparèrent immédiatement les fameuses « messageries interactives » pour en faire profiter leur personnel sur le terrain.

James et Mike n'avaient aucun doute sur le potentiel de leur technologie sans fil, mais ils savaient que sa réalisation aurait besoin de financements ultérieurs. Par conséquent, ils décidèrent de faire coter RIM en bourse. En 1997, la société fut cotée à la bourse de Toronto, ce qui lui procura cent quinze millions de dollars ; en 1999 elle adhéra au marché du Nasdaq, gagnant de ce fait deux cent cinquante millions de plus et peu de temps après, en novembre 2000, une émission de titres lui rapporta quelques neuf cent millions de dollars.

La naissance d'un phénomène

Le premier BlackBerry fut lancé en 1999. Le dispositif permettait à ses utilisateurs d'accéder à la boîte mail de l'entreprise (via Microsoft Exchange Server) en mobilité. L'idée d'être « toujours joignables » séduisit immédiatement les consommateurs qui n'avaient plus besoin de contrôler leur courrier et de le gérer de mémoire, puisqu'un signal les avertissait chaque fois qu'ils recevaient un nouvel e-mail. Le dispositif coûtait trois cent quatre vingt dix neuf dollars, plus un abonnement mensuel de quarante dollars, et moins d'un an après son lancement, il fut élu « produit de l'année » par la revue « Info World ».

Le produit fut un véritable triomphe commercial. En 1999, grâce aux ventes de BlackBerry, les profits de RIM frôlaient les 45,7 millions de dollars, tandis que le bénéfice net s'élevait à environ 6,8 millions de dollars. Pour optimiser le résultat de l'opération commerciale, il fut indispensable d'établir des accords avec les plus importants providers de services Internet (ISP), avec les compagnies de télécommunications et ensuite également avec les réseaux de téléphonie mobile, afin qu'ils puissent mettre à la disposition de leurs clients les dispositifs BlackBerry à des tarifs adéquats. Vers la fin de l'année 1999, la plupart des principaux providers des États-Unis avaient signé des accords avec l'entreprise pour la distribution des services BlackBerry, tandis que la société mexicaine TelCel avait introduit les messageries interactives en Amérique du Sud.

Moins d'un an après son lancement, il fut élu « produit de l'année » par la revue « Info World ». Ce fut un véritable triomphe commercial.

De plus, RIM contracta des accords de distribution avec des grosses compagnies d'ordinateurs comme Dell et Compaq, lesquelles établirent que BlackBerry serait distribué par les spécialistes des ventes à leur nombreuse clientèle. Un choix qui fut non seulement utile d'un point de vue économique, mais qui joua également un rôle pour son image. De fait, dans les réunions d'affaires, personne ne manquait d'exhiber, surtout parmi les investisseurs et les financiers, ces dispositifs modernes, un an seulement après leur sortie. L'effet que cette tendance eut sur les ventes sur le marché des entreprises des États-Unis fut extraordinaire. En 2000, Nortel, société canadienne de télécommunications investit vingt-cinq millions de dollars dans RIM, prenant part à un projet de marketing conjoint et à un accord relatif au développement du produit, deux investissements destinés à donner à l'entreprise une stature mondiale. À la fin de l'année, les rentrées d'argent atteignaient quatre-vingt-cinq millions de dollars, avec un bénéfice net de plus de dix millions de dollars.

RIM n'était pas le seul à s'occuper du développement des dispositifs d'accès au courrier électronique. Vers la fin des années quatre-vingt-dix, le nombre croissant de chercheurs employés dans le secteur du courrier électronique laissait entrevoir l'existence d'un marché démesuré. N'importe laquelle des entreprises qui réussirait à franchir le premier et non moins décisif pas gagnerait des milliards de dollars. Bien sûr, la concurrence ne manquait pas, de Microsoft à des sociétés comme Palm Inc, qui avaient marqué des points avec leurs assistants personnels munis d'un stylo à la place du traditionnel clavier. Les points de force du BlackBerry étaient la facilité et la rapidité d'accès à la boîte mail. Les systèmes comme Windows fonctionnaient très bien mais ils étaient plutôt lourds, ce qui les rendait relativement lents par rapport aux ordinateurs de plus petite taille. Au contraire, le dispositif de RIM qui d'un côté était parfaitement compatible avec Windows, et de l'autre, reposait sur un système d'exploitation autonome qui était modulable pour mieux s'adapter aux dispositifs plus petits, était donc plus rapide que son homologue Microsoft.

Quelques minutes après l'avoir configuré, les utilisateurs se servaient avec facilité de leur BlackBerry, contrairement aux dispositifs de la concurrence.

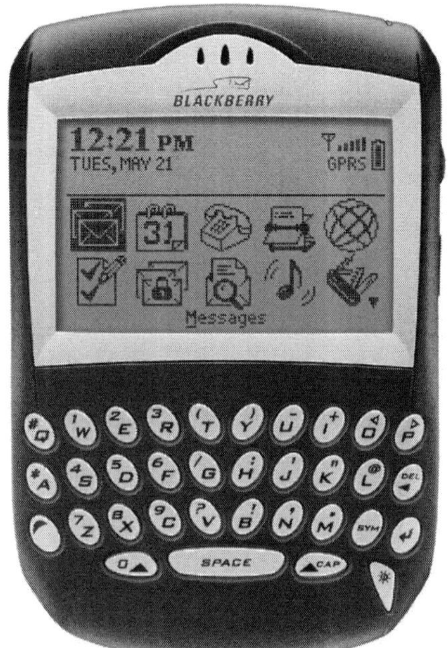

Un vieux modèle : le BlackBerry 6210.

Le siège social de RIM, à Waterloo, dans l'Ontario.

En plus de cela, le BlackBerry possédait deux caractéristiques peu conventionnelles mais très fonctionnelles : la première était un clavier « Qwerty » assez large qui permettait une manipulation facile ; la seconde était un « volant » qui permettait de se déplacer dans les e-mails et sur l'écran. Le système était efficace et les gens s'y habituaient en quelques secondes. Quelques minutes après l'avoir configuré, les utilisateurs se servaient avec facilité de leur BlackBerry, contrairement aux dispositifs de la concurrence.

Développement international

Ce clavier devint le signe distinctif du BlackBerry et en 2001, le dispositif commença à capter l'attention du marché européen. Très vite, RIM conclut des accords avec des compagnies de télécommunications comme BT Cellnet, Digifone et Telfort Mobiel, qui distribuèrent le produit respectivement au Royaume-Uni, en Irlande, et aux Pays-Bas. Dans le même temps, le marché des États-Unis se développait sans entrave grâce aux accords signés avec IBM. Fin 2001, plus de douze mille d'organisations en Amérique du Nord utilisaient les dispositifs BlackBerry.

À ce moment-là, RIM avait déjà vendu deux cent mille appareils et avait mis en place une collaboration avec AOL (America On Line), le plus grand fournisseur d'accès nord-américain, pour proposer son service de mails par le biais des BlackBerry. Pourtant, malgré une position stable acquise par le dispositif dans le secteur des entreprises, RIM commença à subir des coups durs de la part de la concurrence, comme par exemple le lancement par Nokia de son propre service SMS. Pour rester dans la course, l'entreprise décida de confier à d'autres le développement et la réalisation du produit ainsi que d'autres services de téléphonie mobile, afin d'en accélérer le processus d'amélioration. De plus, l'entreprise concéda à ses rivaux Palm et Handspring, le droit d'utiliser la technologie spécifique de base du clavier palmaire, qui permettait à l'utilisateur de s'en servir en bougeant seulement le pouce.

L'accord avec Hutchinson, une des principales compagnies de télécommunications australiennes à offrir des services 3G (de troisième génération), marqua l'entrée de RIM sur ce territoire. Hutchinson Telecoms, leader dans le secteur, offrait un service de *roaming* actif dans cent quarante neuf pays. En 2001, RIM commença à dépasser les frontières australiennes en développant les dispositifs BlackBerry en Asie et en Europe.

En 2002, la création du modèle 5810, qui incluait aussi des fonctions des téléphones portables, accompagna et soutint le lancement de la marque BlackBerry sur les marchés européens, ce qui fut suivi par un accord avec la compagnie britannique Vodafone et peu après, avec l'allemande Deutsche Telekom. Dans les mois suivants, la marque fut lancée également en France, en Italie, en Espagne et en Suisse. Toutefois, les coûts imputés à l'entreprise pour son expansion internationale et pour le développement du produit grevèrent le budget et RIM enregistra des pertes nettes de 28,3 millions de dollars. L'entreprise se vit contrainte de se séparer de dix pour cent de son personnel.

En 2004, l'entreprise avait regagné du terrain. Pourtant, si d'un côté, elle pouvait se targuer d'1,7 millions d'abonnés dans le monde entier, environ quatre-vingt-deux pour cent d'entre eux résidaient aux États-Unis. RIM décida donc d'adopter toutes les mesures nécessaires pour renforcer sa présence au niveau international. Se concentrant surtout sur les marchés européens, elle multiplia les accords avec des sociétés importantes parmi lesquelles Orange et BT qui firent doubler les ventes sur le territoire britannique. La clé du bon résultat de cette opération fut la distribution d'échantillons gratuits des produits BlackBerry au sein des entreprises intéressées, grâce auxquels presque quatre-vingt-dix pour cent finirent par devenir des clients payants.

Cette même année, RIM réalisa une nouvelle version de son serveur d'e-mails pour l'adapter aux alphabets chinois et arabes, et en 2005, la marque Hutchinson de Hong Kong collabora avec Onset, entreprise spécialisée dans le support linguistique, pour offrir des services de consultation aux nombreux utilisateurs d'Hong Kong et de Macao, en langues japonaise et coréenne. L'introduction de ces services ouvrit la route à l'avancée de l'entreprise au Japon et en Corée.

En visant un marché de masse

Au cours de son histoire, RIM a travaillé sans relâche au développement, restant à l'avant-garde dans le domaine du design, de la réalisation et de la commercialisation des instruments de communication sans fil, et remportant différents prix pour le caractère révolutionnaire de ses produits.

Si au départ les dispositifs BlackBerry étaient la prérogative des dirigeants et des hommes d'affaires, avec l'introduction de fonctions comme la caméra ou le lecteur de musique, l'entreprise réussit à attirer l'attention d'une clientèle plus diversifiée. Le modèle Pearl 8100 en particulier, lancé en 2006, aida l'entreprise à changer radicalement d'image.

Avec l'introduction de fonctions comme la caméra ou le lecteur de musique, l'entreprise réussit à attirer l'attention d'une clientèle plus diversifiée.

L'autre caractéristique sur laquelle RIM s'est toujours focalisée est la sécurité. Depuis que, en 1997, elle fit ses débuts dans le monde de la communication sans fil, avec sa technologie révolutionnaire, elle a garanti à ses clients la plus grande sécurité dans la transmission des informations, même les plus délicates ou celles soumises au secret, comme c'est le cas pour les organismes gouvernementaux. L'entreprise a également dû, pendant de nombreuses années, mener des batailles juridiques pour protéger sa technologie des tentatives d'imitations de la concurrence (Mike, l'inventeur, possède plus de trente brevets). La fonction particulière qui consiste à avertir l'utilisateur de l'arrivée d'un mail lui a valu le surnom de « *crackberry* », de crack (rupture) qui fait référence

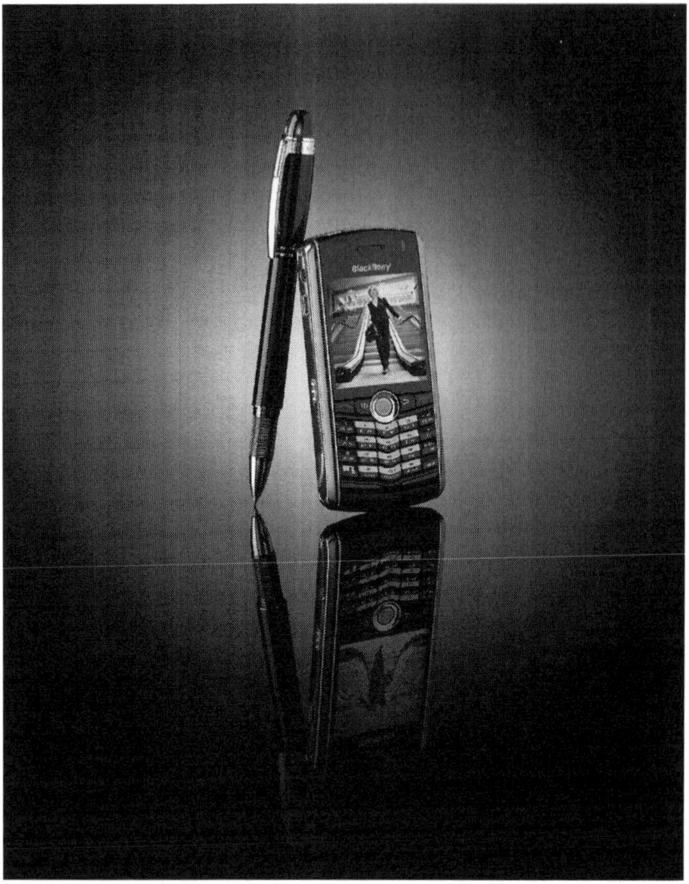

Un BlackBerry Pearl 8100. La série Pearl a permis à RIM d'accéder au marché de masse.

à l'habitude qu'ont les hommes d'affaires d'interrompre ce qu'ils sont en train de faire, indépendamment de la situation et du lieu dans lesquels ils se trouvent, pour contrôler le dernier message reçu.

Les produits BlackBerry sont utilisés dans le monde entier et la société possède des bureaux en Amérique du Nord, en Europe et en Asie du Pacifique.

Où en sont-ils maintenant ?

Entre 1999 et 2007, le fabricant canadien dominait sans partage le segment du mobile connecté. Il avait d'abord séduit les cadres et les dirigeants d'entreprise, accros aux e-mails, puis les jeunes générations, fondues de messagerie instantanée. Mais, aujourd'hui, les cols blancs préfèrent les smartphones plus « fun », débordant d'applications comme ceux fonctionnant sous iOs ou Android, et le « BB » est passé de mode chez les ados.

Après avoir raté la vague du tactile et des tablettes, BlackBerry représente désormais moins de 3 % du marché mondial des smartphones, selon l'institut IDC. En 2012, BlackBerry affichait un chiffre d'affaires en baisse de 40 %.

À l'heure actuelle, Blackberry tente de trouver des alliances, sinon elle devra vendre la société. La firme reste cependant l'un des plus gros portefeuilles de brevets au monde et son réseau sécurisé est très prisé dans les grands groupes mondiaux. Les éventuels repreneurs ne manquent donc pas. Google, Facebook, Apple ou Samsung pourraient être intéressés par les brevets, Microsoft par les activités de services aux entreprises.

Nintendo

L'OBSTINATION DU JEU

Fondateurs : Hiroshi Yamauchi

Âge au moment de la création : 21 ans

Expériences précédentes : étudiant à l'université

Année de la création : 1949

Type d'activité : jeux vidéo

Pays actuellement concernés : le monde entier

Bénéfices : 2,5 milliards de dollars

NINTENDO

Il y a quelques années, l'opinion publique américaine était restée déconcertée quand certains chercheurs avaient révélé que, pour les enfants, Ronald McDonald était plus connu que le président des États-Unis. Imaginez alors le choc quand, au début des années quatre-vingt-dix, ils apprirent que les personnages de dessins animés de chez eux, à l'image du célèbre Mickey Mouse, étaient dépassés par Super Mario, une création étrangère. Le héros d'origine nippone avait conquis les très jeunes générations du monde entier ; l'effronté plombier avec ses moustaches avait porté Nintendo, l'entreprise qui l'avait fait naître, au sommet du secteur des jeux d'ordinateurs. Aujourd'hui, Nintendo est une entreprise d'une valeur de 2,5 milliards de dollars qui rivalise avec Sony et qui, par certains aspects, dépasse Microsoft dans ce domaine en perpétuel évolution. D'autres concurrents, comme Atari et Sega ont été distancées, incapables de rester au niveau du continuel progrès technologique de l'entreprise.

L'entreprise de famille

L'entreprise que nous connaissons et aimons aujourd'hui est en partie le résultat des efforts de Hiroshi Yamauchi. En 1949, à seulement vingt et un ans, il hérita de son grand-père une petite entreprise de cartes à jouer. Il était encore à l'université quand l'opportunité de devenir président de l'entreprise lui fut offerte, et il n'était alors même pas sûr de vouloir la saisir. Cependant, quand son grand-père accepta ses conditions, Hiroshi abandonna ses études pour prendre la tête de l'entreprise. Sa famille fabriquait des cartes à jouer depuis des décennies et avait différents points de vente au Japon. Hiroshi ne voulut plus perdre de temps et, afin d'assurer à l'entreprise, alors connue sous le nom de « Yamauchi-Nintendo », un brillant avenir, il se mit au travail. Dès le premier jour, il montra une volonté et une détermination telles qu'il faisait peur à ses collaborateurs. Insistant sur le fait qu'il voulait être l'unique membre de la famille impliqué dans l'entreprise, il s'assura que son grand-père licencie son cousin avant d'accepter le rôle de président. Par la suite, il entama un processus de restructuration de la société déplaçant la production, renvoyant les dirigeants que son grand-père avait nommés et mettant à jour la gamme des produits. Hiroshi ne permettait pas que l'on vienne discuter son autorité et il fit immédiatement comprendre, même aux salariés de longue date, que c'était lui qui commandait.

Dès le premier jour, il montra une volonté et une détermination telles qu'il faisait peur à ses collaborateurs.

Après quelques voyages d'Hiroshi aux États-Unis, Nintendo produisit les premières cartes à jouer plastifiées du Japon. Par la suite, en 1959, il signa un accord avec Walt Disney pour réaliser des cartes à l'effigie de ses personnages, et il en vendit six cent mille jeux. Pourtant, Hiroshi, malgré le succès obtenu, n'était pas encore satisfait et il était à la recherche de nouvelles initiatives. Au cours de ses voyages en Amérique, il constata avec stupeur que le marché était saturé de petites entreprises productrices de cartes et il interpréta cela comme un signal d'avertissement. Il fit coter l'entreprise à la bourse d'Osaka et de Kyoto, et il investit l'argent récolté dans le lancement de nouveaux produits. Pendant une brève période, il abandonna le secteur des jeux et il s'essaya à de nouvelles pistes, parmi lesquelles un produit instantané à base de riz, un « hôtel de l'amour » et un service de taxis. Cela produisit des résultats bien discutables. Très rapidement, il se lassa de ces expériences et il comprit que son point fort était dans la présence déjà répandue de ses magasins, laquelle s'était largement accrue après le lancement des cartes plastifiées. En 1969, il renomma l'entreprise qui le conduira sur le devant de la scène mondiale Nintendo Games.

Jeux et divertissement

Dans les années qui suivirent, Hiroshi embaucha plusieurs ingénieurs et, même s'il n'avait aucune compétence dans le domaine, il possédait un talent spécial pour les motiver à créer un nombre infini de nouveautés. Il établit entre les créateurs une ambiance de compétition, mais il fut surtout capable de mettre en place leur collaboration. Tous voulaient obtenir son approbation et Hiroshi dispensait des louanges et des critiques à égale mesure. Il avait une capacité extraordinaire pour pressentir quand un produit était prêt à être commercialisé et quand au contraire il fallait le renvoyer au secteur développement.

Hiroshi établit entre les créateurs une ambiance de compétition, mais il fut surtout capable de mettre en place leur collaboration. Il avait une capacité extraordinaire pour pressentir quand un produit était prêt à être commercialisé et quand au contraire il fallait le renvoyer au secteur développement.

Au début des années soixante-dix, Nintendo présenta une série de dispositifs amusants, parmi lesquels l'Ultra Gand, un long bras artificiel muni d'une main en son extrémité capable de saisir des objets, l'Ultra Machine, un distributeur automatique de balles de baseball et le Love Tester, un instrument électronique qui était censé mesurer l'amour entre un garçon et une fille quand ils se tenaient par la main. En 1973, quelques événements de portée mondiale eurent des répercussions y compris sur l'entreprise nippone et ses projets internationaux : le manque de pétrole causa littéralement un black-out qui eut de graves effets sur les entreprises du monde entier : de nombreux magasins fermèrent et les consommateurs commencèrent à renoncer aux produits de luxe. Nintendo vit ses commandes se réduire de façon drastique et Hiroshi dut reconsidérer sérieusement le futur de son entreprise. La faillite définitive était une sérieuse possibilité à envisager. Mais c'est quand la tempête gronde à l'extérieur que les entreprises avec des leaders faibles coulent à pic, tandis que celles avec de grands leaders continuent leur chemin.

Par hasard, la crise pétrolière coïncida avec de grandes découvertes technologiques dans le domaine des microprocesseurs et des semi-conducteurs, lesquels sont à l'origine des premiers vrais jeux vidéo. Les premières entreprises firent leur apparition, comme Atari et Magnavox, et elles se mirent à vendre les premières consoles qui pouvaient se brancher sur un téléviseur. Il s'agissait de jeux très simples mais amusants, ce qui représentait un énorme pas en avant pour le divertissement domestique. Nintendo signa une affaire avec Magnavox, grâce à laquelle elle obtint le droit de fabriquer et de vendre Pong au Japon ; par la suite, elle mit en place une collaboration avec Mitsubishi pour produire des consoles et en 1977, elle lança son premier modèle, la Color TV Game 6 qu'elle vendit à des milliers d'exemplaires. Après presque trente ans à la tête de Nintendo, Hiroshi avait enfin trouvé le bon produit pour amener son entreprise au niveau mondial.

Tentatives et erreurs

L'entreprise se concentra sur le développement des jeux électroniques portables, donnant naissance à un petit appareil appelé « Game & Watch », précurseur de la Game Boy. Hiroshi pressentait le potentiel de cette nouvelle forme de divertissement et il entendait transformer Nintendo en une société leader. Cependant, au cours de cette phase, au début des années quatre-vingt, l'entreprise qui jusqu'à il y a dix ans fabriquait des faux pistolets et des gadgets, devait à présent affronter des entreprises du calibre d'Atari et de Commodore, lesquelles avaient déjà parcouru un long chemin. Hiroshi trouvait les appareils de nouvelle génération comme l'Atari 2600 intéressants : il s'agissait d'une petite boîte connectable à la télévision et doté d'un *slot* pour héberger les cartouches de jeux vidéo, ce qui augmentait notablement le nombre des jeux à charger. Il en arriva à la conclusion que la meilleure façon de faire du profit était de miser sur la vente des jeux vidéo auxquels on ne pouvait accéder qu'avec un appareil compatible. Par conséquent, il donna à ses ingénieurs une mission précise : créer une console qui coûte un tiers du prix de celles disponibles sur le marché, mais qui offre un graphisme et une maniabilité supérieurs. Il leur dit ceci : « inventez quelque chose que les autres entreprises ne seront pas capables de copier avant au moins un an. Faites en sorte que les consommateurs soient persuadés que notre produit est nettement supérieur » (David Sheff, *Game Over*, Random House, 1993).

Hiroshi donna à ses ingénieurs une mission précise : créer une console qui coûte un tiers du prix de celles disponibles sur le marché, mais qui offre un graphisme et une maniabilité supérieurs.

Ses ingénieurs étudièrent les projets des concurrents pour cerner leurs points faibles et susceptibles d'être améliorés. Ils passèrent des heures à faire des calculs pour satisfaire les demandes d'Hiroshi. Finalement, ils arrivèrent à la conclusion que l'appareil devait contenir deux *puces*, une unité centrale d'élaboration (CPU) et une unité de création d'images (PPU) ; de plus, ils affirmèrent que la production des puces devait être externalisée. Très souvent, Hiroshi trouvait qu'il était difficile de faire des affaires avec les fournisseurs, dans la mesure où il cherchait à obtenir des quantités toujours plus grandes de marchandises à des prix toujours plus bas ; beaucoup refusaient également de faire affaire avec Nintendo parce qu'ils ne réussissaient pas à satisfaire sa demande de flexibilité. En ce qui concernait les puces, Nintendo cherchait à les acheter à des prix très bas, et pour ce faire, le seul moyen était de faire une grosse commande. À l'époque, le marché des jeux vidéo domestiques n'était pas si vaste, et les deux millions de puces électroniques commandées par Nintendo dépassaient largement le marché japonais.

L'entreprise contacta Ricoh, qui traversait une période difficile et qui pensait donc pouvoir tirer profit de l'affaire, mais même cette entreprise ne pouvait accepter le prix proposé. Hiroshi proposa alors un marché que beaucoup jugeront absurde : il garantissait à Ricoh une commande de trois millions de puces les deux années suivantes si le fournisseur acceptait le prix proposé. Ce fut un pari très risqué, considérant que le secteur se trouvait dans une phase embryonnaire et qu'on ne connaissait pas encore l'ampleur du marché. Une chose était sûre : la commande de puces était trop importante pour le seul marché japonais et elle avait été faite en vue d'une expansion à l'international. L'entreprise prit un bureau aux États-Unis et prépara le lancement d'un nouvel appareil sur le marché américain.

Hiroshi proposa alors un marché que beaucoup jugeront absurde : il garantissait à Ricoh une commande de trois millions de puces les deux années suivantes si le fournisseur acceptait le prix proposé.

Le système élaboré par Nintendo pouvait supporter la plupart des applications que l'on peut rencontrer dans les systèmes de jeux plus récents. Cependant, les accessoires comme le clavier n'étaient pas encore disponibles sur le premier Nintendo Entertainment System (NES) ou Famicom, ce qui se savait au Japon. Hiroshi voulait que le prix reste faible et que l'appareil soit le plus simple possible. De plus, les revendeurs exprimaient de sérieuses réserves à l'égard du produit : ils craignaient que la commercialisation d'un article aussi économique avec une marge de profit aussi réduite ne présente pas d'intérêt. Hiroshi réussit cependant à les convaincre que les véritables gains viendraient de la vente des jeux vidéo et que pour cela, il fallait proposer les consoles à un prix accessible. « La console est seulement un moyen pour vendre les jeux et c'est avec les jeux que nous allons gagner de l'argent ».

Le NES connut un grand succès et commença à se vendre comme des petits pains que ce soit en Amérique ou au Japon : en tout juste six mois, il s'en vendit plus de cinq cent mille exemplaires. Les passionnés aimaient se faire offrir des jeux comme Donkey Kong, Metroid, The Legend of Zelda et Kid Icarus. La majorité des entreprises concurrentes ne réussirent pas à suivre les nombreuses nouveautés présentes dans les jeux vidéo Nintendo. L'élève avait désormais dépassé le maître.

Cela étant, la route vers l'expansion internationale ne fut pas sans obstacles. Six mois seulement après le lancement de la NES, un défaut qui provoquait le gel de son système de circuits apparut dans la console. Hiroshi ordonna le retrait total du produit et l'entreprise prit le risque d'être absente du marché pendant la précieuse période de

Noël, laissant à la concurrence le temps nécessaire de se remettre à niveau. Mais il était convaincu que s'il n'avait rien fait, cela aurait gravement compromis la réputation de Nintendo.

Un monde nouveau

Le plus gros succès de l'entreprise qui allait faire connaître la marque Nintendo dans le monde entier fut « Super Mario Brothers ». Son héros, Mario, avait déjà fait son apparition parmi les personnages de Donkey Kong. À l'origine, le jeu vidéo aurait dû s'appeler « Monkey Kong, mais une erreur de traduction avait transformé « Monkey (singe) Kong » en « Donkey (âne) Kong », un nom aussi drôle qu'inoubliable, mais également peu apprécié des revendeurs Nintendo qui le trouvaient ridicule. Le jeu vidéo n'aurait jamais vu le jour si Hiroshi n'avait pas eu une confiance totale en son directeur créatif, Shigeru Miyamoto. Beaucoup parmi les meilleurs jeux Nintendo étaient nés du génie de Shigeru, qui prenait son inspiration dans des légendes comme celle de King Kong. Donkey Kong fut un triomphe commercial : les joueurs se passionnèrent pour les aventures de Mario, un plombier employé à sauver une princesse des griffes d'un singe géant. On donna un frère au héros, Luigi, et naquit ainsi le premier d'une longue série de jeux vidéo Super Mario Bros.

Super Mario fut le fer de lance de l'entreprise. Entre 1985 et 1991 soixante millions d'exemplaires des huit versions différentes du jeu vidéo furent vendus au total. Les enfants adoraient Super Mario et ils en voulaient toujours plus, au point que, quand il avait l'intention de lancer une nouvelle console, Nintendo fabriquait dans le même temps la dernière version du jeu vidéo pour s'assurer que les parents achèteraient bien aussi le nouvel appareil. Mario permit le développement de consoles révolutionnaires comme la Super NES, la Nintendo 64 et la Nintendo DS.

Pour les enfants seulement

Les jeux d'ordinateurs sont souvent montrés du doigt par la presse car les enfants peuvent accéder à certains contenus pour adultes. Nintendo s'est toujours tenu à distance de tout ça, bannissant de ses jeux toute image affichant clairement des références sexuelles, et éliminant les scènes cruelles et sanguinaires, ou en en minimisant les tons. La rigueur avec laquelle l'entreprise a garanti le bon goût et la décence l'a conduite à renoncer à des projets que ses concurrentes ont développés bien volontiers, profitant du vide laissé sur le marché par Nintendo. Au fil des années, les petits joueurs sont devenus adultes et le secteur des jeux vidéo a dû faire face aux exigences d'un public plus mature. Des jeux comme Grand Theft Auto, avec leurs ventes records, ont renfloué les caisses des rivaux comme Sony. On pourrait penser que Hiroshi avait commis une grave erreur, mais on pourra surtout considérer cela comme un coup de maître. La renommée de Nintendo est de fait étroitement dépendante de la volonté des parents d'acheter des consoles et des jeux pour leurs enfants : les critiques de la presse sur la moralité d'un produit, surtout dans un pays comme les États-Unis, influencent profondément le jugement des parents qui ne voudraient certainement pas laisser leurs enfants seuls dans leur chambre avec un « jeu de mauvais goût ».

Un des ingrédients qui a fait de Nintendo une entreprise d'importance internationale est sa capacité à créer des jeux innovants capables de séduire les enfants. Une grande partie de ce mérite doit être accordé à Hiroshi qui décidait lui-même si un jeu devait être ou non développé, se fiant à sa capacité à miser sur le bon cheval. Son jugement comptait bien plus que l'opinion des experts en marketing ou que les résultats des études de marché. Le fondateur de l'entreprise était convaincu que les résultats de ces études pouvaient lui donner une idée de ce que les consommateurs voulaient à ce moment-là, mais qu'elles ne pouvaient pas lui dire ce qu'ils voudraient dans le futur. En revanche, Hiroshi avait toute confiance dans le département de recherche et développement de son entreprise, et il laissait toute latitude à ses hommes brillants comme Shigeru. Créer une ambiance capable de stimuler et d'alimenter leur créativité fut sans aucun doute une des plus grandes victoires de Nintendo.

Un des ingrédients qui a fait de Nintendo une entreprise d'importance internationale est sa capacité à créer des jeux innovants, capables de séduire les enfants, tout en garantissant bon goût et décence.

C'est mon enfant !

L'autre grand succès de Nintendo, la Game Boy, fut lancé à la fin des années quatre-vingt. Exactement comme cela avait été fait pour les consoles précédentes, l'entreprise mit l'appareil sur le marché à un prix raisonnable, comptant sur la vente des jeux vidéo pour en retirer un profit maximum. Cette fois-ci, la cible de référence du produit n'était pas seulement les enfants, mais prenait aussi en compte les adultes ; les passagers qui parcouraient de longs trajets, les banlieusards qui sortaient du bureau, et les mères de famille qui attendaient leurs enfants devant l'école en devinrent les fans les plus acharnés. Parmi les jeux disponibles, celui qui fit le plus d'adeptes fut le Tetris, capable d'ensorceler et de créer une sorte de dépendance, au point d'obliger bien des personnes à lui consacrer des heures de leur vie. La qualité graphique limitée de la Game Boy qui était alors en noir et blanc, n'empêcha pas le jeu vidéo de conquérir les passionnés. De plus, son lancement laissa la concurrence bouche bée, et ils se précipitèrent pour en faire des imitations. Cependant les tentatives des adversaires comme Sega pour rivaliser avec la Game Boy ne servirent à rien ; elle est toujours sur le marché aujourd'hui.

Où en sont-ils maintenant ?

Au cours des années quatre-vingt-dix, et au début du XXIe siècle, Nintendo a poursuivi son chemin sur la route de l'innovation et du progrès technologique dans le domaine des jeux vidéo. On peut considérer que cela était inévitable, vu la nature dynamique de ce secteur. De nombreux concurrents, parmi lesquels Sony, ont vaillamment tenté de la dépasser. De son côté, ces dernières vingt années, Nintendo s'est consacrée au développement de la NES et de la Game Boy ; même si elle a connu quelques moments dans lesquels elle a semblé prête à céder, l'entreprise a toujours montré une grande capacité à rebondir. Quand la PlayStation 2 de Sony a gagné dans sa confrontation avec la Game Cube Nintendo, de nombreux journalistes spécialisés ont voulu voir dans cette défaite un signe de l'imminente faillite de la société japonaise. Mais Nintendo a répondu à ces pronostics en créant une nouvelle console : la Wii.

Sony et Microsoft ont lancé respectivement la PlayStation 3 et l'X-Box 360, appareils équipés d'une série de caractéristiques supplémentaires qui en augmentent la qualité graphique ; Nintendo a choisi un parcours différent. Sa nouvelle console permet aux joueurs de contrôler ce qui arrive sur l'écran en bougeant la télécommande (ou *controller*) en l'air, sans avoir à appuyer sur aucun bouton. La technologie des capteurs de mouvements était plus ou moins connue depuis des années, mais Nintendo est parvenue à en diminuer les coûts de façon à la rendre accessible au marché de masse et à produire une série de jeux capables d'exploiter au maximum les potentialités offertes par le nouveau système de contrôle. Le résultat est une console plus économique que la PlayStation et que l'X-Box, mais capable d'offrir une expérience de jeu totalement inédite : un coup de maître. L'entreprise a vendu plus de cinquante millions de consoles et a ouvert un nouveau chapitre dans l'histoire des jeux pour ordinateurs. L'entreprise a ensuite créé la Nintendo DS qui remplace la Game Boy et qui a eu un énorme succès, puis la 3DS qui a dépassé le record établi par la Game Boy Advance, avec plus de 4,7 millions d'unités vendues en 11 mois.

Hiroshi a laissé le gouvernail de l'entreprise en 2002, confiant le rôle de président à Satoru Iwata. Resté au conseil d'administration les trois années suivantes, il a été contraint à démissionner pour problèmes de santé. Actuellement, c'est l'homme le plus riche du Japon et il a encore des parts dans l'entreprise. Il a utilisé une partie de son énorme patrimoine pour soutenir des projets humanitaires, comme le Kyoto University Hospital, ainsi que des sportifs, comme l'équipe américaine de baseball des Seattle Mariners. Shigeru Miyamoto, qui a été, au cours des années, distingué par de nombreux prix, est à présent administrateur général de la société et reste un des créateurs de jeux vidéo les plus admirés. Le fait qu'il ait supervisé le projet Wii n'a fait qu'accroître sa réputation dans le secteur des jeux vidéo, nourrissant les attentes des adeptes concernant ses travaux puisqu'ils attendent avec impatience chacun de ses coups.

Nokia

UNE BONNE COMMUNICATION

Fondateur : Fredrik Idestam

Âge au moment de la création : 27 ans

Expériences précédentes : ingénieur minier et entrepreneur

Année de la création : 1865

Type d'activité : télécommunications

Pays actuellement concernés : 150

Chiffre d'affaires : 30,2 milliards d'euros (2012)

NOKIA

Jusqu'en 2007, l'entreprise fut leader dans la production de téléphones portables et elle détenait quarante pour cent des parts de marché malgré une multitude de solides concurrents.

Les débuts

Nokia connut des origines plutôt modestes, mais surtout improbables pour un géant des télécommunications. L'entreprise naquit en 1865, quand son fondateur, Fredrik Idestam, obtint l'autorisation de construire une usine de production de pâte à bois sur le fleuve Tammerkoski, dans le petit centre industriel de Tampere, en Finlande méridionale.

Le terme « Nokia » vient du fleuve qui coule dans la ville, le Nokianvirta, lequel doit son nom à la « martre », le petit animal à longs poils sombres qui vivait dans la région et qu'on appelait justement en finlandais ancien « nokia ».

L'activité prospéra et peu de temps après, Fredrik ouvrit une autre scierie sur le fleuve Nokiamvirta, cette fois-ci dans la ville de Nokia. Le nouveau siège offrait de meilleurs équipements pour la production d'énergie hydraulique, lesquels sont fondamentaux pour ce type d'usine. De plus, comme elle cultivait les berges fertiles du fleuve, l'entreprise pouvait prendre en charge de façon autonome la subsistance de ses employés, économisant ainsi sur le coût de la main d'œuvre. Bien vite, l'usine prit le nom de la ville qui l'hébergeait (contrairement à aujourd'hui, les entreprises prenaient souvent le nom de leur fondateur ou celui du lieu dans lequel elles étaient nées).

Même s'il avait une formation d'ingénieur minier, Fredrik se fit connaître dans cette histoire comme le patriarche du secteur papier finlandais, l'un des plus productif au monde, important d'Allemagne une nouvelle méthode de production plus économique qui connut un grand succès ; son invention fut récompensée à l'occasion de l'Exposition Universelle de Paris en 1867 où elle remporta la médaille de bronze.

Quatre ans passèrent avant qu'Idestam ne fonde officiellement Nokia Ab et ne transfère son usine dans la ville de Nokia.

Un air de changements

Le développement de l'entreprise profita également à la ville qui fut équipée de routes, ponts et même, quelque temps plus tard, en 1877, d'un bureau de télégraphes entre Tampere et Nokia. Il n'est pas difficile d'imaginer d'où vient l'inspiration du slogan de la marque : « Connecting people ». En 1895, la ville disposait aussi d'une gare ferroviaire. Idestam quitta l'entreprise en 1896, après l'avoir dirigée pendant plus de trente ans. Après deux ans seulement, Nokia Ab fit l'un des premiers pas qui lui permettront de devenir une entreprise multi-produits : elle ajouta à ses activités la fabrication d'énergie électrique pour approvisionner son usine située jusqu'alors dans une zone mal desservie.

Dans le même temps, en 1898, Finnish Rubber Works, une société fondée par Arvid Wickström, vint s'installer à Nokia, attirée par son rapide développement et par les ressources offertes par la ville : l'entreprise deviendra plus tard le point de départ pour Nokia vers un nouveau secteur d'activité, celui du caoutchouc.

L'activité se développait à un rythme impressionnant et, en 1912, Eduard Polón fonda Finnish Cable Works. L'arrivée de cette nouvelle entreprise prépara également le terrain pour l'entrée de Nokia Ab dans le secteur de l'électronique, selon un schéma qui deviendra bien connu pour l'entreprise. On construisit des maisons pour répondre à l'exigence du nombre croissant d'ouvriers employés dans l'usine et, aussi bien Nokia que Finnish Rubber Works, lesquelles avaient une approche toujours novatrice, ouvrirent des écoles professionnelles pour les garçons et pour les filles.

Fredrik Idestam mourut le 8 avril 1916, mais son souvenir est encore présent. La propriété de Nokia et son manoir, actuellement utilisés comme lieux de rencontre pour les hauts dirigeants de Nokia, ont une importance historique et archéologique : de fait, les chercheurs ont trouvé des traces d'activités remontant à l'âge de pierre, à l'âge de fer et au Moyen Âge.

En 1922, les investisseurs de Finnish Rubber Works, guidés par le premier actionnaire Oy Gottfried Strömberg Ab, achetèrent des titres de Finnish Cable Works ; de ce fait, les trois entreprises locales, même si elles étaient gérées comme des entreprises indépendantes, appartenaient à un même groupe. Les usines continuèrent de se développer, sortant indemnes de la seconde guerre mondiale.

Le conflit se révéla même utile à l'entreprise. De fait, Finnish Cable Company fut chargée de fournir des câbles électriques à l'Union Soviétique, en dédommagement de guerre, que la Finlande devait verser à l'État fédéral communiste. À cette époque, l'usine était dirigée par un personnage haut en couleurs du nom de Werner Weckman. Werner avait été médaillé d'or aux Jeux olympiques d'Athènes de 1906, et mieux encore, il avait été le premier athlète finlandais à monter sur la plus haute marche du podium. Après sa brillante carrière sportive, il s'était formé comme ingénieur minier et, entre 1906 et 1922, il avait travaillé en Russie, où il avait eu l'opportunité d'apprendre la langue, et de connaître en profondeur la culture populaire. Puis, après avoir travaillé dix ans en tant que directeur technique pour Finnish Cable Company, il en était devenu l'adminis-

Le logo de Nokia, utilisé depuis fin 1966.

trateur général. Avec la fin de la guerre, il avait démarré une activité d'export avec la Russie, utilisant sa bonne connaissance de la culture et de la langue du pays : c'était le premier pas vers le développement international.

Ce fut une période cruciale pour le futur de Nokia, futur leader de la téléphonie sans fil ; en 1963, elle expérimenta les radiocommunications pour l'armée et pour les services de premiers secours.

Après cette phase de croissance exponentielle, l'entreprise se prépara finalement à prendre un tournant. Même si Finnish Rubber Works, Finnish Cable Company et Nokia Ab (curieusement la plus petite des trois à l'époque), appartenaient à un unique groupe d'investisseurs depuis 1922, leur fusion devint effective seulement en 1967, quand fut créée officiellement Nokia Corporation. La société opérait dans cinq domaines clés : le caoutchouc, les câbles, la sylviculture, l'électronique et la production d'énergie électrique. L'industriel Björn Westerlund succéda à Werner Weckman, et devint le premier président du groupe. On reconnaît généralement à Westerlund, diplômé en ingénierie électrique de l'Université de Technologie d'Helsinki, le mérite d'avoir jeté les bases de la suprématie de Nokia dans le secteur de l'électronique et de la téléphonie sans fil.

Il continue à sonner !

En 1991, Nokia Corporation avait acquis une position dominante sur le marché et avait posé sa candidature pour endosser le rôle de chef de fil dans le secteur émergeant de la communication sans fil. Comptant sur un marché européen des télécommunications sans réglementation, et sur la diffusion récente de réseaux sans fil à l'échelle mondiale, le chemin s'ouvrit avec quelques produits de grand impact, parmi lesquels le Nordic Mobile Telephone (NMT), premier réseau international de téléphonie mobile, créé en 1981. L'introduction du NMT marqua le début du développement du secteur. Le NMT qui initialement ne couvrait que les pays nordiques devint très vite populaire sur tout le continent européen et même au-delà.

Peu de temps après, Nokia introduisit les premiers téléphones de voitures. En 1982, le Mobira 450 sortit alors qu'en 1986, ce fut au tour du Mobira Talkman. À l'époque, l'entreprise commença aussi à fournir des stations de base et des commutateurs pour les opérateurs du réseau NMT.

L'entreprise développa le Nokia DX200, son premier commutateur téléphonique numérique, et le Mobira Cityman, le premier téléphone NMT portable. En 1991, les dispositifs Nokia furent utilisés pour effectuer la première communication téléphonique GSM au monde. Le GSM, ou Global System for Mobile Communications, fut adopté en 1987 comme standard européen pour la téléphonie mobile. Cette seconde génération de technologies mobiles était en mesure de gérer soit la circulation des voix soit celle

Différents stades technologiques : le Mobira Talkman, le Nokia 8810, le Nokia 6110 et le Mobira Cityman.

des données. À la fin des années quatre-vingt-dix, Nokia avait fourni ses systèmes GSM à plus de quatre-vingt-dix opérateurs dans le monde entier.

Quand Nokia aborda l'Asie, il s'assura que dans aucun de ses appareils n'apparaisse le chiffre quatre, pour respecter le fait que dans de nombreuses régions du continent il était considéré comme portant malheur.

Une idée géniale

En termes de développement stratégique, 1992 fut une année décisive pour Nokia. En plus d'avoir nommé Jorma Ollila comme nouveau président et administrateur général, le groupe décida d'orienter son futur exclusivement sur les télécommunications. Dans la droite ligne de cette décision, elle se libéra peu à peu de ses activités dans les autres secteurs, dont le caoutchouc et le matériel électrique.

Avant d'intégrer Nokia en 1985, Ollila, né en 1950, avait passé huit ans à la Citibank, un grand groupe financier mondial, s'occupant des services financiers auprès des entreprises. Il avait de plus cumulé une série de masters en économie, ingénierie et sciences politiques. Il fut nommé directeur financier et chef du département de la téléphonie mobile en 1990.

L'entreprise sortait alors d'une période de troubles, secouée par des conflits internes et des problèmes financiers, pour entrer dans une phase de calme, sous la direction d'Ollila. De fait, en 1988, la société avait été marquée par le geste tragique du directeur général d'alors Kari Kairamo qui, après avoir souffert longtemps de psychose maniaco-dépressive, s'était suicidé. Beaucoup gardèrent en mémoire que les lourdes pertes du secteur des télévisions n'avaient fait qu'aggraver sa situation. Ollila avait des ambitions claires pour l'avenir de l'entreprise, et pour les réaliser, il devait tourner la page de certains chapitres de l'entreprise. Peu à peu, il liquida les autres activités pour tout investir dans la téléphonie mobile et plus généralement, dans la production des systèmes de télécommunication. Nokia parsema les années suivantes de lancements de produits innovants :

• en 1992 : lancement de son premier portable GSM, le Nokia 1011 ;

• en 1994 : lancement du premier téléphone équipé par le Nokia Tuner et première communication téléphonique par satellite effectuée, naturellement par le biais d'un portable GSM Nokia ;

• en1998, six ans seulement après la nomination d'Ollila, l'entreprise avait réussi à conquérir un rôle de leader dans le secteur de la téléphonie sans fil, grâce à ses choix stratégiques, et pouvait se vanter de ventes supérieures à celles des autres entreprises, ce qui lui permit d'obtenir l'estime de la presse économique.

L'an 2000 est tristement connu comme l'année de la faillite dans le secteur des télécommunications. À l'époque, Ollila et sa femme faisaient des travaux de rénovation dans leur ancienne maison (du XIXe siècle), située au nord d'Helsinki. Au lieu de remédier à la situation, Ollila continua de faire avancer ses projets. Sa détermination ne passa pas inaperçue : en 2003, le magazine « Time » le définit comme « un administrateur général fascinant et bûcheur », qui avait « transformé une entreprise avec cent trente-six ans d'histoire et dépourvue de stratégie précise en un enfant prodige du secteur technologique ».

Appelés aux armes

En 2006, Olli-Pekka Kallasvuo, directeur financier de l'entreprise, fut promu administrateur général, succédant à Ollila qui avait assumé cette fonction pendant treize ans. Ollila devint président du conseil d'administration de Nokia à mi-temps et président non-exécutif du conseil d'administration de Royal Dutch Shell et de Ford Motor Company.

Né le 13 juillet 1953 à Lavia, en Finlande, Kallasvuo, avec ses vingt-cinq ans dans l'entreprise était un vétéran ; diplômé en droit à l'Université d'Helsinki, il avait été embauché en 1980 comme juriste d'entreprise et il s'était rapidement retrouvé au sommet de la société.

Tout n'était pas allé toujours toutes voiles dehors durant le règne d'Ollila qui avait dû affronter une période difficile et extrêmement compétitive pour le secteur, et il avait été plusieurs fois la cible de critiques. Les analystes et les investisseurs en particulier avaient désapprouvé sa réticence à présenter de nouveaux modèles multifonctionnels

Jorma Ollila (président et administrateur général de 1992 à 2006) et Olli-Pekka Kallasvuo (administrateur général depuis 2006).

alors que la concurrence introduisait sur le marché des portables capables de lires des fichiers de musique et de prendre des photos.

De toute façon, on comprendra aisément combien il était difficile de trouver une personne adéquate et avec l'expérience suffisante pour assurer la suite d'Ollila. Kallasvuo, selon ses dires, avait bien conscience qu'il aurait à se confronter à un illustre prédécesseur et il ne s'en réjouissait pas : « Il est difficile de suivre les traces de monsieur Ollila. Cependant, je ne regarde pas vers le passé mais vers le futur, et les projets et défis qu'il réserve », déclara-t-il une fois au « Financial Times ».

Fidèle à ces paroles, en 2006, Kallasvuo conduit la fusion entre le département des équipements du réseau de Nokia et celui de Siemens, ce qui donna naissance à une nouvelle entreprise, Nokia Siemens Networks. Au sujet de son temps libre, il dit qu'il aime jouer au golf et au tennis et qu'il s'intéresse à l'histoire de la politique.

Où en sont-ils ?

Avec le temps, les frontières entre la communication sans fil et l'informatique, la photo numérique et Internet s'effacent progressivement, et émerge un secteur convergeant et multimédia dans le contexte duquel Nokia s'est placé comme entreprise avant-gardiste jusqu'en 2007. Cette année-là, en même temps que le lancement d'Ovi, sa nouvelle plateforme Web, la marque Nokia s'était placée cinquième parmi

Le siège social de Nokia à Espoo, en Finlande.

les marques les plus appréciées au monde et était considérée comme l'un des fleurons européens.

Mais ça c'était avant l'iPhone. Entre 2007 et 2009, Nokia a raté le coche des smartphones et la machine bien huilée s'est grippée. Le smartphone, c'est la principale erreur de gestion du groupe finlandais, laissant Apple et Samsung s'implanter. Nokia continue de profiter de bonnes ventes en proposant des modèles d'entrée de gamme compétitifs. Mais en plus de rater le train du smartphone, la firme a préféré se concentrer sur Symbian, son propre système d'exploitation (OS). Elle est ainsi passé à côté du phénomène Android, la solution développée par Google qui équipe aujourd'hui une grande partie des smartphones (Sony-Ericsson, Motorola, Samsung...), grâce à laquelle les rivaux ont pu combler leur retard. Finalement c'est avec Microsoft que Nokia s'allie pour son smartphone Lumia, mais cela n'est pas encore suffisant pour combler la perte occasionnée par Symbian.

Après n'avoir cessé de perdre de l'argent dans les téléphones, l'ancien numéro un mondial du secteur a jeté l'éponge et devrait céder cette activité début 2014 à l'américain Microsoft. Les activités d'équipement en télécoms qui resteront au sein de Nokia se portent mieux. Ainsi NSN (Nokia Solutions and Networks, anciennement Nokia Siemens Networks) qui est depuis le mois d'août 2013 une filiale à 100 % de Nokia, doit devenir le cœur de l'entreprise.

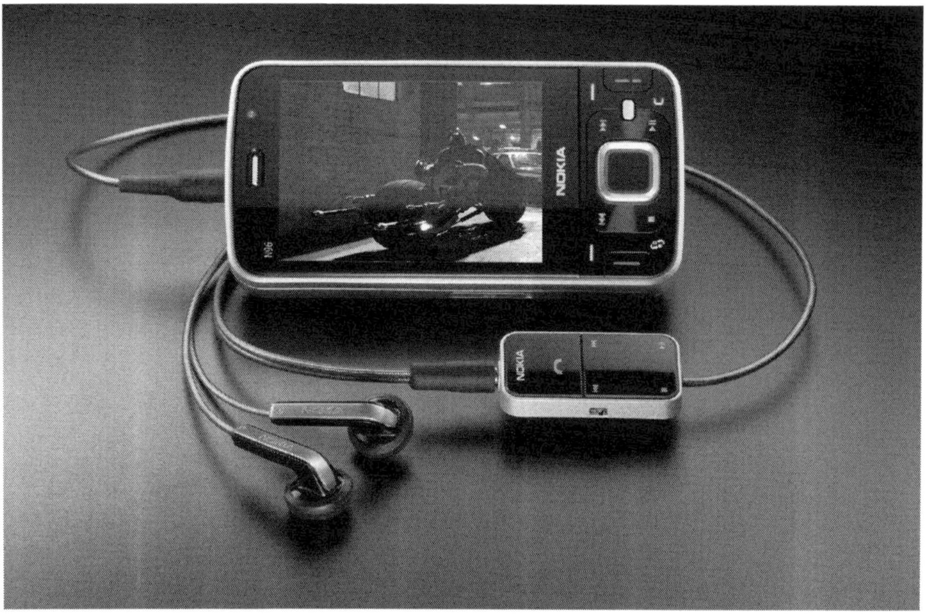

Le Nokia N96.

Sony

UNE MARQUE ÉLECTRISANTE

Fondateurs: Masaru Ibuka et Akio Morita

Âge au moment de la création : 38 ans et 25 ans

Expériences précédentes : ingénieur et producteur de saké

Année de la création : 1946

Type d'activité : électronique domestique

Pays actuellement concernés : plus de 150

Chiffre d'affaires : 65 milliards d'euros (2010)

SONY

Probablement peu nombreux sont ceux qui ont déjà entendu parler de l'entreprise japonaise Tokyo Tsushin Kogyo mais presque tous connaissent sa descendante directe : Sony. Fondée il y a plus d'un demi-siècle par deux amis, Masaru Ibuka et Akio Morita, l'entreprise a débuté en lançant une bouilloire électrique pour le riz. Aujourd'hui, Sony est célèbre pour des produits bien plus attractifs et plus fascinants, bon nombre d'entre eux ayant révolutionné les rapports qu'entretiennent les consommateurs avec la technologie ; les inventions de l'entreprise concernent actuellement des millions de personnes dans le monde entier. Grâce à des objets comme le WALKMAN, la PlayStation, les ordinateurs portables VAIO ou le MiniDisc, la marque est devenue une des plus connues dans la sphère de l'électronique domestique. L'entreprise s'est de plus affirmée dans des secteurs tels que la musique, le cinéma et la télévision.

Convergence d'idées

Depuis tout petit, Masaru était extrêmement curieux. Radioamateur passionné, il aimait expérimenter toutes sortes de technologie. Sa passion pour la recherche ne passa pas inaperçue à l'université, ce qui lui valut le surnom de « inventeur génial ». Après avoir obtenu son diplôme à la faculté de sciences et d'ingénierie de la Waseda University de Tokyo, une des institutions les plus reconnues du pays, Masaru travailla dans différentes entreprises les douze ans qui suivirent, se spécialisant dans l'enregistrement sonore et les télécommunications.

En 1945, le Japon, renaissant des cendres de la seconde guerre mondiale, était en prise à des temps difficiles d'un point de vue économique. Ce n'était pas vraiment le moment idéal pour démarrer une nouvelle activité, mais la passion de Masaru pour les expériences était assez forte pour dissiper toutes les incertitudes. Par conséquent, il utilisa ses économies pour ouvrir un magasin de réparation de radios, le Tokyo Tsushin Kogyo, dans l'atelier d'un grand entrepôt qui avait subi les bombardements de la guerre. Un an plus tard, Akio Morita trouva un article de journal qui, parlant de la croissante popularité de la radio, évoquait l'activité de Masaru ; il décida alors de se lancer en affaires avec lui. Ils s'étaient déjà rencontrés pendant la guerre alors qu'Akio servait dans l'armée comme officier de la marine impériale japonaise et que Masaru travaillait comme technicien radio, et ils s'étaient liés d'amitié.

Ce ne fut pas difficile de convaincre Akio du bienfondé de l'initiative de Masaru, et très vite, les deux vieux amis firent une société, déboursant environ cinq cents dollars pour financer l'entreprise et commencer à recruter du personnel. La famille Morita possédait une importante entreprise qui produisait du saké à Nagoya, la quatrième plus grande ville du Japon, et Akio était destiné à poursuivre la tradition familiale qui se perpétrait depuis quatre cents ans. Cependant, le jeune descendant décida de renoncer à la sécurité de cet avenir pour emprunter un chemin plus risqué, faisant preuve d'un véritable esprit d'entrepreneur.

Les deux associés avaient des compétences complémentaires. Masaru était un as des télécommunications et de l'électronique didactique et souvent, il s'amusait à démonter des mécanismes à même le sol de l'entreprise pour en comprendre le fonctionnement, pendant qu'Akio s'occupait des aspects financiers de l'entreprise. Leur but était de créer des produits qui allient qualité et innovation. Vers la fin des années quarante, ils présentèrent leur première invention, une bouilloire électrique pour le riz, ce qui fut un échec parce que le riz était toujours ou trop cuit ou pas assez. En fait, cet échec eut une vertu thérapeutique pour l'entreprise qui abandonna le domaine de la cuisine pour s'occuper d'un secteur dans lequel elle laissera une trace, celui de la communication. Dans sa première année de vie, l'entreprise enregistra un bénéfice de trois cents dollars et un volume de ventes inférieur à sept mille dollars.

Cet échec eut une vertu thérapeutique pour l'entreprise qui abandonna le domaine de la cuisine pour s'occuper d'un secteur dans lequel elle laissera une trace, celui de la communication.

La persévérance paye

Encouragés par des signes de reprise de l'économie japonaise et par l'augmentation de la demande de biens de consommation, Masaru et Akio abandonnèrent le marché de l'électroménager pour se consacrer à celui des appareils électroniques, plus en accord avec leurs goûts et leurs compétences. Masaru avait dressé un cahier des charges pour l'entreprise, dans lequel il décrivait ses objectifs : « Nous devons éviter les problèmes qui frappent généralement les grandes entreprises, et dans le même temps, nous devons créer et introduire des technologies auxquelles les grandes entreprises ne parviennent pas à se mesurer. »

En 1950, le père d'Akio injecta des capitaux dans l'entreprise, ce qui permit aux deux associés de produire leur premier dispositif électronique hardware, le G-Type, le premier enregistreur audio à être présenté au Japon. Si d'un point de vue technologique, l'appareil était intéressant, en termes de design, il laissait vraiment à désirer : son aspect mal dégrossi et volumineux en fit un inévitable flop commercial. Cette fois cependant, Masaru et Akio étaient bien décidés à persévérer et à commercialiser le dispositif. L'occasion de donner une impulsion aux ventes se présenta quand Masaru découvrit par hasard une brochure des forces armées américaines, qui proposait neuf cent quatre-vingt-dix-neuf façons d'utiliser un enregistreur. Le texte fut traduit en japonais et largement diffusé. La brochure se révéla être un parfait instrument de marketing et les ventes du magnétophone augmentèrent de façon vertigineuse, au point que l'entreprise dut déménager dans un endroit plus grand.

Quoi qu'il en soit, le but de l'entreprise restait la réalisation de produits innovants, et il ne fallut pas longtemps pour que Masaru se focalise sur d'autres dispositifs. Plus particulièrement, il se mit à s'intéresser aux transistors, appareils fondés sur une technologie développée par un organisme américain pour la recherche, Bell Laboratories, et rachetée ensuite par Western Electric. Par la suite, les radios à transistor avaient été produites aussi par d'autres entreprises aux États-Unis, mais elles étaient réservées avant tout à un usage militaire. Lors d'un voyage aux États-Unis au début des années cinquante, Masaru se rendit compte qu'il y avait un marché potentiel. Il convainquit Bell de lui céder la licence d'utilisation technologique qui lui permettrait de fabriquer une petite radio sans tube. Quelques mois plus tard, Masaru et Akio démarrèrent la production du poste de radio à transistor.

Akio lui aussi était revenu de son voyage aux États-Unis avec quelque chose d'inattendu : un nouveau nom pour l'entreprise. Se trouvant à l'étranger, il avait compris que l'entreprise avait besoin d'un nom reconnaissable et facilement prononçable, y compris en dehors du Japon. L'hypothèse d'utiliser l'abréviation TTK était à exclure parce que le sigle était déjà utilisé par une autre entreprise japonaise. De ce fait, Akio pensa à se rapprocher du type d'activité de la société et il s'inspira du mot latin « sonus », racine du mot « son », et « sonore », mais également de « sonny-boys », une expression qui, dans l'argot japonais, désigne les enfants prodiges. Le mot « Sony » suggérait donc le type de produits que fabriquait l'entreprise et l'esprit créatif avec lequel ils étaient conçus.

Vers la croissance

En 1955, l'entreprise produisit sa première radio de poche, le modèle TR-55, sur laquelle figurait pour la première fois la marque Sony. Les Japonais étaient encore aux prises avec les séquelles de la guerre et ils ne pouvaient pas se permettre d'acheter des appareils électroniques coûteux, alors le binôme décida de se tourner vers la florissante économie d'Amérique du Nord. À certains égards, le développement mondial fut pour eux une démarche obligatoire. « Je savais que nous avions besoin d'une arme pour nous ouvrir une brèche dans le marché américain et il devait s'agir de quelque chose de neuf que personne n'avait jamais réalisé », dit Akio dans une interview pour la revue « Time », quelques temps après. Quoi qu'il en soit, les premières tentatives pour pénétrer le marché américain échouèrent. Les grossistes se montrèrent peu enthousiastes, prétendant que les consommateurs américains étaient différents des japonais et qu'ils préféraient les produits de grande taille à ceux plus petits.

Akio s'inspira du mot latin « sonus », racine du mot « son », et « sonore », mais également de « sonny-boys », une expression qui dans l'argot japonais désigne les enfants prodiges.

Refusant de s'entendre répondre non, Masaru et Akio persévérèrent, créant diverses versions de radios à transistor. Finalement, ils réussirent à obtenir une commande de cent mille unités de la part du solide horloger américain Bulova qui souhaitait cependant mettre sa propre marque sur les radios. Akio refusa cette proposition parce qu'il voulait que sa marque s'affirme de façon autonome et devienne synonyme d'innovation ; il ne voulait pas créer des produits pour d'autres sociétés. En revanche, il accepta d'autres commandes plus modestes qui offrirent quand même à la société la possibilité de se développer, même si ce fut à un rythme plus lent. Ce fut un choix qu'Akio définira plus tard comme un des meilleurs de toute sa vie. En 1956, environ quarante mille radios furent fabriquées et vendues par Sony, qui commençait à sentir les effets d'une légère augmentation de la demande. L'entreprise commença également à exporter ses appareils aux Pays-Bas et en Allemagne.

Dans son autobiographie, Akio admit qu'ils n'étaient pas vraiment en mesure de produire des radios de dimensions assez réduites pour tenir dans une poche et de ce fait, utilisant sa créativité, il avait créé un autre système : il avait commandé pour ses représentants, des chemises munies de poches plus grandes qui donnaient l'impression que les radios étaient plus petites.

En 1957, l'entreprise produisit le poste à transistor le plus petit sur le marché de l'époque. L'appareil, dont les dimensions étaient 112 x 71 x 32 mm, eut un succès immédiat dans le monde entier, surtout chez les adolescents américains qui, pris par la fièvre du rock and roll, se précipitèrent pour acheter une radio portable. Les chiffres parlent d'eux-mêmes : en 1955, environ cent mille radios de poche furent vendues. En 1958, le nombre était monté à cinq millions, et la même année, l'entreprise changea officiellement son nom pour Sony Corporation.

À l'antenne

Un an plus tard, Sony annonça qu'elle avait développé un téléviseur à transistor, lequel fut lancé l'année suivante. Après une dispute avec Delmonico International, entreprise chargée de gérer les ventes de Sony à l'étranger, Masaru et Akio décidèrent d'ouvrir les premiers magasins hors du Japon en en implantant un à New York et un en Suisse. En 1961, Sony devint la première entreprise japonaise cotée à la bourse américaine. En 1963, Akio réalisa un autre pas dans le sens du développement mondial en s'installant aux États-Unis pendant plus d'un an afin d'étudier les habitudes et le mode de vie de ses habitants, et de modeler en fonction d'eux les stratégies de l'entreprise. Ce fut une démarche astucieuse, dans la mesure où cela lui permit de tisser des liens avec des dirigeants de quelques-unes des plus grosses compagnies américaines qui joueront, quelque temps plus tard, un rôle essentiel dans la conclusion d'accords de collaboration. Ce fut aussi l'embryon d'un futur réseau international qui comptera plus de cent sociétés contrôlées et affiliées, ainsi que des unités de production dans le monde entier.

L'entreprise continua à gagner du terrain, se fiant à sa technologie des transistors. Au début des années soixante, elle présenta innovation sur innovation, parmi lesquelles la radio AM/FM et le magnétoscope, érigeant la marque en symbole de progrès et d'avancée technologique. À la fin de cette décennie, les ingénieurs de Sony avaient inventé la première télévision couleurs de l'histoire, celle qu'on appela « Trinitron ». L'entreprise continua d'élargir son spectre d'actions, en inaugurant un bureau en Angleterre et en faisant un joint-venture avec une entreprise phonographique, CBS qui sera plus tard établie comme la principale productrice d'enregistrements du Japon. En 1974, Sony devint la première grande entreprise japonaise à ouvrir un établissement au Royaume-Uni.

Le développement international se fit parallèlement aux nouvelles inventions. Un des lancements les plus réussis à cette époque fut celui du magnétoscope (VCR) en format Bétamax, introduit sur le marché en 1975. Même si l'appareil était une véritable affaire, les conséquences négatives ne manquèrent pas, puisque certains concurrents parmi lesquels Toshiba lancèrent un produit semblable qui utilisait la même technologie que Sony et le privait ainsi d'une partie du marché

Des temps difficiles

Sony investissait beaucoup dans la recherche et le développement. En 1979, il sortit son premier WALKMAN, qui ne reçut pas un accueil positif de la part des propriétaires de magasins d'électronique. Huit revendeurs Sony sur dix étaient sceptiques sur le fait qu'un magnétophone à cassettes sans mécanisme d'enregistrement puisse séduire les consommateurs. Après un premier mois plutôt négatif, pendant lequel ne furent pas vendus plus de trois mille articles, Sony comprit que les gens avaient besoin d'essayer le produit pour en apprécier la qualité du son.

Ils participèrent à des fêtes d'écoles et d'universités pour attirer un public jeune, et le produit acquit une certaine notoriété grâce au bouche-à-oreille. Les critiques se révélèrent infondées si l'on considère l'énorme succès que le WALKMAN obtint, aussi bien au Japon qu'à l'étranger. Dans un article de la revue « New Scientist », Akio commenta : « La technologie ne fait pas tout. Il faut aussi avoir une stratégie de marketing créative. Le WALKMAN n'était pas technologiquement novateur et pourtant il a connu un excellent début commercial ». Dix ans après le lancement du premier produit, cinquante millions d'articles avaient été vendus. En 1982, Sony fit de nouveau appel à son marketing créatif pour introduire sur le marché le premier lecteur CD de l'histoire.

« La technologie ne fait pas tout. Il faut aussi avoir une stratégie de marketing créative. Le WALKMAN n'était pas technologiquement novateur et pourtant il a connu un excellent début commercial ».

Le succès obtenu jusqu'alors par l'entreprise provenait sans aucun doute en grande partie de sa capacité à précéder la concurrence dans la présentation des produits. Akio était particulièrement habile pour être en avance sur son temps et pour prévoir les orientations du marché, même si la compétition se faisait de plus en plus rude. Cependant, cela n'était pas l'unique facteur qui menaçait la position prédominante de Sony sur le marché de l'électronique de consommation. L'entreprise n'avait pas réussi à s'allier avec d'autres entreprises pour promouvoir ensemble des normes dans le secteur, et les conséquences de ce manquement ne tarderont pas à se faire sentir.

De fait une société rivale Matsushita Electric, qui avait des parts chez JVC, avait développé un format différent du VCR appelé « VHS », qui n'était pas compatible avec le Betamax. L'entreprise concurrente mit au point une campagne publicitaire agressive destinée à convaincre les consommateurs et les fabricants d'adopter leur format, affirmant que le Betamax deviendrait bientôt obsolète. S'ensuivit une véritable guerre du marketing qui ne fut utile à aucune des deux entreprises, lesquelles furent obligées de baisser leurs prix. Même si la technologie du Betamax était généralement considérée comme supérieure, les consommateurs finirent par pencher pour la VHS, parce qu'il y avait un plus grand choix de films compatibles autour de ce type de technologie. C'est seulement vers la fin des années quatre-vingt que Sony se résolut à adopter le format de sa rivale, même si elle avait déjà perdu une importante part du marché.

Nouvelles directions

À la fin des années soixante-dix, Masaru, qui s'approchait des soixante-dix ans, avait déjà laissé bon nombre de ses fonctions à des dirigeants plus jeunes, même s'il continua à travailler en tant que conseiller pour l'entreprise jusqu'à sa mort, en 1997, à la suite d'un arrêt cardiaque. Une des étoiles montantes de Sony s'appelait Norio Ohga, et deviendra président en 1982. Akio lui aussi abandonna progressivement ses responsabilités et Norio, bien décidé à éviter certaines erreurs comme celles commises avec le Betamax dirigea l'entreprise vers une nouvelle phase.

En 1985, Norio dirigea la mise sur le marché du premier caméscope, capable d'enregistrer sur une cassette vidéo standard 8mm, développée en même temps par plus de cent concurrents. Même si elle n'était pas compatible ni avec le format VHS ni avec celui du Betamax, Sony avait assuré que cette technologie fonctionnerait parfaitement avec la prochaine génération de caméscopes, visant ainsi le futur plutôt qu'une perspective à brève échéance. Ce fut une approche gagnante et en l'espace de trois ans, le caméscope avait conquis cinquante pour cent du marché européen, trente pour cent du marché Nord américain et vingt pour cent du marché japonais.

De ces expériences précédentes, Norio avait aussi appris qu'il n'était pas suffisant d'avoir un meilleur produit que les autres, et il envisagea alors la possibilité d'agrandir la famille de Sony en y ajoutant de nouveaux membres. En 1984, il racheta la branche d'Apple computers dédiée aux technologies hard disk, grâce à quoi il réussit à capturer vingt pour cent du marché japonais des ordinateurs de bureaux. Trois ans plus tard, Sony racheta CBS Records pour deux milliards de dollars, dans l'idée d'acquérir une position dominante dans le département de l'électronique et de l'entretien relatif au software. Le jeune président cherchait ainsi à s'assurer que les produits musicaux de Sony resteraient compatibles avec les outils pour enregistrer de la musique.

Mais ce fut seulement en 1989 que Sony finalisa le rachat qui fit la une des journaux vu l'importance de la somme déboursée : elle racheta la Columbia Entertainment à Coca-Cola Enterprises pour 3,4 milliards de dollars. Elle obtint ainsi l'accès à une large bibliothèque cinématographique et à une part importante du réseau de distribution aux États-Unis, mais elle se chargea dans le même temps d'une dette d'un milliard de dollars. Au début des années quatre-vingt-dix, l'obligation de procéder au paiement des intérêts mit à rude épreuve la survie de l'entreprise.

Défis mondiaux

La situation était particulièrement difficile pour les filiales de Sony dispersées dans le monde. Au début des années quatre-vingt-dix, le bénéfice net de Sony diminua dangereusement à cause de la récession qui touchait la majeure partie des économies mondiales et de la valeur du yen japonais par rapport aux autres monnaies. En 1993, son bénéfice net chuta de soixante-dix pour cent s'élevant à trois cent treize millions de dollars sur un volume de ventes équivalant à cinq cent seize milliards de dollars.

À ce moment-là, Norio prit la direction du conseil d'administration de Sony et Akio, qui avait eu un accident vasculaire cérébral fut nommé président honoraire. Nobuyuki Idei, qui avait contribué trente ans auparavant à l'installation d'une division de l'entreprise en France, fut nommé président. Le changement du cadre des dirigeants ne freina pas le déclin de Sony dans le secteur de l'électronique, mais l'entrée de l'entreprise dans la branche des jeux fut vraiment bénéfique, tant pour sa réputation que pour ses bénéfices.

Le début des jeux

En 1991, Sony, qui était de fait nouvellement arrivé dans le secteur des jeux, avait initié des tractations avec Nintendo pour concevoir une PlayStation capable d'être reliée à la NES, la console de Nintendo. Cependant, l'accord échoua par deux fois à cause d'un conflit d'intérêts entre les deux entreprises, et Sony se retrouva seul à développer le système de jeu. Une stratégie qui s'avèrera efficace, avec le temps. Sony présenta sa PlayStation en 1994, et l'année suivante la console s'inséra également aux États-Unis, accompagnée par une campagne publicitaire massive. Déterminée à ne pas commettre les mêmes erreurs que dans le passé, Sony s'appliqua à séduire les éditeurs de jeux vidéo pendant des années avant de présenter la PlayStation, s'assurant ainsi qu'au moment du lancement une vaste gamme de jeux soit déjà disponible. L'entreprise acheta et mit également en place des laboratoires de développement de jeux vidéo, pour mieux contrôler le software, plus encore que pour tirer profit de la création de produits à succès. La Playstation eut un retour positif immédiat et les consoles furent plusieurs fois en rupture de stock. En quelques années, la console d'origine et sa seconde version, la Playstation 2, dominèrent le marché : Sony avait battu les géants du secteur, que ce soit Nintendo ou Sega, sur leur propre terrain.

La Playstation eut un retour positif immédiat et les consoles furent plusieurs fois en rupture de stock. En quelques années, la console d'origine et sa seconde version, la Playstation 2, dominèrent le marché.

L'objectif suivant de Sony était de s'étendre au domaine des ordinateurs familiaux, un marché qui, en 1997, année du lancement de la première ligne de PC Sony, VAIO, était désormais arrivé à maturité. Si d'un côté personne ne mettait en doute la qualité et l'élégance de ces ordinateurs, leur prix élevé en empêcha la large diffusion. La disparition d'Akio, en 1999, des suites d'une affection pulmonaire, impliqua un grand changement de direction pour l'entreprise, opéré par Nobuyuki Idei qui ambitionnait pour Sony de trouver une place dans la « société des réseaux qui aurait marqué le XXIe siècle ». En octobre 2001, l'entreprise fit un joint-venture avec Ericsson pour produire des téléphones portables, rentrant dans la compétition avec des poids lourds du calibre de Nokia et de Motorola, et en installa le siège social à Londres.

Malgré cela, Sony laissa échapper de nombreux nouveaux développements dans le domaine de l'électronique domestique. Partie en retard dans le domaine des ordinateurs familiaux, elle fut lente à acquérir un potentiel dans les lecteurs MP3 et elle n'exploita pas les opportunités offertes par Internet, laissant des entreprises comme Apple lancer des produits à énorme succès comme l'iPod. De plus, les ventes dans le secteur de la télévision diminuèrent, à partir du moment où l'entreprise ne réussit pas à tirer profit des nouvelles télévisions à écran plat.

Où en sont-ils maintenant ?

En 2005, Idei démissionna du rôle de président et d'administrateur général, et le sceptre passa à Howard Stringer, alors président et administrateur général de la filiale américaine de Sony Corporation. Pour la première fois de l'histoire, un étranger était placé à la tête d'une entreprise d'électronique japonaise. Le nouvel administrateur s'appliqua à restructurer l'entreprise afin d'en relever la position, insistant en particulier sur trois domaines : l'électronique, les jeux et le divertissement.

Ces dernières années, Sony, comme quasiment toutes les entreprises du secteur, s'est efforcée de réduire l'écart entre l'ordinateur et la télévision. 2008 a vu la société s'investir dans une grosse campagne destinée à promouvoir le format Blu-ray, avec le soutien des plus grandes firmes cinématographiques. La même année, après un difficile tête-à-tête avec Sony, Toshiba a annoncé qu'elle abandonnait le format HD au profit du Blu-ray de sa rivale. Actuellement, Sony cherche à accroître les contenus vidéo en format Blu-ray et à sonder le marché à la recherche de nouvelles opportunités. Toujours en 2008, l'entreprise a présenté sa première gamme d'ordinateurs VAIO à destination des entreprises.

Au niveau des consoles, la PlayStation 3 n'avait pas obtenu le résultat escompté à cause de son prix trop élevé, du fait d'une technologie très avancée, et à cause du succès obtenu par une console très différente, la Wii de Nintendo. En revanche, pour sa sortie aux Etats-Unis en 2013, la PlayStation 4 (PS4), la dernière version de la célèbre console, a fait fort. Elle a vendu un million d'exemplaires en seulement une journée. Pas étonnant, quand on songe que les fans de jeux vidéo attendent depuis maintenant plus de six ans le lancement d'un successeur à la PlayStation 3, sortie début 2006.

Sony, comme toutes les autres entreprises, doit apprendre à grandir dans un monde de plus en plus compétitif, dans lequel il n'est pas possible d'être l'artisan de chaque nouvelle grande idée. Cette conception reflète le cœur de la philosophie d'Akio, et elle est mieux décrite dans son autobiographie, *Made in Japan* (HarperCollins Publishers, 1994) : « Si tu vis ta vie en étant toujours convaincu que ton chemin est le meilleur, alors tu laisseras toutes les nouvelles idées qui circulent dans le monde te passer à côté ».

Bebo

UN PHÉNOMÈNE SOCIAL

Fondateur : Michael et Xochi Birch

Âge au moment de la création : 35 ans et 33 ans

Expériences précédentes : domaine des assurances et entrepreneur en ligne

Année de la création : 2005

Type d'activité : réseau social

Pays actuellement concernés : 13

Chiffres d'affaires : 1,1 million de dollars (2011)

BEBO

Au cours de ces dernières années, les sites Web comme Facebook, MySpace et YouTube ont littéralement explosé, passant de l'anonymat à la célébrité, et ils accueillent actuellement des centaines de millions de visiteurs chaque jour, pour la plupart des moins de trente ans.

Bebo, réseau social d'origine britannique, possède plus de quarante millions d'inscrits dans le monde entier. Comment Michael Birch, fondateur du site, a-t-il fait pour donner vie à ce phénomène en 2005 ?

Connaissance du réseau

D'après Michael, l'idée qui se trouve à la base de Bebo est très simple : « Donner aux gens ce qu'ils veulent et pas ce qu'ils ne veulent pas ». Cela semble plutôt simple, mais derrière le succès de Bebo il y a un long parcours fait de tentatives et d'échecs. Après avoir quitté son travail d'informaticien dans une compagnie d'assurances, Michael avait déjà démarré six entreprises avant de fonder Bebo, et il avait dû affronter une « courbe d'apprentissage » qui dura trois ans avant de trouver le bon chemin. Trois de ces entreprises avaient fait faillite et les deux autres avaient connu un modeste succès. Michael pense à ces premiers résultats avec philosophie : « ce n'est pas parce que quelque chose échoue que ça signifie que tout a été inutile et que ça ne t'a rien appris ; tu en retires ce que tu peux, en isolant un élément qui a marché et tu te sers de ça pour ta prochaine activité ».

Toutes les entreprises qui précédèrent Bebo étaient on line. Depuis qu'il était petit, Michael avait toujours voulu monter et diriger sa propre activité ; la naissance d'Internet lui fournit le coup de pouce nécessaire et surtout, la plateforme idéale pour réaliser son rêve. « J'ai compris tout de suite que c'était un moyen idéal pour ceux qui avaient le goût d'entreprendre. De plus, j'avais une longueur d'avance, puisque je possédais des connaissances en informatique », explique-t-il. Vu son expérience dans le domaine, Internet représentait pour lui la poule aux œufs d'or.

« Ce n'est pas parce que quelque chose échoue que ça signifie que tout a été inutile et que ça ne t'a rien appris ».

Succès inattendu

Un des premiers sites web de Michael, BirthdayAlarm.com, qui signalait, par mail, à ses utilisateurs les dates importantes comme les anniversaires, suscita un intérêt modéré. Il fonctionnait déjà quand Michael remarqua l'émergence d'un nouveau type de sites Web sur la toile. Il fut très frappé par les premiers réseaux sociaux, parmi lesquels Sixdegrees.com (1997-2001), et il se mit à réfléchir à comment en améliorer le contenu. Ainsi, en 2003, avec l'aide de l'équipe de BirthdayAlarm.com, il mit au point en réseau social de photos : Ringo.com.

Les fondateurs : Michael et Xochi Birch.

Toutes les entreprises qui précédèrent Bebo étaient on line. La naissance d'Internet lui fournit le coup de pouce nécessaire et surtout, la plateforme idéale pour réaliser son rêve.

Le résultat positif qui résulta de cette initiative fut pour le moins inattendu. Conscient de ne pas être prêt à gérer la croissance du site ni à en soutenir les coûts, Michael décida de le vendre seulement trois mois après son ouverture. « Très simplement, nous n'avions pas les ressources nécessaires pour nous occuper du site, et comme c'était le phénomène du moment, nous avons reçu trois offres en une semaine » se souvient-il avec sa femme et associée Xochi. « C'est devenu le second réseau social après Friendster. Nous avons décidé de le vendre pour nous consacrer à d'autres activités que nous étions en train de mettre en place à l'époque ». Ce fut une attitude astucieuse, si l'on considère que la majorité des sites sont obligés de fermer parce qu'ils ne réussissent pas à répondre aux attentes croissantes des utilisateurs. Il est intéressant de noter que même Ringo.com subit ce sort en 2008.

La naissance de Bebo

Michael avait été contraint d'abandonner Ringo.com, mais il n'avait aucunement l'intention d'abandonner le monde des réseaux sociaux, surtout au moment où ils gagnaient en popularité grâce à la diffusion toujours plus étendue d'Internet. « Le phénomène n'en était qu'à ses débuts, mais je commençais à noter comment les gens, interagissant les uns avec les autres, utilisaient de façon complète chaque type de media, de la musique aux vidéos, et comment ils s'adaptaient facilement aux nouveaux outils comme les blogs. Je trouvais absolument fascinant cette façon aussi ouverte et positive de se faire des contacts et je retenais qu'il n'y avait pas de limite au pouvoir et aux opportunités contenues dans cette nouvelle tendance ».

Après avoir joué avec chacun des réseaux sociaux émergeants, Michael s'assit devant une feuille blanche pour créer celui qui, selon lui, deviendrait le meilleur dans l'absolu. Le projet initial prévoyait un réseau fondé sur le partage des photos, mais une fois la clause de non concurrence légale liée à la vente de Ringo.com arrivée à échéance, le site acquit un caractère plus général.

Se distinguer de la masse

Michael était conscient de devoir se présenter sur le marché avec une proposition originale. Son intention était de se tourner vers une cible jeune avec un produit qui corresponde à ses attentes, en s'appuyant sur une bonne connaissance de ce que les jeunes attendaient d'un réseau social mais également de ce qu'ils ne voulaient pas.

Je commençais à noter comment les gens, interagissant les uns avec les autres, utilisaient de façon complète chaque type de media.

Michael comprit qu'il ne fallait pas créer un produit de niche trop complexe ou chargé de fonctions comme certains sites concurrents. « Il est conçu pour être facile à utiliser. Tu peux t'enregistrer, accéder à ta page d'accueil et en quelques minutes tu es à l'intérieur. Il y a des fonctions définies mais tu n'es pas obligé de les utiliser. D'autres sites découragent les utilisateurs à cause de leur complexité ».

Le second objectif de Michael était de créer une ambiance qui accueille et encourage la naissance du réseau. L'idée était de donner vie à une « communauté saine » sans pour autant dicter des règles de comportement rigides. Les « enfants de la toile » modernes pouvaient se révéler impitoyablement critiques, alors Michael décida d'être

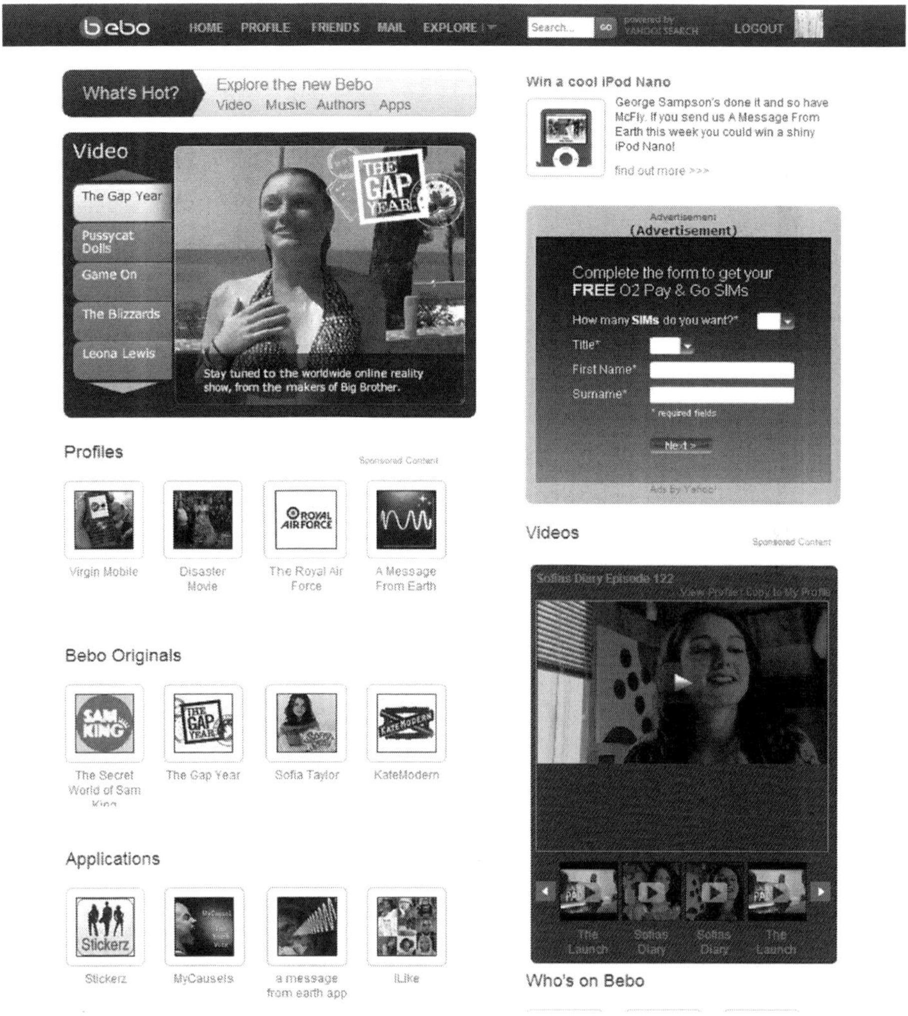

La home page qui accueille les visiteurs de Bebo.

attentif à fournir surtout la bonne ambiance, plutôt qu'une vaste gamme de fonctions et d'applications. Le caractère indispensable et la facilité d'utilisation seraient les signes distinctifs du site. Michael affirme : « Il était essentiel de ne pas avoir une approche trop gestionnaire », parce que cela aurait éloigné les jeunes qui aiment au contraire une certaine liberté d'expression et la possibilité de se créer une identité par le biais d'un profil personnel.

Guérilla du marketing

Éviter une approche « trop gestionnaire » signifiait aussi dire adieu à la publicité de masse. Les réseaux sociaux plus populaires tendent à évoluer spontanément, et non parce qu'ils sont soutenus par un bandeau publicitaire ou par un *banner Web* qui clignote, leur suggérant de venir les visiter. Michael soutient qu'il « est presque impossible de construire un réseau social en forçant les gens ».

Par conséquent, quand Bebo vit le jour en 2005, il ne fit aucune annonce ou clin d'œil publicitaire. À part un lien sur BirthdayAlarm.com qui fut actif pendant à peine deux jours, il fit confiance aux relations publiques et au pouvoir du bouche-à-oreille, ou plutôt, à celui d'un clic de souris. Michael raconte : « Nous nous sommes limités à passer le mot par le biais de quelques personnes et ainsi les choses se sont faites d'elles-mêmes. Et elles ont fait leur chemin.

Croissance vertigineuse

Les Birch payèrent quatre mille cinq cents livres sterling pour le nom de domaine de Bebo, choisi parce qu'il était disponible, court, et qu'il n'avait pas de sens. En s'appuyant beaucoup sur le site BirthdayAlarm.com, déjà bien en place, ils réduisirent au strict minimum les coûts initiaux, et grâce aux profits obtenus par la publicité, seulement deux mois après, ils possédaient déjà un flux de caisse positif.

Pour les espaces publicitaires, Michael et Xochi se fièrent à quelques agences qui prenaient un petit pourcentage pour chaque vente ; de cette façon, ils économisaient sur les frais de gestion et ils pouvaient se focaliser sur la construction du site. Cette démarche leur permettait également d'assurer leur présence dans différents pays (en se servant des agences locales), même s'ils n'avaient qu'un siège central : un élément important, à partir du moment où Bebo concernait un nombre toujours plus élevé d'utilisateurs dans le monde entier.

De fait le développement mondial faisait partie de la stratégie de l'entreprise, et ce depuis le début. Curieusement, dans cette première phase, Michael et Xochi exclurent les États-Unis des pays sur lesquels s'appuyer, parce qu'ils pensaient qu'il y aurait plus de demandes d'inscriptions dans des endroits comme l'Australie ou dans leur pays d'origine, la Grande-Bretagne. Les deux entrepreneurs voulaient s'assurer de solides racines avant d'affronter le marché américain.

Seulement dix mois après son démarrage, en mai 2006, Bebo fut élu meilleur réseau social par plus de trois cent mille internautes dans le cadre des People's Voice Awards. À la fin de l'année, ils étaient premiers du Google Zeitgeist, c'est-à-dire le classement des mots les plus cherchés sur le net, démonstration évidente du rôle dominant acquis par le site. L'entreprise, qui comptait désormais sur vingt-huit salariés à temps plein et sur cinq milliards de visites par mois, était prête à passer à l'étape suivante.

Même si le flux de caisse était positif, Michael et Xochi savaient qu'ils avaient besoin d'un capital supérieur à celui dont ils disposaient pour soutenir un tel rythme de croissance. Il leur fallait injecter de l'argent et en mai 2006, Benchmark acheta une certaine part de participation dans l'entreprise, pour quinze millions de dollars. C'était le bon moment, l'entreprise avait pu compter sur une solide base financière pour initier une stratégie de croissance plus agressive, sans avoir à se préoccuper de chercher des fonds.

L'ascension de Bebo

Début 2007, l'entreprise adopta une série de mesures visant à consolider sa position à la tête du classement des réseaux sociaux, parmi lesquelles le renforcement du cadre dirigeant. En janvier, Michael et Xochi nommèrent comme présidente Joanna Shields (ex-directrice générale des alliances stratégiques de partenariat pour Google Europe, Russie, Moyen-Orient et Afrique). Sa nomination marqua un pas en avant décisif dans la stratégie commerciale de Bebo et dans son plan de développement dirigé vers les nouveaux marchés.

En avril 2007 l'entreprise annonça le lancement de la première série interactive en ligne, *KateModern*, un produit d'avant-garde conçu pour catalyser le développement de Bebo. Courant 2006, une série intitulée *lonelygirl 15*, disponible sur YouTube, avait eu un énorme succès, recevant cinquante millions de visites. Joanna fut suffisamment habile pour reconnaître dans cet événement l'émergence d'un nouvel « outil social » : les jeunes passaient de moins en moins de temps à regarder la télé mais de plus en plus sur Internet, partageant des idées, des photos et de la musique. La nouvelle présidente entendait amener ce nouveau phénomène sur Bebo à travers les outils du Web. Dans une phase critique pour les réseaux sociaux, le site se garantit de nouveaux débouchés en cultivant d'autres formes d'interaction.

Commandée par Bebo et développée en collaboration avec la maison de production EQAL, la série fut lancée en juin 2007 ; les passionnés pouvaient interagir avec les personnages et même intervenir sur l'histoire grâce aux forums et aux outils mis à leur disposition. Joanna avait raison : ne serait-ce que la première semaine la série reçut cent mille visites, et sans support de campagne publicitaire.

Elle fut financée exclusivement par le biais de la promotion indirecte : les auteurs inséraient des marques précises de produits dans l'histoire, tandis que des compagnies comme Procter & Gamble (Gillette, Tampax et Pantene), MSN, Orange Mobile, Paramount et Disney/BuenaVista payaient quatre cent quatre vingt mille dollars tous les six mois pour apparaître dans *KateModern*. Comme prévu, la série reçut un excellent accueil auprès des internautes, gagnant un million et demi de spectateurs la première semaine et trente-cinq millions de vues à la fin de la première saison. La seconde se termina en juin 2008 avec plus de soixante-dix-sept millions de vues. Bebo projette de réaliser d'autres séries dans le futur.

Joanna Shields s'est associée à Bebo en 2007, et en tant qu'administratrice générale, elle l'a emmené vers de nouveaux sommets.

Bebo n'est plus le site simple et sans fanfreluches que Michael avait conçu à l'origine ; il a évolué pour correspondre à son époque et préserver son image de pionnier du Web.

La spécificité de Bebo

En juin 2006, l'entreprise lança Bebo Music, puis en févier 2007 Bebo Books, deux nouveaux services qui permettaient respectivement aux musiciens de mettre en ligne leurs morceaux et aux auteurs de mettre en ligne des chapitres de leurs œuvres et de recevoir des critiques et des commentaires. Toujours plus attentifs à anticiper les tendances de cette époque de « médias sociaux », les dirigeants s'aperçurent que les utilisateurs visionnaient plus d'un milliard de vidéos su YouTube ainsi que sur d'autres sites mais qu'ils ne réussissaient pas à trouver et à partager des contenus transmis par leurs diffuseurs préférés. De ce fait, en novembre 2007, Bebo présenta sa plateforme Open Media. Les diffuseurs télé avaient enfin un espace pour passer leurs contenus dans le réseau social de Bebo. Environ quatre cents groupes parmi lesquels MTV, Warner Brothers, Sky et ITN avaient le total contrôle sur les vidéos ou sur des programmes entiers qu'ils mettaient sur le réseau de Bebo. Ainsi, si ces vidéos contenaient de la publicité (*pre-roll, mid-roll* ou *banner ads* pendant la lecture), ils prenaient cent pour cent des profits provenant de ces annonces.

Selon Joanna, « le phénomène des réseaux sociaux ne se limite pas à une série de services et d'applications. Bebo est un « réseau de communication sociale » dans lequel la culture et les contenus sont un tout, et dans lequel les jeux et les médias deviennent pour les utilisateurs des moyens pour exprimer leur personnalité ». L'exceptionnelle « multimédialité » de Bebo en a fait un service unique capable de contrer la montée des sites rivaux. Joanna a comparé Facebook, un des concurrents à un BlackBerry, rapprochant en revanche Bebo de l'iPod d'Apple en termes d'innovation et de convergence.

Le service Open Media a représenté le point culminant du processus d'enrichissement. Bebo n'est plus le site simple et sans fanfreluches que Michael avait conçu à l'origine ; il a évolué pour correspondre à son époque et préserver son image de pionnier du Web. Son noyau reste cependant la communauté : Open Media et les autres outils ne seraient que des boîtes vides sans la communication naturelle et spontanée entre les utilisateurs.

Éliminer les barrières linguistiques

Fin 2007, Bebo a lancé une version du site entièrement adaptée et traduite pour la communauté polonaise. La réalisation du projet a été aidée par la collaboration du principal groupe éditorial polonais, Agora, chargé de promouvoir et de développer le site dans son pays. En collaborant avec ce colosse médiatique, Bebo put profiter de sa connaissance du marché local et de sa large sphère d'influence. Agora garda pour elle la plupart des bénéfices provenant des annonces publicitaires puisque, même dans ce cas-là, Bebo s'en était remis à eux pour prendre des contacts avec les entreprises locales. Le même système fut mis en place afin de se développer dans d'autres pays. En Mars 2009, Bebo a annoncé son lancement en Italie, en France, en Allemagne, en Espagne et aux Pays-Bas et c'est à cette même année que remonte son arrivée en Inde.

La vente à AOL

En 2008, Bebo était le principal réseau social des îles britanniques (avec plus de douze millions d'utilisateurs au Royaume-Uni et plus d'un million en Irlande). Il était le numéro un en Nouvelle-Zélande, et occupait la seconde place en Australie et la troisième aux États-Unis et au Canada.

En mars 2008, AOL (America On Line) a racheté Bebo pour huit cent cinquante millions de dollars afin de l'insérer dans sa nouvelle « toile de réseaux sociaux », People Networks. Les créateurs, Michael et Xochi, ont quitté l'entreprise tandis que Joanna a été nommée administratrice générale de Bebo, présidente de People Networks et vice-présidente exécutive d'AOL.

People Networks, nouveau membre de l'entreprise AOL comprend une série de plateformes sociales, parmi lesquelles Bebo, des systèmes de messageries instantanées AIM et ICQ, l'entreprise de technologie *widget* Goowy Media et Yedda, un service qui permet d'échanger des questions et des réponses avec d'autres utilisateurs. Au total, le réseau atteint le chiffre record de quatre-vingts millions d'utilisateurs dans le monde entier.

« Nous sommes désormais pleinement dans la troisième ère d'Internet. Nous pouvons dire que dans la première phase, les infrastructures nécessaires au développement à venir du réseau ont été construites, lesquelles ont permis aux gens de se connecter et de communiquer. Les premiers portails Web comme AOL, Yahoo et MSN régnaient alors en maîtres », affirme Joanna.

« Dans la deuxième phase, l'objectif central a été de centraliser les informations et de permettre aux utilisateurs d'y accéder. Cette phase a bien sûr vu la domination de Google, qui n'a pas d'égal pour trier les informations provenant du monde entier et les rendre accessibles à tous ».

« La troisième phase était et est sans doute la plus enthousiasmante, parce qu'elle implique la naissance d'une communauté en ligne capable d'enrichir la vie de chacun des utilisateurs et de donner au Web plus d'importance qu'il n'en a jamais eu. Au cœur de cette phase, il y a les réseaux sociaux qui, comme Bebo, deviennent les points d'intersection de la grande toile relationnelle qu'est Internet ».

« La troisième phase était et est sans doute la plus enthousiasmante, et elle implique la naissance d'une communauté en ligne capable de donner au Web plus d'importance qu'il n'en a jamais eu ».

Le fondateur de Bebo, Michael Birch, a fait une pause dans le domaine des réseaux sociaux pour se consacrer à sa famille et, restant fidèle à sa passion d'entrepreneur, pour investir dans quelques entreprises naissantes.

En 2008 Bebo a obtenu le prix de l'innovation pour son développement exceptionnel dans la diffusion radiotélévisée, à l'occasion des Broadcast Press Guild Awards, et a été nommé deux fois aux BAFTA British Academy of Film and Television Arts) pour l'originalité de son programme *KateModern.*

Où en sont-ils ?

Malheureusement, deux ans après l'acquisition de Bebo par AOL, son audience déclinant, le site avait été fermé, puis revendu avec une énorme moins-value (on a parlé de 2,5 à 10 millions de dollars) au fonds américain Criterion Capital Partners. Cela ne suffit pas à faire repartir le site qui fit faillite peu de temps après.

Michael et Xochi Birch, le couple des fondateurs de Bebo, l'ont racheté en 2013 aux enchères pour un million de dollars. Ils avaient, entre temps, contribué à la création d'un incubateur, The Monkey Inferno, qui remettra à jour le réseau social ; et ce dernier bénéficiera, en outre, du soutien de ses 21 employés, ingénieurs, concepteurs etc., chargés d'y « insuffler une nouvelle vie ».

Michael Birch a commenté via Twitter, en annonçant « Nous venons juste de racheter Bebo 1 million de dollars. Pourrons-nous vraiment le réinventer ? On verra, mais ça sera amusant d'essayer... »

eBay

ACHETER LE POUVOIR

Fondateur : Pierre Omidyar

Âge au moment de la création : 28 ans

Expériences précédentes : ingénieur software

Année de la création : 1995

Type d'activité : site d'enchères en ligne

Pays actuellement concernés : présent sur 39 marchés

Chiffre d'affaires : 14,1 milliards de dollars

eBAY

Il semble que quinze dollars soit une somme insignifiante, et pourtant c'est la somme d'argent dont est partie l'entreprise aujourd'hui connue sous le nom d' « eBay ». Son fondateur, un ingénieur software appelé Pierre Omidyar, avait commencé à consacrer un peu de son temps libre aux enchères en ligne, quand il eut l'idée de mettre en vente un pointeur laser cassé. Il fut abasourdi de constater que quelqu'un était prêt à dépenser quinze dollars pour un article qui ne fonctionnait pas, et l'épisode le convainquit que le secteur des collectionneurs avait un potentiel encore inexploité. L'objet fut vendu et expédié avec ponctualité, et il est passé à la postérité comme la première transaction menée sur eBay. Aujourd'hui, le site représente le plus grand marché en ligne, en plus d'être une des entreprises les plus influentes de l'ère informatique.

Un gourou de la technologie

Né à Paris, Pierre s'installa avec sa famille à Washington en 1973, alors qu'il était âgé de six ans. Depuis sa plus tendre enfance, il était fasciné par les ordinateurs et par la technologie. Pendant que les autres enfants jouaient ou faisaient du sport dehors, Pierre préférait rester chez lui pour s'occuper des composants hardware, ou apprendre l'art de la programmation. Il apprit à programmer en BASIC en autodidacte et, grâce à ses compétences en la matière, il décrocha son premier travail qui consistait à informatiser le catalogue de la bibliothèque de son école, pour six euros de l'heure. Dans *The Perfect Store: Inside eBay* (Adam Cohen, Piatkus Books, 2003), un livre qui retrace l'histoire de l'entreprise, Pierre se souvient qu'il était « l'informaticien boutonneux classique que tu rencontres au lycée ».

Naturellement, Pierre décida de se spécialiser en sciences informatiques et il fréquenta la Tufts University de Boston, où il se passionna pour les logiciels Mac d'Apple. C'était le premier signe de son flair d'entrepreneur et de son désir de créer quelque chose de différent. À l'époque, Apple était considérée comme une entreprise anticonventionnelle et à la mode, un enfant audacieux prêt à défier les géants de la trempe d'IBM. À cette période, Pierre avait les cheveux longs, rassemblés en une queue de cheval, une barbe et des lunettes d'aviateur : la philosophie d'Apple convenait parfaitement à son style.

À la fin des années quatre-vingt et au début des années quatre-vingt-dix, Pierre travailla comme programmateur de Mac dans différentes sociétés de la Silicon Valley avant de décider de se mettre à son compte et de fonder, avec quelques amis la Ink Development Corporation ; l'objectif initial était de créer des programmes pour les ordinateurs à crayon optique, précurseurs du Palm Pilot. Toutefois, l'activité ne décolla pas aussi vite qu'il l'avait souhaité, alors le jeune magicien de l'informatique opta pour une autre branche du secteur : le commerce en ligne. Par réflexe, le nom de l'entreprise fut changé en « eShop ». Internet était en train de s'implanter dans le monde entier, mais selon Pierre, la technologie n'avançait pas à un rythme assez soutenu, et c'est pourquoi il quitta eShop pour chercher une activité qui exploite d'autres potentialités du réseau. Cependant, il eut la présence d'esprit de conserver une participation dans l'entreprise, un choix qui avec le temps se révèlera très judicieux ; de fait, moins de deux ans plus tard, l'entreprise attira l'attention de Microsoft qui la racheta, ce qui fit de Pierre un millionnaire, à même pas trente ans.

Pierre Omidyar, le fondateur d'eBay, né en France d'un père iranien et d'une mère américaine.

Internet était en train de s'implanter dans le monde entier, mais selon Pierre, la technologie n'avançait pas à un rythme assez soutenu, et c'est pourquoi il quitta eShop pour chercher une activité qui exploite d'autres potentialités du réseau.

Internet, doux Internet

À l'époque, un tas d'autres entreprises en ligne commençaient à émerger ; par chance, Pierre était au bon endroit au bon moment pour laisser libre cours à sa passion pour Internet. Son engouement pour tout ce qui avait trait au « réseau des réseaux » naquit alors qu'il travaillait pour une entreprise qui faisait ses premiers pas dans le domaine de la communication sans fil, la General Magic. C'est à ce moment-là que l'idée de l'Auction Web, plus tard connu sous le nom d'eBay prit forme. Comme c'est souvent le cas, ce fut une mauvaise expérience qui en fut à l'origine : quelques années plus tôt, Pierre avait acheté des actions d'une entreprise prometteuse pour découvrir par la suite que le prix des titres avait augmenté de cinquante pour cent avant qu'il ne les achète.

Il lui semblait injuste que les acquéreurs ne bénéficient pas tous du même prix de vente. Il en arriva à la conclusion que le meilleur moyen pour établir équitablement un prix était de permettre aux intéressés de participer à une enchère en ligne, ce qui était réalisable grâce au développement d'Internet. « Ma passion est de résoudre des problèmes auxquels je pense pouvoir apporter une nouvelle solution », dit une fois Pierre dans une interview. Il voulait tester la capacité du Web à connecter des gens du monde entier, et offrir une plateforme sur laquelle les acheteurs et les vendeurs puissent partager des informations autour des prix et des produits.

« Ma passion est de résoudre des problèmes auxquels je pense pouvoir apporter une nouvelle solution ».

« Au lieu de publier une annonce qui dit « Je vends cet objet à 100 dollars », tu en publies une qui dit « Ceci est le prix de départ » », se souvient Pierre dans *The Perfect Store*. « Si plusieurs personnes sont intéressées par l'article, laisse-les se débrouiller entre elles. »

Un cadre plus grand

Développer cette idée demandait du temps et de la patience, mais Pierre releva facilement le défi et travailla inlassablement à ce nouveau projet, lui consacrant tous ses week-ends et tout son temps libre ; en fait, il écrivit le code source d'Auction Web en une petite semaine. Porté par sa grande passion, il se donna corps et âme à son hobby ; son but n'était pas seulement de réaliser un site d'enchères, mais également de promouvoir la naissance d'une communauté virtuelle fondée sur la confiance et sur l'honnêteté.

Une fois le code écrit, pierre lança le site, mais il n'avait pas la moindre idée du type d'articles qui les gens souhaitaient vendre ou acheter. Pour faire un essai, il mit en vente un pointeur laser cassé, et à sa grande surprise, il trouva un acheteur potentiel. Il choisit une poignée de catégories de produits parmi lesquels le hardware et software pour les ordinateurs, les objets d'antiquaire, les livres, les bandes dessinées ; les utilisateurs pouvaient mettre en vente les articles ou faire des offres pour les acheter.

Puisqu'il voulait que le service soit gratuit, Pierre s'appliqua à contenir le plus possible les dépenses générales et il géra le site de chez lui, s'acquittant seulement du prix de l'abonnement mensuel auprès de son provider (trente dollars). Il décida en outre de faire enregistrer l'entreprise et il choisit de l'appeler Echo Bay Technology, un nom qui lui « paraissait cool ». Cependant, quand il essaya de l'enregistrer sous ce nom, il s'aperçut qu'il était déjà pris par une entreprise minière canadienne, alors il décida de l'abréger en eBay.

Attirés par la possibilité d'acheter et de vendre tous types de produits, les utilisateurs affluèrent rapidement sur le site qui acquit une popularité sans le moindre support publicitaire. Pierre n'avait pas encouragé l'utilisation du site par le biais d'annonces, de relations publiques ou d'accords avec d'autres sites, il s'était fié principalement au bouche-à-oreille. Il attira l'attention en participant personnellement à des groupes de discussions en ligne et il obtint l'effet souhaité, puisque les passionnés d'ordinateurs et tous ceux désireux de faire de bonnes affaires échangèrent des mails pour discuter en détails du site. Vers la fin de l'année 1995, le provider de Pierre se rendit compte que les volumes de données échangées faisaient forcer son système et il décida de lui faire un abonnement mensuel équivalant à deux cent cinquante dollars. C'est alors que Pierre décida de transformer ce qui était un passe-temps en travail.

« À ce moment-là, je me suis dit : « c'est un hobby plaisant il n'y a pas de doute, mais deux cent cinquante dollars, c'est vraiment beaucoup », se souvient-il dans *The Perfect Store*. Depuis ses débuts, Pierre avait conçu son site de façon à encaisser un petit pourcentage sur chaque vente ; en appliquant ce tarif au service, non seulement il avait pu s'acquitter des dépenses générales, mais il avait également pu rassembler une somme suffisante pour développer son entreprise. Il décida de prendre cinq pour cent du prix des ventes sur les articles de moins de vingt-cinq dollars et 2,5 pour cent sur ceux qui coûtaient plus cher. Par la suite, à ces commissions s'ajouta un prix d'inscription.

En croissance

Pour Pierre, il ne fut pas difficile de décider de quitter son travail et de consacrer toute son attention et tout son temps au site. En juin 1996, l'entreprise fit un bénéfice de dix mille dollars et comptait quarante et un mille utilisateurs enregistrés. Pierre se dit qu'il était temps d'embaucher un premier salarié ; celui qu'il pressentit, Jeff Skoll, avait déjà travaillé pour deux entreprises émergentes du secteur high-tech. Toujours attentif à établir un climat de confiance entre les utilisateurs, Pierre introduisit dans le site des outils de feedback. Un an plus tard, eBay attirait un nombre de consommateurs supérieur à n'importe quel autre site Web.

« Étant un système simple, fondé sur peu de principes directeurs, eBay était en mesure de croître spontanément et dans une certaine auto-organisation », dit Pierre dans une interview. En 1997, alors que l'entreprise se préparait à devenir un colosse du secteur télématique, il décida pour la première fois d'investir une somme d'argent conséquente dans la publicité et il aida à dessiner le désormais célèbre logo de l'entreprise. La vente du millionième article sur eBay remonte à cette même année (une version jouet du personnage de l'émission *Sésame ouvre-toi*) : ce fut également une étape capitale dans l'histoire de l'entreprise. En 1998, l'entreprise s'était fait un nom au sein des amoureux des Beanie Babie, des petits animaux de collection en tissu.

Pierre était parfaitement dans l'air du temps. Fin 1997 et au cours de l'année suivante, le monde des affaires fut secoué par le boom du secteur télématique et tout ce qui était en ligne attirait autant l'attention des investisseurs que celle des consommateurs. À cette même période, Pierre se rendit compte que, vu les dimensions prises par l'entreprise, il n'était plus capable d'en gérer tout seul l'activité et qu'il était temps de se fier à l'expérience et au soutien d'autres gens. Il avait déjà occupé différentes fonctions en plus de celle de directeur du conseil d'administration, parmi lesquelles celle de directeur financier, de président et d'administrateur général.

Pour obtenir des fonds, le brillant entrepreneur vendit vingt-deux pour cent des parts de l'entreprise à Benchmark Capital, pour 6,7 millions de dollars, un investissement que certains considèrent comme le plus fructueux de l'histoire de la Silicon Valley. Benchmark forma tout de suite une équipe de direction experte, recrutant entre autres Margaret « Meg » Whitman, ex-employée de Disney et diplômée de la Harvard Business School. Margaret prit le rôle de présidente et d'administratrice générale tandis que Pierre resta président du conseil d'administration. Elle débaucha des cadres dirigeants de chez Disney et de chez PepsiCo, conduisit la cotation en bourse de l'entreprise en 1998 et mit en place une coûteuse campagne publicitaire.

L'offre publique du début fut un succès extraordinaire et renfloua les caisses de l'entreprise, ce qui favorisera sa croissance par la suite. Pierre et Meg virent la valeur des actions bondir de dix-huit à cinquante dollars en l'espace de quelques minutes et atteindre, après deux mois seulement une valeur de cent dollars l'une. Début 1999, la part de participation de Benchmark était évaluée à deux milliards et demi de dollars avec un rendement égal à cinquante pour cent par rapport à l'investissement initial. Lors de la deuxième offre, eBay fut évaluée à vingt-six milliards de dollars.

Début des difficultés

Malgré tout, la rapide croissance de l'entreprise eut un prix. En juin 1999, après une restructuration du site, les services d'eBay subirent une série d'interruptions, dont une qui dura vingt-deux heures. Cet épisode eut un fort impact sur les rapports qu'entretenaient les utilisateurs avec le site, et fit chuter de huit dollars la valeur des actions. D'autres pannes suivirent et portèrent durement atteinte aux bénéfices de la société, laquelle fut obligée de rembourser le prix des inscriptions et de prolonger les enchères, ce qui lui fit subir une perte de 3,9 millions, selon les dires de l'époque.

La suspension du service pendant vingt-deux heures fut un des pires crashs jamais vu jusqu'ici dans l'histoire d'Internet, et elle déchaîna immédiatement la réaction négative des utilisateurs qui n'hésitèrent pas à créer un groupe de discussion dans lequel ils pouvaient exprimer leurs protestations à l'égard du site ; certains émirent des doutes sur la fiabilité du système.

Contenter ses clients avait toujours été l'objectif principal de Pierre qui se consacra à les rassurer sur la qualité du système. Le personnel travailla vingt-quatre heures sur vingt-quatre pour résoudre les erreurs techniques et l'entreprise passa au moins dix mille coups de téléphone auprès des principaux utilisateurs du site pour les avertir des problèmes, les rassurer, et leur assurer que tout était mis en œuvre pour le remettre en marche.

Les utilisateurs qui choisirent de se tourner vers d'autres sites furent peu nombreux.

Une reproduction du célèbre logo haut en couleurs d'eBay, placé devant le siège social de l'entreprise à San José, en Californie.

Ils choisirent surtout le moteur de recherche Yahoo ! et l'entreprise de commerce électronique Amazon qui, avec leurs enchères en ligne, donnaient du fil à retordre à eBay. Amazon en particulier avait lancé son service en mars 1999, et utilisait un modèle très semblable à l'original, puisqu'il comprenait une commission sur les ventes et un système d'évaluation et de feedback.

La compétition finit par revêtir un caractère positif pour l'entreprise dans la mesure où elle la stimula pour développer ses services : eBay élargit la gamme des produits proposés, s'efforça d'améliorer le processus d'achat-vente et tourna ses regards vers le développement mondial.

Développement mondial

En 1999, eBay arriva en Australie, en Allemagne, au Canada et au Royaume-Uni ; Pierre et Meg mirent en pratique leur plan qui prévoyait la vente de produits chers. Le nouveau service était mis en œuvre à travers un réseau de sites régionaux, qui facilitait la vente d'articles de grandes dimensions, par exemple les voitures, au transport difficile et coûteux. eBay s'engagea aussi sur le chemin des acquisitions et un an après, il racheta le site de commerce en ligne « half.com », qui permettait aux utilisateurs d'acheter les produits directement, sans avoir à participer à une enchère.

En 2001, eBay avait également inclus l'Irlande, l'Italie, la Corée, la Nouvelle-Zélande, Singapour et la Suisse dans son portefeuille de sites internationaux, tandis que le nombre de ses utilisateurs atteignait quarante-deux millions. Une ascension aussi rapide était indubitablement un fait extraordinaire, d'autant plus qu'elle s'était faite sur fond d'une grave crise du monde des entreprises en ligne. De nombreuses entreprises avaient été cotées en bourse et avaient vu leurs actions et leurs estimations monter en flèche, exactement comme celles d'eBay, mais à partir de 2001 la situation changea drastiquement et beaucoup d'entre elles firent faillite.

Une ascension aussi rapide était indubitablement un fait extraordinaire, d'autant plus qu'elle s'était faite sur fond d'une grave crise du monde des entreprises en ligne.

Quoi qu'il en soit, eBay rencontra aussi quelques obstacles surtout lors de sa tentative pour s'ouvrir aux marchés asiatiques. En 2002, l'entreprise suspendit ses opérations au Japon, admettant ses difficultés à rivaliser avec des concurrents de la trempe de Yahoo !, dont le service d'enchères avait déjà gagné la confiance du marché. Selon les estimations, eBay n'était en mesure de proposer que vingt-cinq mille articles sur son site japonais, comparé aux trois millions et demi de son rival. Mais si une porte se ferme, il s'en ouvre une autre : l'esprit d'entreprise et le goût des défis d'eBay n'avait nullement été compromis et son regard se tourna vers la Chine, puisque le site racheta un tiers d'Eachnet.com, le principal site d'enchères en ligne du pays.

Afin d'améliorer ses services, eBay acheta en 2002 le système de paiement électronique connu sous le nom de « PayPal » pour un milliard et demi de dollars. Le système conçu sur mesure par eBay, Billpoint, n'avait pas réussi à entamer la part du marché de PayPal. Meg pensa donc qu'il était plus facile d'acquérir un tel système pour en exploiter les qualités et rendre plus rapide les processus de paiement.

En 2004, eBay introduisit la fonction « Achat immédiat », permettant aux utilisateurs de vendre leurs articles directement, sans ouvrir d'enchères. Un an plus tard, une nouvelle catégorie dédiée aux achats-ventes des surplus industriels et commerciaux fut introduite. Malgré tout, la démarche la plus surprenante fut l'acquisition, en mars 2005, de Skype, un service de communication vocale sur Internet, pour 2,6 milliards de dollars. eBay déclara qu'il avait l'intention d'intégrer ce service sur son site d'enchères pour faciliter les tractations de vente de certaines catégories d'articles, comme les voitures d'occasion ou les objets de collection les plus précieux, qui nécessitent des canaux de communication plus directs. De plus, cette affaire garantit à eBay l'accès à une plus vaste zone de chalandise, comprenant aussi des marchés difficiles comme les marchés européen ou asiatique.

Le plus fort survit

Certains analystes mirent en doute l'utilité de l'affaire eBay-Skype, tandis que d'autres affirmèrent qu'eBay avait payé trop cher. Et pourtant, une chose est sûre : après dix ans d'activité, l'entreprise semblait destinée à faire encore bien du chemin dans le secteur en ligne. Elle avait atteint des sommets pendant le boom d'Internet et elle avait survécu alors que des marques leader financées par des capitaux à risque (comme Boo.com, « clickmango » et Web Van) avaient disparu d'un seul coup.

Aujourd'hui, plus de sept millions d'articles sont mis en vente chaque jour sur eBay et plus de cent douze millions sont disponibles sur le site à chaque instant.

Si les enchères en ligne d'eBay n'ont pas convaincu les utilisateurs chinois (le site a été fermé en 2006 et l'entreprise a opté pour un joint-venture avec une société de services Internet chinoise), Skype a eu plus de succès. En 2007, Meg annonça que Skype avait plus d'adeptes en Chine qu'aux États-Unis et que son rythme de croissance dans le pays asiatique était plus rapide que dans n'importe quel endroit.

Né sur la vague du boom d'Internet, eBay n'a jamais cessé de tirer avantage des nouvelles technologies, offrant un site WAP, les SMS d'avertissement et un blog. Il a également diversifié par la suite ses services, en introduisant Best of eBay, un site sur lequel on peut trouver les objets les plus insolites mis aux enchères, et eBay Pulse, qui fournit des informations sur les articles les plus recherchés et les plus vus.

Récemment, l'entreprise s'est dirigée vers d'autres marchés internationaux et a élargi ses horizons en se consacrant à la vente des billets pour les événements spéciaux et au shopping comparatif, affrontant ainsi sa dose de défis. Globalement, sa croissance dans le secteur des enchères en ligne a ralenti ; 70 % des articles sont aujourd'hui neufs, vendus par des professionnels à prix fixe. Seulement 20 % des transactions restent encore des enchères entre particuliers, fruit d'une réorientation stratégique assumée.

Où en sont-ils ?

Aujourd'hui, plus de sept millions d'articles sont mis en vente chaque jour sur eBay et plus de cent douze millions sont disponibles sur le site à chaque instant. Ses marchés principaux sont les États-Unis, le Royaume-Uni et l'Allemagne. On estime que le patrimoine de Pierre tourne autour de huit milliards de dollars, chiffre qui le place au cent vingtième rang de la liste des hommes les plus riches du monde établie par la revue « Forbes » en 2008. Même s'il reste à la direction du conseil d'administration d'eBay, l'entrepreneur est engagé également dans d'autres entreprises comme Omidyar Network, une société qui s'occupe d'investissements philanthropiques et Meetup, un réseau social qu'il a en partie financé.

En avril 2008, Meg a démissionné du rôle d'administratrice générale qui a été confié à John Donahoe, alors président du département en charge des marchés. La même année, le pourcentage des ressources provenant des marchés internationaux est monté à cinquante-huit pour cent, alors qu'il était de quarante-sept pour cent en 2006, laissant espérer un avenir prometteur à l'entreprise d'un point de vue mondial. Une partie du succès du site est due à sa capacité à se rénover et à coller à son époque, comme l'expliquait Pierre dans une interview en 2000 : « Ce qu'a fait eBay, c'est créer un nouveau marché, quelque chose qui n'existait pas avant. Nous avons dû modifier ce que j'avais construit au début, c'est-à-dire une communauté autogérée, en partant de nos habitudes et de nos stratégies, et en assumant un rôle plus actif pour chercher à aider les utilisateurs à isoler les mauvais sujets ».

Tout cela est encore vrai aujourd'hui. Le site a introduit de nouvelles mesures pour

L'intérieur du siège social d'eBay.

rendre les enchères et les processus d'opérations d'achat et de vente plus rapides et plus simples, il a modernisé les mécanismes de feedback et il a renforcé les outils contre la fraude, avec la volonté de faire d'eBay un lieu sûr dans lequel faire du commerce. Ils ont mis au point Click and Collect, une application pour acheter en ligne et venir récupérer son bien dans le magasin le plus proche. Ou encore eBay Now, qui assure la livraison en moins d'une heure où que vous soyez. Pour réussir cette prouesse, des livreurs vous repèrent grâce à la géolocalisation et vous suivent si besoin…

Autre point fort d'eBay ? Avoir compris avant les autres le potentiel de la vente via mobile. En 2007, c'est le premier site d'e-commerce à lancer sa propre application en partenariat avec Apple. « Dans un premier temps, l'équipe mobile était séparée des autres. L'idée était d'inventer une expérience neuve avec une interface design et beaucoup moins de fonctions que sur le site », rappelle Olivier Ropars, responsable Europe de la division mobile. Il est fier des 200 millions d'applications téléchargées dans le monde. « Le smartphone fait le lien entre le magasin off et online», professe Olivier Ropars.

PayPal et eBay mobile connaissent un immense succès puisqu'ils collent parfaitement aux attentes et au mode de vie actuels de la population. Ils ont encore un bel avenir devant eux.

Google™

Google

À LA RECHERCHE DU SUCCÈS

Fondateur : Sergey Brin et Larry Page

Âge au moment de la création : 24 ans et 25 ans

Expériences précédentes : étudiants en sciences informatiques à l'Université de Stanford

Année de la création : 1998

Type d'activité : moteur de recherche

Pays actuellement concernés : le monde entier

Chiffre d'affaires et bénéfice net: 50,175 milliards de dollars et 10,74 milliards de dollars (2012)

GOOGLE

Google. Chacun d'entre nous connaît son nom et utilise ce site certainement plus que n'importe quel autre. Nous savons aussi qu'il est extrêmement réputé et que ses fondateurs sont devenus milliardaires. Et pourtant, curieusement, il y a dix ans, personne n'en avait entendu parler, ni même ne l'avait essayé. Il s'est développé plus encore que la plupart des entreprises décrites dans ce livre, et plus vite qu'aucune d'elles.

La naissance de PageRank

Google n'a pas toujours été une mine d'or. Au début, les deux fondateurs, Larry Page et Sergey Brin, n'avaient aucune idée de comment tirer profit du site. Les deux jeunes garçons se rencontrèrent au printemps 1995, à l'Université de Stanford où ils étaient inscrits tous deux à un prestigieux doctorat de recherche en sciences informatiques. Située dans la Silicon Valley, Stanford jouissait d'une ambiance universitaire qui encourageait l'audace et l'esprit d'initiative, et elle avait déjà donné vie à quelques-unes des entreprises les plus confirmées dans le secteur technologique, parmi lesquelles Hewlett-Packard et Sun Microsystems. Le bureau des recherches de l'université fournissait aux chercheurs des moyens et une assistance pour les aider à soutenir leurs technologies et à transformer en entreprise commerciale leurs projets de recherche, en recevant en échange une part de participation.

Autant Sergey que Larry avaient grandi dans un environnement où la science et la technologie étaient « une affaire de famille ». Le père de Larry avait été un des premiers à passer un diplôme de sciences informatiques à l'Université du Michigan. Sa mère s'était également spécialisée en sciences informatiques et elle s'occupait de la gestion de banques de données. Sergey était né à Moscou et il avait déménagé aux États-Unis

Les fondateurs de Google, Sergey et Larry.

avec sa famille ; sa mère était une scientifique de la NASA et son père était professeur de mathématiques et de sciences informatiques à l'Université du Maryland. Sergey avait obtenu son diplôme de sciences informatiques à l'Université du Maryland à seulement dix neuf ans, tandis que Larry, au lycée, avait réussi à construire une imprimante à jet d'encre avec des Lego. Par conséquent, quand ils se rencontrèrent, ils étaient déjà experts dans l'utilisation des ordinateurs. À Stanford, ils se lièrent d'une profonde amitié, alimentée par leur amour commun des débats et des discours académiques.

À cette époque, il existait déjà quelques outils rudimentaires de recherche, mais ils fournissaient des milliers de résultats et étaient incapables de les classer par ordre d'importance. Deux étudiants de Stanford, Jerry Yang et David Filo, avaient développé Yahoo ! pour remédier au problème ; leur système prévoyait qu'un répertoire regroupe les sites dans un *Web directory*, mais l'équipe trouvait qu'il était difficile de suivre le rythme avec la myriade de sites qui composaient la toile. Sergey, expert dans l'extraction d'informations à partir de grandes quantités de données, était convaincu de pouvoir trouver une meilleure solution et, pour ce faire, il demanda l'aide de son ami Larry, investi dans l'étude du fameux moteur de recherche Alta Vista. Larry poursuivait un objectif ambitieux : télécharger l'intégralité du réseau sur son PC pour en étudier l'importance des liens, facteur qu'Alta Vista ne semblait pas avoir pris en considération. Le projet se prolongeait plus qu'ils ne s'y attendaient, obligeant le département des sciences informatiques à débourser environ vingt mille dollars chaque fois qu'ils lançaient le *crawler*, programme capable de capturer les données en ligne. Mais le jeu en valut la chandelle.

Larry poursuivait un objectif ambitieux : télécharger l'intégralité du réseau sur son PC pour en étudier l'importance des liens.

Ils arrivèrent à la conclusion que le nombre de connexions à un site était un moyen de mesurer sa popularité. De plus, ils établirent que, à chaque lien, on pouvait attribuer un certain poids. Par exemple, si un site comme celui de la BBC, sur lequel on arrive à partir de nombreux autres liens du réseau et qui possède de ce fait un trafic élevé, ouvre un lien vers votre site, cela pèsera beaucoup plus lourd qu'un lien qui part d'une page web moins fréquentée. Larry développa un algorithme capable d'établir cette relation d'ordre et l'appela PageRank, en s'inspirant de son nom. En alliant ce procédé aux traditionnels outils de recherche qui combinaient les mots-clés des pages Web avec ceux contenus dans les formulaires de recherche, le binôme inventa un moteur de recherche capable de produire des résultats précis et qui répondaient aux attentes des utilisateurs. Ils venaient de donner vie à Google.

En cherchant un acheteur

Larry et Sergey n'avaient pas l'intention de démarrer une entreprise. En vertu de leur expérience familiale et de leur passion inhérente pour la recherche universitaire, ce qui les enthousiasmait plus que tout était l'idée d'avoir entre les mains une thèse brillante. Ils créèrent un prototype de leur moteur de recherche qu'ils appelèrent au départ BlackRub et qu'ils renommeront « Google » en 1997. Le nom était un jeu de mots qui venait du terme « googol » qui dans le langage informatique désigne une unité suivie de cent zéros, et qui symbolisait la myriade de données disponibles sur les réseaux.

Travaillant sans répit, ils libérèrent leur créature par le biais de l'intranet de l'université, la rendant disponible à l'ensemble des étudiants. Très vite, cette communauté avide d'informations prit l'habitude de la rapidité et de la pertinence du nouveau système de recherche, et grâce au bouche-à-oreille, sa popularité grimpa en flèche.

Ne voulant pas détourner leur attention de leurs obligations universitaires, mais certains d'avoir créé quelque chose qui dépassait de loin les moteurs de recherche existants, les deux étudiants cherchèrent à vendre leur technologie à Excite, Yahoo! et au leader du marché AltaVista, pour un million de dollars, avant de la faire breveter. Aussi incroyable que ce soit, aucune de ces sociétés ne saisit cette opportunité. Le secteur ne montrait pas de claires opportunités de gains et le fait que Google produise ses résultats en une fraction de seconde, n'en faisait pas spécialement un espace alléchant pour les annonceurs. Sergey et Larry étaient certains d'avoir donné vie à quelque chose dont les gens avaient besoin, il ne leur restait pas d'autres choix que suivre le conseil de David Filo : mettre Google sur le marché de façon autonome.

En se fondant sur les critiques et sur les conseils de leurs collègues de l'université, les deux néo-entrepreneurs affinèrent leur produit avant de chercher des financements afin de le rendre évolutif. En août 1998, ils rencontrèrent l'investisseur privé Andy Bechtolsheim, cofondateur de Sun Microsystems, qui avait vendu une autre entreprise à Cisco pour des centaines de millions de dollars. Malgré l'absence d'une perspective claire d'entreprise, l'idée enthousiasma tant Bechtolsheim qu'il signa immédiatement à Google Inc un chèque de cent mille dollars, ce qui obligea Larry et Sergey à faire enregistrer leur entreprise. Google était né.

La célèbre page d'accueil de Google qui domine sur tous les moteurs de recherche.

Diffusion capillaire

Les deux amis étaient décidés à compter exclusivement sur la force de leur produit et sur le bouche-à-oreille pour promouvoir leur marque, sans dilapider de grosses sommes d'argent dans de la publicité. Leur plan, qui prévoyait un investissement sans égal dans la technologie de l'information (en tout cas jusqu'alors), impressionna beaucoup Bechtolsheim. Depuis leurs débuts, Sergey et Larry avaient été extrêmement scrupuleux quant à la gestion des ordinateurs. Ils avaient assemblé eux-mêmes une série de PC et ils les avaient reliés, créant un réseau à travers lequel ils chargeaient, indexaient et recherchaient des données récupérées sur le Net. Le software et les algorithmes qu'ils avaient développés, adaptés au PC, permettaient d'analyser les contenus et de leur attribuer un rang en fonction de leur popularité. L'intention était d'insister sur cette stratégie et de la porter au niveau industriel puisque le nombre d'utilisateurs et de sites grossissait, afin de garantir aux clients une réponse instantanée à leurs recherches.

L'objectif de Google est « trier des informations provenant du monde entier et les rendre utiles et accessibles ».

Suivant l'exemple de Bechtolsheim, de nombreux amis et proches des deux jeunes décidèrent de les aider financièrement et leur versèrent quasiment un million de dollars. Dans un bref laps de temps, au cours duquel ils embauchèrent leur premier employé, Larry et Sergey poursuivirent leur activité dans un garage ; en 1999 ils déménagèrent pour un vrai bureau à Palo Alto. Le fait d'être mentionné dans la classification des cent meilleurs sites de la revue « PC Magazine » provoqua une flambée du nombre des utilisateurs et d'un coup, Google se retrouva à affronter cinq cent mille recherches par jour.

Pour soutenir l'augmentation de ce trafic, l'entreprise avait besoin d'investir davantage dans les technologies d'informations et de trouver au plus vite de nouveaux investisseurs. Par chance, le climat économique de cette époque était favorable. L'histoire de Google se déroule sur fond de l'âge d'or du net (et de la crise à venir). Après 1995, année de la retentissante cotation en bourse du *Web browser* Netscape, estimée à trois milliards de dollars, les agents de change attendaient avec impatience de mettre la main sur la prochaine affaire prometteuse du secteur.

En 1999, Google signa une affaire avec deux des plus prestigieuses sociétés de capitaux à risque du monde, toutes les deux ayant leur siège à Sand Hill Road, en Californie : Sequoia Capital, qui avait financé Yahoo ! et Kleiner Perkins, qui avait porté Amazon et bien d'autres entreprises. Dans une démarche sans précédent, ces deux sociétés réputées s'entendirent pour investir dans Google la même somme d'argent, sans demander en échange une part de majoration. Elles étaient tellement anxieuses de perdre l'occasion de faire du mécénat dans cette entreprise pionnière (encore privée d'une vraie stratégie d'entreprise) que les deux sociétés déboursèrent douze millions et demi de dollars chacune, tandis que Sergey et Larry restaient à la direction de l'entreprise, une condition imprescriptible pour eux.

Développement mondial

Le soutien des deux colosses financiers donna une forte impulsion à la croissance de Google. Les deux fondateurs poursuivaient la construction du server en utilisant des pièces d'ordinateurs bon marché, en les entassant les unes sur les autres dans des racks construits sur mesure. En faisant ainsi, ils obtenaient le meilleur rendement au mètre carré dans leur centre de données. Dans cette phase, la majeure partie des gains provenait de l'octroi de la licence d'utilisation de leur technologie à d'autres entreprises. Mais cela n'était pas suffisant et Google se mit à prendre en considération d'autres moyens pour tirer profit de son moteur de recherche.

Au départ, Sergey et Larry étaient frileux à l'idée d'insérer des annonces publicitaires dans le site, craignant que les utilisateurs doutent de l'impartialité des critères de recherche, et ils étaient décidés à ne pas permettre aux entreprises de payer pour avoir un meilleur positionnement, comme avaient pu le faire d'autres moteurs de recherche. À la fin, ils en arrivèrent à un compromis qui devait révolutionner non seulement leur entreprise mais aussi les concurrentes et toute l'industrie publicitaire. L'idée était la suivante : chaque fois que quelqu'un cherchait un mot-clé, sur le côté de l'écran, à côté des « résultats effectifs de la recherche », placés au premier plan, apparaîtraient des petites annonces publicitaires en rapport avec l'objet de la recherche.

Sergey et Larry étaient décidés à ne pas permettre aux entreprises de payer pour avoir un meilleur positionnement, comme avaient pu le faire d'autres moteurs de recherche. À la fin, ils en arrivèrent à un compromis qui devait révolutionner non seulement leur entreprise mais aussi les concurrentes et toute l'industrie publicitaire.

Rapidement, ce système se transforma en l'actuel modèle *pay per click*, sur la base duquel le moteur de recherche gagnait une certaine somme d'argent chaque fois qu'un des utilisateurs cliquait sur un des liens sponsorisés. L'annonceur participait à une enchère en ligne dans laquelle s'établissait de manière impartiale et automatique le prix par clic. Le procédé fonctionnait à merveille pour différentes raisons : il était extrêmement simple et rapide ; les annonceurs pouvaient l'essayer au départ avec de petits investissements, bien plus modiques que ceux réclamés par d'autres méthodes publicitaires ; les messages étaient exposés à un public large et intéressé, le service était gratuit, du moins pour le premier clic ; il était facile d'en mesurer l'efficacité et surtout, il fonctionnait, les annonceurs obtinrent d'excellentes réponses en terme de visites sur le site.

En 2000, les fondateurs embauchèrent Eric Schmidt, comme administrateur général, afin qu'il s'occupe de la gestion quotidienne de l'entreprise. Au départ, Larry et Sergey acceptèrent avec beaucoup de réticence la condition qu'avaient posée les investisseurs, craignant de perdre le contrôle de l'entreprise qu'ils avaient créée, mais la nomination de Schmidt fut résolument un bien pour elle. Sa compétence lui fut utile, surtout en ce qui concerne le développement international de Google. De fait, une des choses qu'il remarqua était qu'alors que soixante pour cent des recherches provenaient d'autres pays, seulement cinq pour cent des annonceurs étaient étrangers. Bien que le service soit disponible en d'autres langues depuis déjà quelque temps, l'entreprise n'avait pas encore tiré avantage de sa diffusion ramifiée au niveau mondial. Sous l'égide de Schmidt, des bureaux commerciaux furent opportunément ouverts à Londres, Hambourg, Tokyo et Toronto. Les bénéfices grimpèrent en flèche.

L'objectif de Google est « trier des informations provenant du monde entier et les rendre utiles et accessibles ». Comme les bénéfices augmentaient, l'entreprise ajouta de nouveaux services pour se rapprocher toujours plus de son objectif. À partir de 2004, en plus du moteur de recherche, Google images fut lancé, immense fichier d'archives iconographiques, Google News, un service qui rassemble les nouvelles du monde entier sur un sujet particulier, et Gmail, un service de courrier électronique.

Cotée en bourse

En 2004, en dépit de la réticence des fondateurs, l'entreprise adhéra au marché du Nasdaq, ce qui lui fit gagner 1,2 milliards de dollars. Coter Google en bourse était vraiment la dernière chose que Larry et Sergey auraient voulu faire, non seulement parce que leur indépendance les avait aidés à survivre à la tempête qui avait investi le secteur, mais aussi parce qu'ils n'acceptaient pas de bon cœur l'idée que leurs rivaux puissent vérifier leur situation financière. Jusque-là, les analystes avaient largement sous-estimé les proportions atteintes par le colosse informatique, et Larry et Sergey n'étaient pas vraiment disposés à révéler au monde le montant de leurs bénéfices, ou la façon dont ils les réalisaient. De toute façon, selon la loi américaine, l'entreprise avait atteint des dimensions telles qu'elle ne pouvait plus se soustraire à la publication de sa situation financière ; par conséquent, obligée de révéler ses secrets, l'entreprise opta pour la solution la plus avantageuse pour les salariés comme pour les investisseurs, c'est-à-dire la cotation en bourse.

Aucune autre entreprise n'a été en mesure d'obtenir un suivi, un bénéfice et un enrichissement aussi extraordinaire en si peu de temps.

Malheureusement, juste avant la première offre publique, une série de facteurs provoqua la chute de la valeur des actions Google. L'entreprise dut avant tout se confronter à la vive réaction négative d'Overture, une entreprise contrôlée par son pire ennemi, Yahoo !. Overture avait été la première entreprise à insérer des annonces publicitaires à côté des résultats des recherches effectuées, un utilisant une configuration *pay per click*, et elle accusait Google d'avoir usurpé son brevet. Conscients de l'effet négatif qu'aurait eu une longue bataille juridique sur l'entrée en bourse de Google, les fondateurs dédommagèrent Yahoo ! avec 2,7 millions d'actions, s'épargnant la voie bureaucratique.

Dans un deuxième temps, son entrée récente dans le secteur du courrier électronique avec Gmail avait été accompagnée par bien des polémiques. L'intention des fondateurs était d'offrir un service supérieur à tous ceux déjà présents sur le marché. Exploitant la même technologie que le moteur de recherche, Gmail permettait à l'utilisateur de retrouver facilement un message archivé et de bénéficier d'un giga byte d'espace, quantité colossale pour l'époque. Cependant, le Garant pour la protection des données personnelles s'opposa catégoriquement au plan de Google qui consistait à isoler les mots clés présents dans les messages et à y associer des annonces publicitaires ciblées.

L'offre publique initiale s'en ressentit et le prix des actions fut fixé à seulement quatre-vingt-cinq dollars. Malgré ces contretemps, le premier jour, la société fut cotée à 23,1 milliards de dollars et le prix de ses titres grimpa à cent dollars. Comme cela était déjà arrivé à d'autres sociétés de la Silicon Valley, les salariés avaient reçu des options de souscription (les premiers temps, la société avait cherché à réduire les coûts en épargnant sur les salaires du personnel) qui, quand l'entreprise fut cotée en bourse, les firent devenir millionnaires.

Google est aussi l'artisan d'un système, connu sous le nom d' « AdSense », auquel il doit une partie de son phénoménal succès ; le système permet aux autres sites d'installer un masque de saisie de recherche Google ; quand les utilisateurs cliquent sur une des annonces publicitaires que Google propose à côté des résultats, le site Web affilié récupère une partie du prix que les annonceurs versent au moteur de la recherche. AdSense est devenu très connu et il a été également utilisé par des colosses comme AOL et le « New York Times ». Le système est le résultat de l'approche innovante de Google et de son intime conviction que travailler côte à côte avec la concurrence peut avoir des effets positifs pour tous.

Où en sont-ils ?

Deux mois après la première offre publique, le prix des actions de Google monta à cent trente-cinq dollars. Depuis, sa valeur n'a jamais cessé d'augmenter, grâce à l'augmentation des recettes et des bénéfices de l'entreprise ; actuellement, le prix de l'action se monte à cinq cent quatre-vingt-huit dollars. Sa capitalisation de marché (la valeur actuelle de tous ses titres) est équivalente à 165,87 milliards de dollars. Quand, en 2007, la valeur

Des techniciens au travail dans un bureau de Google.

de ses actions dépassa sept cents dollars, Google devint la cinquième des plus grosses compagnies américaines cotées en bourse. Mais le prix des actions chuta de façon vertigineuse quand commença à circuler la peur d'une diminution des annonces publicitaires (les journaux avaient dit que le nombre de gens qui cliquaient sur des liens publicitaires était de plus en plus faible). Comme on pouvait s'y attendre, Google démentit absolument toutes ces affirmations en rapportant à la maison un bénéfice de 1,3 milliards de dollars. Sa présence en ligne était devenue tellement puissante que Microsoft tenta de racheter Yahoo ! pour 44,6 milliards de dollars. Microsoft et Google continuaient de s'affronter pour attirer dans leur giron les ingénieurs les plus brillants du monde.

Google a également mené à bien une série d'opérations importantes, parmi lesquelles le rachat de YouTube, le fameux site de partage de vidéos, pour 1,65 milliards de dollars en octobre 2006, et celui de Doubleclick, réseau de publicité en ligne, pour 3 milliards de dollars en avril 2007. Ces opérations ont augmenté sa sphère d'influence dans le secteur de la publicité en ligne.

En 2004, Sergey et Larry ont transféré leur siège social à Montain View, en Californie, lequel s'y trouve toujours à présent. Les principes sur lesquels l'entreprise est fondée ainsi que la détermination de ses fondateurs à créer une ambiance de travail sereine ont eu un rôle important dans l'histoire de Google. Sa devise « ne sois pas méchant » est connue dans le monde entier pour être la culture que Sergey et Larry ont défendue, ce qui leur a permis d'obtenir différents prix. Aux différents sièges, parmi lesquels le siège central, les employés ont accès à une large gamme de structures et d'équipements qui sont mis à leur disposition gratuitement. Chaque semaine, l'entreprise reçoit plus de mille trois cents demandes d'emploi. De nouveaux produits, comme Google Earth, un service qui permet d'observer chaque partie du globe par le biais des images satellites continue d'enthousiasmer les utilisateurs. Un projet concernant la cartographie des gènes humains est actuellement en chantier. Que ce soit Google News ou Froogle, un service de shopping en ligne, ce sont tous des résultats liés à cette initiative. Google possède près de 200 produits et services aujourd'hui.

Sa devise « ne sois pas méchant » est connue dans le monde entier pour être la culture que Sergey et Larry ont défendue, ce qui leur a permis d'obtenir différents prix.

Plus de 100 milliards de requêtes sont faites chaque mois sur Google, soit près de 3,3 milliards chaque jour. L'interface de recherche de Google est disponible dans plus de 112 langues. L'entreprise a fait le choix de ne pas la surcharger d'annonces publicitaires qui en auraient ralenti le fonctionnement. Ils ont ainsi renoncé à une manne d'argent pour privilégier une meilleure utilisation pour le client. On estime que le réseau de Google est composé de plus de quatre cents serveurs, une puissance informatique dont aucune autre entreprise ne peut se vanter. De même qu'aucune autre entreprise n'a été en mesure d'obtenir un suivi, un bénéfice et un enrichissement aussi extraordinaires en si peu de temps.

Nous remercions les auteurs suivants pour leur contribution :

Adidas	Kim Benjamin
Billabong	Jon Card
Cloudy Bay	Beth Bishop
The Coca-Cola Company	Beth Bishop
Green & Black's	Michelle Rosenberg
KFC	Kim Benjamin
Pizza Hut	Kim Benjamin
Dyson	James Hurley e Beth Bishop
Volvo Cars	Stephanie Welstead
Dorling Kindersley	Beth Bishop
Lonely Planet	Emma Haslett
IKEA	Michelle Rosenberg
Hilton Hotels	Holly Ivins
Apple	Emma Haslett
BlackBerry (RIM)	Stephanie Welstead
Nintendo	Jon Card
Nokia	Michelle Rosenberg
Sony	Kim Benjamin
Bebo	Matt Thomas e Beth Bishop
eBay	Kim Benjamin
Google	Stephanie Welstead

Dépôt légal : Janvier 2014
(Imprimé en Italie)